一日一生

믿음이란
한 알의 밀알이 땅에 떨어져 죽음으로 많은 열매를 맺음과 같이
진리의 열매를 위하여 스스로 죽는 것을 뜻합니다.
눈으로 볼 수는 없으나 영원히 살아 있는 진리와
목숨을 맞바꾸는 자들을 우리는 믿는 이라고 부릅니다.
「믿음의 글들」은 평생, 혹은 가장 귀한 순간에
진리를 위하여 죽거나 죽기를 결단하는
참 믿는 이들의, 참 믿는 이들을 위한, 참 믿음의 글들입니다.

말씀과 사상이 어우러진 우찌무라 간조 매일묵상

우찌무라 간조 지음 ∷ 안진희 옮김

일일일생

머리말

하루는 귀한 일생이다. 이것을 허비해서는 안 된다. 이 하루를 유용하게 보내는 길은 하나님의 말씀을 듣고 하루를 시작하는 것이다. 하루의 성패는 아침의 마음가짐으로 결정된다. 아침에 일어나 제일 먼저 하나님의 말씀을 읽고 기도하라. 이렇게 시작한 날의 싸움은 승리하지 않을 수 없다. 비록 패배처럼 보일지라도 승리임에 틀림없다. 이러한 생애를 한평생 계속해 나갈 때 일생을 성공으로 끝낼 수 있다.

이 책을 만들면서 나와 편자는 세계적으로 유명한 보가츠키가 쓴 《보석상자》 *Bogatzky's Golden Treasury*를 규범으로 삼았다. 영혼의 일용할 양식으로서, 성구에 저자 감상을 덧붙인 책으로는 보가츠키의 이 저서에 이를 것이 없다. 사실 우리 노력이 결실을 맺어 나온 《일일일생》도 이 세계적인 명저에 견주어 보면 부끄러운 마음이 없지 않다. 다만 없는 것보다는 더 나으리라고 믿어 이 책을 세상에 펴내는 바이다. 원컨대 성령이 우리의 부족함을 보완하셔서, 우리와 우리 노력에 합당한 은혜를 베풀어 주사, 이 책을 들어 써 주시기를 기도한다.

시나노 아사마 산록 아카이와 산장에서 1926년 9월 7일
우찌무라 간조

■ 일러두기

《一日一生》은 1926년에 처음 간행되었으며,
홍성사가 펴낸 《일일일생》은
1997년 교문관(教文館)에서 21세기 독자들을 위해
읽기 쉽게 새로 펴낸 신판(新版) 《一日一生》을 번역한 것이다.
각 본문 끝에 나오는 낙인은 그 본문을 담고 있는
우찌무라 간조의 저서를 약어로 표시한 것으로 아래와 같다.

- 소감 所感十年
- 연 研究十年
- 연2 研究第二之十年
- 구약 舊約十年
- 감상 感想十年
- 기문 基督教問答
- 부활 復活/ "來世
- 홍 洪水以前記
- 독단 獨立短言
- 위로 基督信徒/ 慰
- 구안 求安錄
- 좌담 宗教座談
- 전도 傳道/ 情神

…… 믿음이란 하나님의 성실하신 믿음을 믿는 믿음이다. 소망이란 부활과 영생, 장차 다가올 하나님의 왕국을 바라는 소망이다. 사랑이란 십자가에 못 박혀 죽으셨다가 다시 살아나신 그리스도에게 나타난 하나님의 사랑이다. 세상을 이기는 것은 이 세 가지이다.

1일

창세기 1장 1절 태초에 하나님이 천지를 창조하시니라

"태초에 하나님이 천지를 창조하시니라." 이 한 절 안에 그리스도인의 모든 우주관과 인생관이 담겨 있다. 우주가 광대하다 해도, 원래 하나님이 창조하신 것, 그러므로 하나님이 이 우주를 변경하시거나 개조하시고 또 어떤 경우에는 그 운행을 중지하시거나 빠르게 하실 수 있음은 물론이다. 모든 것이 하나님이 만드신 우주이다. 따라서 이것은 우리 아버지의 동산이라, 나는 그 안에 살며 두려움이 없다. 내가 우리나라를 떠나 다른 나라에 가도 하나님은 반드시 그곳에 계신다. 내가 이 지구를 떠나 목성 혹은 수성에 이를지라도 그분은 꼭 그곳에 계신다. 그분은 오리온성좌에 계시고 묘성에 계신다. 멀리 이 우주를 떠나 다른 우주에 이르더라도, 우리 아버지는 또 그곳에 계신다. 나는 하나님과 화합하여 하나님의 아들이 되고, 우주는 아름다운 낙원이 되는 것이다. 내가 거기서 하나님의 위업을 기리고 입으로 그분의 영광을 주장하며 죽음의 깊은 잠에 들면, 그분은 다시 그 손으로 나를 받아, 내가 새 하늘과 새 땅과 새 예루살렘에서 영원히 그분의 이름을 찬양하게 하신다.

묵상 2일

창세기 1장 26-27절 하나님이 가라사대 우리의 형상을 따라 우리의 모양대로 우리가 사람을 만들고 그로 바다의 고기와 공중의 새와 육축과 온 땅과 땅에 기는 모든 것을 다스리게 하자 하시고 하나님이 자기 형상 곧 하나님의 형상대로 사람을 창조하시되 남자와 여자를 창조하시고

"하나님이 자기 형상 곧 하나님의 형상대로 사람을 창조하셨다." "진정한 성전은 사람이다" 고전 3:16; 고후 6:16. "너희들은 하나님의 성전으로 하나님의 영이 너희 안에 살고 계신다." 그렇다면 사람의 몸은 우주의 형태를 따라 만들어진 것인가. 그리고 만약 우주가 하나님의 몸이고 사람이 우주의 모습대로 만들어졌다면, 사람은 자신의 외형으로도 하나님의 형상을 나타내는 것이 아닌가. 하나님이여, 원컨대 나의 이 무례한 상상을 용서하소서. 나는 하나님을 사람으로 보려고 하는 것이 아니라, 하나님이 사람에게 주신 적당한 지위에까지 사람을 끌어올리려고 하는 것입니다. 사람은 자기 육체를 항상 비천하게 여기고, 금수의 육체와 비교하여 단순히 고깃덩어리라 부르며, 그 육체가 얼마나 귀중하고 신성한지를 모르고 있습니다. 자기 몸을 더럽히는 것이 다름 아닌 하나님의 형상을 더럽히는 것임을 모르고 있습니다. 거룩하고 거룩한 만군의 주 여호와여, 우리 몸은 실로 하나님의 형상을 따라 지어진 신성한 성전입니다.

둘째 3일

이사야 11장 6, 9절 그때에 이리가 어린 양과 함께 거하며 표범이 어린 염소와 함께 누우며 송아지와 어린 사자와 살찐 짐승이 함께 있어 어린아이에게 끌리며…… 거룩한 산 모든 곳에서 해 됨도 없고 상함도 없을 것이니 이는 물이 바다를 덮음같이 여호와를 아는 지식이 세상에 충만할 것임이니라

은혜의 이슬, 후지 산富士山 정상에서 내려와, 방울져 떨어져 그 기슭을 축이고, 넘쳐 동서의 두 줄기가 되어, 그 서쪽의 것은 바다를 건너 장백 산長白山을 씻기고 곤륜 산崑崙山을 적시며, 천산 히말라야 기슭에 물을 대어 유다의 광야에 이르러 다하였다. 그 동쪽의 것은 대양을 횡단하여 로키 산 기슭에 황금숭배의 불을 멸하고, 미시시피, 허드슨 연안에 하나님의 성전을 성결케 하고 대서양의 물과 합하여 사라졌다. 알프스 봉우리는 이것을 보고 새벽별과 함께 소리 내어 노래하며, 사하라 사막은 기쁘게 사프란 꽃처럼 피어나니, 이리하여 물이 대양을 덮음같이 여호와를 아는 지식이 천지를 채우고, 이 세상 왕국은 변하여 그리스도의 왕국이 되었다. 나는 잠에서 깨어 홀로 큰 소리로 불러 외친다. "아멘, 대저 하나님의 뜻이 하늘에서 이루어지듯이 땅에서도 이루어지이다."

12월 4일

이사야 11장 1-2절 이새의 줄기에서 한 싹이 나며 그 뿌리에서 한 가지가 나서 결실할 것이요 여호와의 신 곧 지혜와 총명의 신이요 모략과 재능의 신이요 지식과 여호와를 경외하는 신이 그 위에 강림하시리니

백만 대군이 변방을 지키고 시저의 궁전에는 비파 소리 높고 용사들이 은상恩賞을 자랑하던 때, 하나님은 그 아들을 베들레헴 언덕 위, 소와 양이 구유 안에 있는 여물을 찾고 있는 그곳에 내려 보내시어 인류를 구원하는 길을 여셨다. 혁신革新, reform은 항상 이렇게 세상에 임한다. 세상이 하나같이 혁신을 제왕과 군대에게 고대하고 있을 때에, 하나님은 가난한 갓난아기를 초가집에 내려 보내시어 세상에 신기원을 여셨다. 바야흐로 다시 혁신을 요구하는 목소리가 드높다. 우리 구주를 찾기 위해 동방박사를 따라 로마로 가지 않고 베들레헴으로 가게 하라. 소감

5일

에레미야 17장 5-8절 나 여호와가 이같이 말하노라 무릇 사람을 믿으며 혈육으로 그 권력을 삼고 마음이 여호와에게서 떠난 그 사람은 저주를 받을 것이라 그는 사막의 떨기나무 같아서 좋은 일의 오는 것을 보지 못하고 광야 간조한 곳, 건건한 땅, 사람이 거하지 않는 땅에 거하리라 그러나 무릇 여호와를 의지하며 여호와를 의뢰하는 그 사람은 복을 받을 것이라 그는 물가에 심기운 나무가 그 뿌리를 강변에 뻗치고 더위가 올지라도 두려워 아니하며 그 잎이 청청하며 가무는 해에도 걱정이 없고 결실이 그치지 아니함 같으리라

선이 하나님이라면, 악은 물론 하나님을 떠나는 것을 말한다. 훔치고, 죽이고, 간음하는 일은 하나님을 떠난 결과이며 죄 그 자체는 아니다. 내가 사람을 죽일 때에 국법이 나를 벌하는 이유는, 내가 범한 살인죄 그 자체 때문이 아니라 내가 나의 하나님을 버렸기 때문이다. 하나님이 나와 함께 계시고 내가 하나님과 함께 있을 때, 나는 죄를 범하려 해도 범할 수 없을 뿐 아니라, 내게는 죄라는 관념이 존재하지 않게 된다. 내가 불완전하고 다른 사람을 업신여기며 욕정에 사로잡히고 오만하며 사람을 사랑할 수 없는 까닭은, 한결같이 내가 하나님을 떠났기 때문이다. 따라서 내가 만약 하나님께로 돌아간다면 나는 선한 사람이 될 수 있다. 죄에서 벗어나는 길은 단지 이 외길뿐이다.

1월 6일

골로새서 1장 13-14절 그가 우리를 흑암의 권세에서 건져 내사 그의 사랑의 아들의 나라로 옮기셨으니 그 아들 안에서 우리가 구속 곧 죄 사함을 얻었도다

그리스도교에 교화되기를 바라며 그리스도에게 온 사람은 반드시 그분을 버리게 될 것이다. 새로운 사상을 얻거나 폭넓은 교제를 하기 위해 온 사람 역시 그분을 버리게 될 것이다. 그 죄를 속하고 그 영혼을 구원받기 원하여 그분에게 온 사람만이 영원히 그분과 함께 머물 수 있을 것이다. 혹은 심미적으로 혹은 철학적으로 혹은 사교적으로 그리스도를 찾는 사람은, 결국에는 그분과 헤어질 수밖에 없다. 세상의 모든 구도자들은 이 점에 깊이 주의해야 마땅하리라. 소감

좁은 길

데살로니가전서 1장 3-4절 너희의 믿음의 역사와 사랑의 수고와 우리 주 예수 그리스도에 대한 소망의 인내를 우리 하나님 아버지 앞에서 쉬지 않고 기억함이니 하나님의 사랑하심을 받은 형제들아 너희를 택하심을 아노라

믿음이란 하나님의 성실하신 믿음을 믿는 믿음이다. 소망이란 부활과 영생, 장차 다가올 하나님의 왕국을 바라는 소망이다. 사랑이란 십자가에 못 박혀 죽으셨다가 다시 살아나신 그리스도에게 나타난 하나님의 사랑이다. 세상을 이기는 것은 이 세 가지이다. 소망

8일

요한일서 4장 9-10절 하나님의 사랑이 우리에게 이렇게 나타난 바 되었으니 하나님이 자기의 독생자를 세상에 보내심은 저로 말미암아 우리를 살리려 하심이니라 사랑은 여기 있으니 우리가 하나님을 사랑한 것이 아니요 오직 하나님이 우리를 사랑하사 우리 죄를 위하여 화목제로 그 아들을 보내셨음이니라

하나님은 사랑이시기에 하나님이 우리에게 주신 가장 큰 은사는 사랑이다. 하나님은 우리에게 반드시 권능을 주시지는 않는다. 그분은 예수에게도 권능을 주시지 않았다. 하나님은 사랑하는 아들이 적에게 비웃음을 당하고 매도당했을 때에도 하늘에서 만군을 불러 적을 멸하는 권능을 내려 주시지 않았다. 예수는 고통을 당하여도 스스로 겸손히 침묵하고, 도살장에 끌려가는 어린양처럼, 털 깎는 사람 앞에서 소리 죽인 양처럼 그 입을 열지 않았다. 그러나 하나님은 그때 예수에게 크나큰 사랑을 주셨다. 그에게 십자가 위에서 "아버지여, 저희를 사하여 주옵소서. 자기의 하는 것을 알지 못함이니이다" 눅 23:34 라고 외치게 하셨다. 십자가에 달린 예수에게는 자기 자신을 구원할 능력조차 없었다. 그러나 그는 하나님의 아들이었다. 사랑 이외에 그 무엇도 갖고 있지 않았던, 약하고 돕는 이 없는 자였다.

둘째 날

시편 16편 8-9절 내가 여호와를 항상 내 앞에 모심이여 그가 내 우편에 계시므로 내가 요동치 아니하리로다 이러므로 내 마음이 기쁘고 내 영광도 즐거워하며 내 육체도 안전히 거하리니

이 유약한 육체, 이것으로 무엇을 할 수 있을까. 이 죄악으로 물든 사회에서는 또 무엇을 할 수 있을까. 이 몸을 돌아보고 이 사회를 의지할 때 우리는 실망할 수밖에 없는 것을. 우리를 도울 힘은 천지를 만드신 주님에게서 온다. 그분에게는 측량할 길 없는 능력이 있지 않은가. 그러므로 나는 내 마음 문을 열고 그분의 크신 능력으로 나를 채울 수 있으리라. 그분은 또 불과 영으로, 하늘과 땅의 모든 변화로 내가 하는 일을 도우신다. 내게 이처럼 안팎으로 도움이 있으니, 나 홀로 온 세계와 맞닥뜨린다 해도 나는 의심하거나 두려워하지 않으리. 소감

8월 10일

고린도전서 2장 11-12절 사람의 사정을 사람의 속에 있는 영 외에는 누가 알리요 이와 같이 하나님의 사정도 하나님의 영 외에는 아무도 알지 못하느니라 우리가 세상의 영을 받지 아니하고 오직 하나님께로 온 영을 받았으니 이는 우리로 하여금 하나님께서 우리에게 은혜로 주신 것들을 알게 하려 하심이라

우리는 모세, 이사야, 예레미야, 예수, 바울이 주장한 오래전의 유일신교로 돌아가지 않으면 안 된다. 여기에 태초에 천지와 그 안에 있는 만물을 지으신 하나님이 계신다. 또한 여기에 임마누엘이라 불리며 인류와 함께하시는 하나님이 계신다. 그리고 그 둘은 둘이 아니라 동일하신 한 하나님이시다. 우주를 만드시고 그 위에 계시면서 그 안에 임하시어, 이 우주를 돌보고 양육하시는 하나님이시다. 이 하나님은 자연신교가 말하는 것처럼, 높은 곳에 계시면서 우주와 인생에 관여하지 않는, 무정하고 무감각한 하나님이 아니시다. 그런가 하면 우주 안에 가두어져 천연天然 이외에 그 어떤 일도 이룰 줄 모르시는 하나님도 아니시다. 실로 우주를 만드시고 우주보다도 크신 하나님이시다. 우주를 통해 서서히 자기를 드러내시는 하나님이시다. 그분의 뜻이 곧 사람의 길이다. 사람은 대부분 우주로 말미암아 하나님에 대해 알 수 있게 되나, 그분의 뜻은 직접 그분을 따를 때에야 비로소 깨달을 수 있다.

11일

시편 51편 16-17절 주는 제사를 즐겨 아니하시나니 그렇지 않으면 내가 드렸을 것이라 주는 번제를 기뻐 아니하시나이다 하나님의 구하시는 제사는 상한 심령이라 하나님이여 상하고 통회하는 마음을 주께서 멸시치 아니하시리이다

사업事業이란 우리가 하나님께 감사하여 바치는 헌물이다. 그러나 하나님은 사업보다 더 귀한 헌물을 요구하신다. 이는 곧 통회하는 마음이요 어린아이와 같은 마음이며 있는 그대로의 마음이다. 지금 당신의 사업을 하나님께 맡길 수는 없다. 그러니 당신의 마음을 드리도록 하라. 하나님이 당신을 병들게 하시는 이유는 대부분 이 때문일 것이다. 당신이 베다니에 살았던 마르다의 마음으로 그리스도를 섬기기 원하여 "준비하는 일이 많아 마음이 분주한"눅 10:40 까닭이리라. 그러므로 하나님은 당신에게 마리아의 마음을 주시려고 당신을 일하지 않게 하신 것이다. 당신은 항상 "빈손 들고 앞에 가 십자가를 붙드네"라고 노래해 오지 않았는가. 하나님은 당신이 그 심원한 뜻을 알기를 원하시기에 당신은 지금 일할 수 없는 것이다.

1월 12일

시편 27편 3-4절 군대가 나를 대적하여 진 칠지라도 내 마음이 두렵지 아니하며 전쟁이 일어나 나를 치려 할지라도 내가 오히려 안연하리로다 내가 여호와께 청하였던 한 가지 일 곧 그것을 구하리니 곧 나로 내 생전에 여호와의 집에 거하여 여호와의 아름다움을 앙망하며 그 전에서 사모하게 하실 것이라

재산을 잃어도 좋다. 원컨대 하나님의 거룩한 얼굴을 잃지 않기를. 병들어 괴로워도 좋다. 원컨대 하나님의 거룩한 뜻을 의심하지 않기를. 사람에게 버림받아도 좋다. 원컨대 하나님께 버림받지 않기를. 죽어도 좋다. 원컨대 하나님을 떠나지 않기를. 하나님은 나의 전부, 하나님을 잃으면 나는 내 모든 것을 잃는 것이다. 우리에게 아버지를 보여 주소서. 그러면 족하리이다. 내 일생의 목적은 하나님을 보고 그분을 내 소유로 삼는 것. 오직 그뿐이다. 소감

1월 13일

로마서 7장 22-24절 내 속사람으로는 하나님의 법을 즐거워하되 내 지체 속에서 한 다른 법이 내 마음의 법과 싸워 내 지체 속에 있는 죄의 법 아래로 나를 사로잡아 오는 것을 보는도다 오호라 나는 곤고한 사람이로다 이 사망의 몸에서 누가 나를 건져 내랴

사람은 죄를 지어서는 안 되는데도 불구하고 죄를 짓는다. 그는 청정淸淨해야 할 의무와 힘을 갖고 있으면서도 깨끗하지 않다. 그는 천사가 될 만한 자격을 가지고 있으면서도 때때로 금수禽獸로까지 추락하고 만다. 하늘에 오르고서야 천상의 사람이 될 수 있지만 지상에 내려와서는 지옥의 아귀餓鬼가 된다. 무한한 영광, 무한한 타락, 이 모두는 사람이 다다를 수 있는 운명이며, 그는 자신이 살고 있는 지구와 같이 절정Zenith 절하Nadir의 양 극점 중간에 존재한다. 지상에 내려오기는 쉽고 하늘로 오르는 일은 어렵다. 내려오면 양심의 가책이 있으며 오르는 데는 육욕이 방해한다. 나는 내가 원하는 일은 행하지 않고 내가 미워하는 일을 행한다. 이처럼 나는 두 개의 나로 이루어져 있으니, 한 개의 나는 또 다른 나와 항상 싸우고 있다. 진실로 진실로 이러한 일생은 전쟁의 일생이다. 구안

8월 14일

고린도후서 5장 18-20절 모든 것이 하나님께로 났나니 저가 그리스도로 말미암아 우리를 자기와 화목하게 하시고 또 우리에게 화목하게 하는 직책을 주셨으니 이는 하나님께서 그리스도 안에 계시사 세상을 자기와 화목하게 하시며 저희의 죄를 저희에게 돌리지 아니하시고 화목하게 하는 말씀을 우리에게 부탁하셨느니라 이러므로 우리가 그리스도를 대신하여 사신이 되어 하나님이 우리로 너희를 권면하시는 것같이 그리스도를 대신하여 간구하노니 너희는 하나님과 화목하라

죄란 하나님을 떠나는 것이며 의(義)란 하나님께 돌아가는 것임을 알 때, 구원이 무엇인지 알게 된다. 구원이란 단순히 죄를 떠나 의로운 사람이 되는 일이 아니다. 그런 일은 실제로 사람이 할 수 있는 일도 아니다. 구원이란 하나님 편에서 보면, 사람을 하나님 자신에게로 돌이키는 일이다. 사람 편에서 보면, 등졌던 하나님께 다시 돌아가는 일이다. 하나님과 사람 사이에서 중보자 되시는 그리스도 입장에서 보면, 양자가 조화를 이루도록 도모하는 일이다. 그리고 하나님과 사람의 입장에서 볼 때, 양보해야 할 만한 것은 하나님이 아니라 사람에게만 존재하므로 구원이란 사람을 하나님과 화목하게 하는 일이다. 사람을 태초에 하나님과 가졌던 그 관계로 다시 돌아가게 하는 일이다.

15일

골로새서 3장 2-4절 위엣 것을 생각하고 땅엣 것을 생각지 말라 이는 너희가 죽었고 너희 생명이 그리스도와 함께 하나님 안에 감추었음이니라 우리 생명이신 그리스도께서 나타나실 그때에 너희도 그와 함께 영광 중에 나타나리라

신자는 하늘의 일을 생각해야지 다른 일을 생각해서는 안 된다. 왜냐하면 그는 세상에 대해서는 이미 죽은 자요, 그 생명은 그리스도와 함께 하나님 안에 감추어져 있기 때문이다. 그러나 영구적으로 감추어져 있는 것이 아니라, 그리스도가 그 영광의 부활체復活體로 나타나실 때에 우리도 그분과 함께 영광 중에 나타날 것이다. 그 일을 생각하며 우리는 땅에 있는 지체의 욕심, 즉 더러움이나 욕정, 탐심 등에 그 사념을 흐려서는 안 된다. 하늘과 미래를 소유한 신자는 땅과 현세에 사로잡혀서 낮고 천한 생애를 보내서는 안 되는 것이다. 참으로 높은 사상과 청렴한 생애를 권하는 귀한 예언의 말씀이다.

8월 16일

요한일서 3장 1-2절 보라 아버지께서 어떠한 사랑을 우리에게 주사 하나님의 자녀라 일컬음을 얻게 하셨는고, 우리가 그러하도다 그러므로 세상이 우리를 알지 못함은 그를 알지 못함이니라 사랑하는 자들아 우리가 지금은 하나님의 자녀라 장래에 어떻게 될 것은 아직 나타나지 아니하였으나 그가 나타내심이 되면 우리가 그와 같을 줄을 아는 것은 그의 계신 그대로 볼 것을 인함이니

신자는 지금도 여전히 구원으로 가고 있는 중이다. 하나님은 그에게서 선한 일을 시작하셔서 예수 그리스도의 날에 온전하게 이루신다 빌 1:6. 그러므로 지금 완전하게 될 수 없다 하여 굳이 슬퍼할 필요는 없다. 우리는 지금 죄의 몸을 하고 죄의 세상 가운데 있다. 우리의 밖도 더럽고 우리의 안도 더러우며, 지금은 완전을 구하여도 얻을 수 없을 것이다. 그리고 이런 상황에 처해 있어 "성령의 처음 익은 열매를 받은 우리까지도 속으로 탄식하여 양자될 것 곧 우리 몸의 구속을 기다리는" 롬 8:23 것이다. 이 간절한 소망은 허망으로 끝나지 않는다. 실현되는 때가 반드시 오고야 만다. 그리스도의 임재는 단순히 그분의 임재에만 머무르는 것이 아니다. 신자의 구원이 온전히 이루어지는 것도 바로 그때이다.

가을

예레미야 15장 10-11절 내게 재앙이로다 나의 모친이여 모친이 나를 온 세계에게 다툼과 침을 당할 자로 낳으셨도다 내가 뀌어 주지도 아니하였고 사람이 내게 뀌이지도 아니하였건마는 다 나를 저주하는도다 여호와께서 가라사대 내가 진실로 너를 강하게 할 것이요 너로 복을 얻게 할 것이며 내가 진실로 네 대적으로 재앙과 환난의 때에 네게 간구하게 하리라

나는 일찍이 예레미야와 같이 탄식하며 말하였다. "아아, 나는 재앙이라! 사람들이 모두 나와 다투며 나를 공격하고 나를 저주하네." 그러나 지금에야 나는 감사하며 말한다. "아아, 나는 복 있는 자라! 사람들이 모두 나와 다투고 나를 공격하며 나를 저주하였으므로 나는 하나님께 묶인 바 되어 그 구원의 은혜를 입을 수 있었노라." 사람에게 버림받는 일은 하나님께 받아들여지는 일이었다. 사람에게 미움받는 일은 하나님께 사랑받는 일이었다. 사람에게 절교당하는 일은 하나님과 맺어지는 일이었다. 지금에 이르러 생각한다. 내 생애에 일어났던 일 중 가장 행복했던 일은, 세상에서 모욕당하고 미움을 당하고 부끄러움을 당하고 배척당했던 일이었음을.

18일

이사야 40장 28-31절 너는 알지 못하였느냐 듣지 못하였느냐 영원하신 하나님 여호와, 땅 끝까지 창조하신 자는 피곤치 아니하시며 곤비치 아니하시며 명철이 한이 없으시며 피곤한 자에게는 능력을 주시며 무능한 자에게는 힘을 더하시나니 소년이라도 피곤하며 곤비하며 장정이라도 넘어지며 자빠지되 오직 여호와를 앙망하는 자는 새 힘을 얻으리니 독수리의 날개치며 올라감 같을 것이요 달음박질하여도 곤비치 아니하겠고 걸어가도 피곤치 아니하리로다

사상이 모두 실현됨으로 그 종말에 이르게 된다. 자신의 사상이 실현되는 모습을 본다면, 그는 이미 최후에 다다른 셈이다. 언제나 젊음을 유지하고자 한다면, 실현될 수 없는 사상을 항상 품지 않으면 안 된다. 청년은 꿈꾸는 자이다. 더이상 꿈꾸지 않고 이해타산을 지각하게 되면 그는 늙은이로 변한 것이다. 늘 불가능한 일을 계획하는 사람, 늘 큰 개혁을 바라는 사람, 늘 시인처럼 꿈꾸는 사람, 늘 이해타산에 어두운 사람, 늘 위험을 느끼지 않는 사람, 이런 사람이 청년이며 장자壯者이다. 이미 가능한 일을 계획하고 이전부터 온건주의를 주장하며, 벌써부터 무미건조하게 실무에만 종사하고, 이해타산에 밝으며, 자기 발밑만 사리는 자는, 그 나이를 물을 필요도 없이 이미 늙은이요 폐기물이다.

19일

신명기 5장 32-33절 그런즉 너희 하나님 여호와께서 너희에게 명령하신 대로 너희는 삼가 행하여 좌로나 우로나 치우치지 말고 너희 하나님 여호와께서 너희에게 명하신 모든 도를 행하라 그리하면 너희가 삶을 얻고 복을 얻어서 너희의 얻은 땅에서 너희의 날이 장구하리라

"하늘에 계신 너희 아버지의 온전하심과 같이 너희도 온전하라"마 5:48는 성경 말씀은, 하나님의 절대적인 온전하심에 도달해야 한다는 뜻이 아니라, 하나님이 하나님으로서 온전하심같이 사람도 사람으로서 온전해야 한다는 뜻이다. 온전한 말ti이란 사람처럼 말하고 사람처럼 생각하는 말을 가리키는 것이 아니라, 말이 말의 역할을 온전히 감당하는 것을 뜻한다. 따라서 사람에게 죄가 있다는 말은, 사람이 사람으로서의 온전함을 소홀히 한다는 뜻이다. 그리스도교에서 의인이 한 사람도 없다고 하는 것은 바로 이를 두고 하는 말이다. 하나님이 나를 책망하는 이유는, 내가 비를 내리게 할 수 없거나 해를 빛나게 할 수 없기 때문이 아니라, 내가 사람을 사랑해야 하는데도 사람을 미워하기 때문이며, 내가 노해서는 안 되는데도 노하기 때문이다. 구약

8월 20일

로마서 9장 1-3절 내가 그리스도 안에서 참말을 하고 거짓말을 아니하노라 내게 큰 근심이 있는 것과 마음에 그치지 않는 고통이 있는 것을 내 양심이 성령 안에서 나로 더불어 증거하노니 나의 형제 곧 골육의 친척을 위하여 내 자신이 저주를 받아 그리스도에게서 끊어질지라도 원하는 바로라

종교가는 애국자이지 않으면 안 된다. 박애주의를 내세우면서 국가의 존립 이유를 이해하지 못하고 국가의 위엄을 희생시키면서 단순히 외국 선교사의 명령에 순종하는 그런 일은, 아직 종교의 깊은 뜻을 이해하지 못하고 있기 때문이다. 진정한 종교가는 모두가 애국자였다. 나라를 위하지 않는 종교라면 사교 邪敎 라 여기고 배척해도 좋다. 만약 천사의 모습을 한 사람이 내려와 내게 종교 하나를 선사해 주려고 하면서, "나는 네게 종교를 선사하리라. 네 애국심을 버리고 이것을 받으라"라고 말했다고 하자. 그때 나는 그를 향해 말하리라. "내게는 당신의 종교가 필요하지 않다. 오히려 나는 내 나라를 지키며 종교 없는 자로 살다가 죽으리라. 내 가슴속에 불타는 한 조각의 애국심, 나는 이보다 더 귀한 것은 없다고 생각한다. 나는 당신에게 용건이 없다. 떠나가 다시는 내게 오지 마라." 전도

21일

이사야 43장 15-17절 나는 여호와 너희의 거룩한 자요 이스라엘의 창조자요 너희 왕이니라 바다 가운데 길을, 큰 물 가운데 첩경을 내고 병거와 말과 군대의 용사를 이끌어 내어서 그들로 일시에 엎드러져 일지 못하고 소멸하기를 꺼져 가는 등불 같게 한 나 여호와가 말하노라

기적이란 무엇입니까? 기적이란 하나님이 하시는 일의 흔적이라고까지 말할 수 있습니다. 다시 말해 사람을 만드시고 우주를 지으신 그 하나님이 이루시는 사업이란 뜻입니다. 하나님의 특별한 원조를 얻어서가 아니라면 인간에게 기적이란 불가능한 일입니다. 왜냐하면 인간은 자연계의 일부분일 뿐만 아니라 타락하여 그 능력을 대부분 잃어버렸기 때문입니다. 우리는 원래 자연을 초월하는 존재였습니다만, 하나님을 떠나 우리 자신에게 의존하기 시작하면서부터 자연의 노예로 전락해 버렸습니다. 그러나 하나님은 손수 지으신 자연을 자유로이 사용하실 수 있습니다. 하나님이 우주의 운행을 빨리 하시거나 늦추시거나 그런 일은, 시계 고치는 사람이 시곗바늘을 자유로이 바꾸는 일과 같은 이치일 뿐 전혀 놀랄 만한 일이 아닙니다.

8월 22일

빌립보서 3장 8절 또한 모든 것을 해로 여김은 내 주 그리스도 예수를 아는 지식이 가장 고상함을 인함이라 내가 그를 위하여 모든 것을 잃어버리고 배설물로 여김은 그리스도를 얻고

병들어도 좋다. 나는 단지 하나님의 거룩한 뜻을 알고 싶을 뿐이다. 가난해도 좋다. 나는 단지 하나님의 거룩한 뜻을 알고 싶을 뿐이다. 남에게 미움을 받아도 좋다. 나는 단지 하나님의 거룩한 뜻을 알고 싶을 뿐이다. 내 불행의 극치는 하나님의 거룩한 뜻을 알 수 없다는 데 있다. 나는 질병을 두려워하지 않고 빈곤을 두려워하지 않으며 고독을 두려워하지 않는다. 단지 하나님께 버림받아 그 거룩한 뜻이 내게 전달되지 않을까 봐 두려워한다. 하나님이여, 원컨대 내게 그 어떤 괴로움이 찾아온다 해도, 하나님과 나 사이에 성령의 교통이 끊기지 않게 하소서. 소갑

1월 23일

출애굽기 4장 10-12절   모세가 여호와께 고하되 주여 나는 본래 말에 능치 못한 자라 주께서 주의 종에게 명하신 후에도 그러하니 나는 입이 뻣뻣하고 혀가 둔한 자니이다 여호와께서 그에게 이르시되 누가 사람의 입을 지었느뇨 누가 벙어리나 귀머거리나 눈 밝은 자나 소경이 되게 하였느뇨 나 여호와가 아니뇨 이제 가라 내가 네 입과 함께 있어서 할 말을 가르치리라

두려워 말게나, 자네, 꾸밈없고 과묵한 청년이여. 자네는 명철하고 영리한 사람에게 우둔한 자라고 소외당하고, 처세에 능하지 못하다 하여 쓸모없는 사람으로 여겨지곤 하지. 그런데도 전능하신 하나님은 오히려 자네 같은 자를 구원하셔서, 자네에게 인간의 사상으로는 이르지 못할 지혜와 소망, 기쁨을 주시려고 하신다네. 말하기를 삼가게나, 자네, 명철하고 영리한 청년이여. "내게는 사람을 통솔하는 재주가 있고 세상 풍조를 관찰하는 재능이 있어, 나는 목회자가 되어 교회를 조직하고 교리를 전파하리라"는 말을 그치게나. 자네는 진정 목회자가 되려는 생각을 접고 다른 사업에나 뛰어들어야 할 것이야. 전도

유월 24일

요한복음 14장 16-18절 내가 아버지께 구하겠으니 그가 또 다른 보혜사를 너희에게 주사 영원토록 너희와 함께 있게 하시리니 저는 진리의 영이라 세상은 능히 저를 받지 못하나니 이는 저를 보지도 못하고 알지도 못함이라 그러나 너희는 저를 아나니 저는 너희와 함께 거하심이요 또 너희 속에 계시겠음이라 내가 너희를 고아와 같이 버려 두지 아니하고 너희에게로 오리라

우리가 그리스도인이 되었다는 말은, 세례를 받아 그리스도의 교회에 들어갔다는 뜻이 아니다. 또 우리의 지혜와 능력으로 그리스도교의 교리를 이해했다는 말도 아니다. 우리가 그리스도인이 되었다는 말은, 우리가 어떤 '성자'$_{聖者}$를 벗으로 삼게 되었다는 뜻이다. 게다가 단순히 그 어떤 낡은 기록 속에서 한 이상적인 사람을 발견했다는 뜻이 아니라, 지금 살아 계신 성결한 친구를 발견하여 그분과 함께 동행하게 되었다는 뜻이다. 곧 우리는 위대한 파라클레토스$_{parakletos}$, 즉 '옆에 있는 분'을 얻은 것이다. 적막한 세상에서 고독한 생애를 보내는 일을 멈추고 위대한 '위로자'를 일상의 벗으로 갖게 된 것이다.

25일

마태복음 5장 14-16절 너희는 세상의 빛이라 산 위에 있는 동네가 숨기우지 못할 것이요 사람이 등불을 켜서 말 아래 두지 아니하고 등경 위에 두나니 이러므로 집 안 모든 사람에게 비취느니라 이같이 너희 빛을 사람 앞에 비치게 하여 저희로 너희 착한 행실을 보고 하늘에 계신 너희 아버지께 영광을 돌리게 하라

예수의 제자는 세상의 빛이다. 문명을 선도하는 사람이다. 지식을 개발하는 사람이다. 영적인 빛을 공급하는 사람이다. 이 사실을 의심하는 사람은 아무도 없다. 세상의 그리스도교에 이른바 미신이 없는 것은 아니다. 그리스도의 교회로 변화한다는 것이 완고頑固하고 무지無智한 소굴이 된 경우는 얼마든지 있다. 그러나 과거 1,900년간*의 인류 역사에서, 예수의 제자가 광명의 횃불을 손에 쥐고 앞장섰다는 사실은 아무리 의심하려 해도 그 누구도 의심할 수 없었던 부분이다. 우리는 세상의 빛이라고 예수는 말씀하셨다. 그리고 신자는 예수 대신 세상을 비추는 자이다. 물론 예수처럼 스스로 빛을 발할 수는 없다고 하나, 각자 지니고 있는 믿음의 양에 따라 그 빛을 반사할 수 있는 것이다.

*우찌무라 간조가 이 글을 쓴 것은 1920년이다.

26일

잠언 3장 19-22절 여호와께서는 지혜로 땅을 세우셨으며 명철로 하늘을 굳게 펴셨고 그 지식으로 해양이 갈라지게 하셨으며 공중에서 이슬이 내리게 하셨느니라 내 아들아 완전한 지혜와 근신을 지키고 이것들로 네 눈 앞에서 떠나지 않게 하라 그리 하면 그것이 네 영혼의 생명이 되며 네 목에 장식이 되리니

테니슨*이 가장 주의注意했던 문제는 영혼불멸과 미래존재에 대한 문제였다고 한다. 고故 글래드스턴** 역시 그 목숨이 다하는 순간까지 이 문제에 사고를 쏟아 부었으며 죽음에 직면했을 때에는 버틀러***의 《아날로지》에 평주評注를 덧붙여 그의 풍부한 관찰과 사고의 결과를 세상에 남기고 떠났다. 정치가이든 문학가이든 상인이든 직공이든 간에 항상 현세 그 너머의 문제를 한 가지 이상 자신의 뇌리에 축적해 두는 일은, 그가 자신의 품격을 높이고 오성悟性을 밝게 하여 세속의 더러움에 오염되지 않게 하기 위해 필요하다.

---

* Alfred Tennyson : 1809-1892, 영국 시인. 우찌무라 간조는 이 책에서 테니슨을 많이 인용하고 있다.
** William Ewart Gladstone : 1809-1898, 영국 정치가
*** Joseph Butler : 1692-1752, 영국 신학자이자 성직자

27일

디모데후서 4장 3-5절 때가 이르리니 사람이 바른 교훈을 받지 아니하며 귀가 가려워서 자기의 사욕을 좇을 스승을 많이 두고 또 그 귀를 진리에서 돌이켜 허탄한 이야기를 좇으리라 그러나 너는 모든 일에 근신하여 고난을 받으며 전도인의 일을 하며 네 직무를 다하라

종교라고 하는 것은 인류와 하나님의 관계를 명확하게 하는 것으로서, 이것을 세상에 전달하는 일은 인류를 가장 행복한 지위로 되돌리는 일이므로 실로 선 중에 선이며 박애사업 중에 이 사업보다 나은 것은 달리 없다. 전도는 인자(仁者)와 군자(君子)의 일이며, 우리는 우리의 사상 중에서 이보다 더 나은 일을 발견할 수 없다. 이제 우리가 인류를 하나님께 되돌아오게 하는 전도를 사업으로 삼는다면 그 영역은 실로 넓고도 크다 할 수 있다. 언어로 교리를 설명하는 일 역시 전도 방법 중 하나이다. 그러나 설교나 문필생활을 전도사업의 대부분이나 전부로 간주한다면 크나큰 오류라 하지 않을 수 없다. 전도에서 가장 중요한 점은 모든 방법을 사용해 모든 사람이 하나님께로 돌아가게 하는 데에 있다.

2월 28일

잠언 4장 7-9절 지혜가 제일이니 지혜를 얻으라 무릇 너의 얻은 것을 가져 명철을 얻을지니라 그를 높이라 그리하면 그가 너를 높이 들리라 만일 그를 품으면 그가 너를 영화롭게 하리라 그가 아름다운 관을 네 머리에 두겠고 영화로운 면류관을 네게 주리라 하였느니라

사람들은 종교와 과학의 충돌을 말하나 나는 아직 그것이 확실하다고는 인정할 수 없다. 종교는 영혼계를 과학적으로 깊이 연구한 결과라고 할 수 있으며, 과학은 물질계를 종교적으로 관찰한 것이라고 해도 좋다. 우리는 종교를 연구하는 데 과학적 방법을 응용하기를 두려워하지 않을 뿐만 아니라 일반적인 과학 상식에 맞지 않는 종교 사상은 기각하고 채용하지 않는다. 또한 이와 상대적으로 과학적인 연구 방법에 종교적인 정신이 필요하지 않다고 믿는 사람은 아직 과학과 종교 두 가지 모두를 이해하지 못한 사람이라 말하지 않을 수 없다. 왜냐하면 진솔한 마음, 겸손한 마음, 그 무엇보다도 진리를 사랑하는 마음은 종교에서도 과학에서도 최초이자 최후에 필요하기 때문이다.

29일

마태복음 21장 21-22절 예수께서 대답하여 가라사대 내가 진실로 너희에게 이르노니 만일 너희가 믿음이 있고 의심치 아니하면 이 무화과나무에게 된 이런 일만 할 뿐 아니라 이 산더러 들려 바다에 던지우라 하여도 될 것이요 너희가 기도할 때에 무엇이든지 믿고 구하는 것은 다 받으리라 하시니라

세상에는 금전의 세력이 있고 정권의 세력이 있으며 지식의 세력이 있다. 그러나 아직 기도의 세력에는 이르지 못한다. 이는 실로 성실의 세력이며 산이라도 뚫고 바위라도 부수는 세력이다. 세상에서 위대한 사업이라 일컬어지는 것은 모두 기도의 힘으로 이루어진 것이다. 기도의 힘으로 세워지지 않은 국가는 거짓된 국가이며 영원불변한 기초 위에 다져진 국가가 아니다. 기도의 힘으로 이루어지지 않은 미술에는 하늘의 이상을 전하는 작품이 없다. 기도는 정신적인 생명을 얻는 유일한 비결이다. 그러므로 기도가 없는 국민으로부터 위대한 정치, 위대한 미술, 혹은 위대한 문학, 위대한 발견, 그 외 '위대한' 으로 부를 만한 것은 나올 수가 없다.

1월 30일

디모데전서 1장 15-16절 미쁘다 모든 사람이 받을 만한 이 말이여 그리스도 예수께서 죄인을 구원하시려고 세상에 임하셨다 하였도다 죄인 중에 내가 괴수니라 그러나 내가 긍휼을 입은 까닭은 예수 그리스도께서 내게 먼저 일체 오래 참으심을 보이사 후에 주를 믿어 영생 얻는 자들에게 본이 되게 하려 하심이니라

만약 우리 자신을 가리켜 그리스도인이라고 말한다면 결코 우리의 높은 덕을 자랑해서가 아니다. 그리스도인이라는 것을 명예로운 이름으로 생각하고 있다면, 이는 그가 본래 진정한 그리스도인이 아니라는 가장 좋은 증거이다. 그리스도인은 죄인의 일종이다. 자신이 지은 깊은 죄를 인정하고 하나님께 용서를 구하기 위해 그리스도의 십자가에 매달리는 사람이다. 바울이 신자이며 베드로가 신자였다는 말을 들으면, 오늘날 우리는 정말로 그들이 명예로웠던 것처럼 생각하지만, 그 당시 그들에게는 이런 사실이 사회적으로 큰 불명예였다. 사람들 앞에서 자신이 죄인임을 명백히 드러낼 수 없는 사람은 결코 그리스도인이 아니다. 그런데도 그리스도인이라 말하고 문명화된 군자나 된 것처럼 생각하는 사람은 아직 그리스도교의 초보조차 모르는 사람이다.

31일

에베소서 4장 21-24절 진리가 예수 안에 있는 것같이 너희가 과연 그에게서 듣고 또한 그 안에서 가르침을 받았을진대 너희는 유혹의 욕심을 따라 썩어져 가는 구습을 좇는 옛 사람을 벗어 버리고 오직 심령으로 새롭게 되어 하나님을 따라 의와 진리의 거룩함으로 지으심을 받은 새 사람을 입으라

예수는 평민이다. 나는 그분을 평민의 모범으로서 우러러 모신다. 그렇다고 예수가 오늘날 말하는 것과 같은 평민은 아니다. 여기서 말하는 평민이란 그 갖고 있는 지위의 유무(有無), 부의 많고 적음에 따라 정해지는 것이 아니다. 귀족 가운데도 평민이 있는가 하면 평민 안에도 귀족이 있다. 자신을 귀하게 여기지 않는 자, 그가 평민이다. 자신을 어딘가 귀한 사람인 듯 생각하는 사람, 그가 귀족이다. 그러므로 예수를 평민이라 하기보다는 오히려 평민이란 예수와 같은 자라고 말해야 한다. 모든 일에서 예수를 주로 앙망하는 자, 죄 속함을 받으려고 하는 자, 이들 모두 평민이다. 곧 하나님의 자녀로서 가지는 존귀를 인정할 뿐 그 외의 존귀를 모두 거부하는 자, 그가 진정한 평민이다.

8월 1일

갈라디아서 5장 1절 그리스도께서 우리로 자유케 하려고 자유를 주셨으니 그러므로 굳세게 서서 다시는 종의 멍에를 메지 말라

자유는 우리가 본래부터 가지고 있던 고유한 성질이 아니다. 따라서 완전히 자유로워지려면, 우리는 완전한 자유를 갖고 계신 하나님께 이르지 않으면 안 된다. 즉, 우리는 하나님을 통해서만 진정한 자유를 얻을 수 있다. 시인 테니슨은 노래한다. "우리의 의지는 하나님께 바치기 위해 주어진 것입니다" Our will is ours to make it Thine. 우리의 의지는 우리의 의지를 통해 하나님께 드려져야 한다. 물론 사람은 도저히 나눌 수 없는 개체이므로 어떠한 경우에도 다른 개체에 흡수되는 존재는 아니다. 그러나 사람은 그 자유를 국가가 요구하는 데에 바침으로써 오히려 국가의 크기만큼 자유를 획득하는 것과 같이 이 자유를 무한한 하나님께 드려서 무한대의 자유, 즉 진정한 자유를 향유하게 되는 것이다.

2월 2일

골로새서 1장 3-4절 우리가 너희를 위하여 기도할 때마다 하나님 곧 우리 주 예수 그리스도의 아버지께 감사하노라 이는 그리스도 예수 안에 너희의 믿음과 모든 성도에 대한 사랑을 들음이요

믿음, 소망, 사랑이란 셋이면서 실은 하나이다. 믿음 없이 소망은 생겨나지 않지만 소망이 없고서 믿음을 유지할 수도 없다. 또한 사랑은 소망으로부터 활동할 동기를 찾는데, 소망이 끊긴 후의 사랑은 기름이 다한 등불같이 열과 빛을 잃고 다시 어둠으로 돌아가 버리고 만다. 소망을 주지 않고 사랑을 강요하는 것은 무자비하다. 소망이 부족한 믿음은 완고하고 냉혹하다. 소망은 세 자매 가운데 가장 여성답다. 그녀가 옆에 있어 사랑은 의무의 굴레를 벗어나 자유로워진다. 그녀의 따스한 감화를 받아 믿음은 완강하기를 멈추고 온유하게 된다. 소망은 하늘의 화합을 부르고 땅의 고뇌를 녹인다. 소망에는 따뜻한 눈물이 있다. 그녀는 하늘 문을 열고 그 안에 있는, 우리가 사모하는 성결한 모습을 드러내 보여 준다.

3월 3일

야고보서 4장 8-10절 하나님을 가까이하라 그리하면 너희를 가까이하시리라 죄인들아 손을 깨끗이 하라 두 마음을 품은 자들아 마음을 성결케 하라 슬퍼하며 애통하며 울지어다 너희 웃음을 애통으로, 너희 즐거움을 근심으로 바꿀지어다 주 앞에서 낮추라 그리하면 주께서 너희를 높이시리라

얻는 기쁨이 있고 잃는 기쁨이 있으며 태어나는 기쁨이 있고 죽는 기쁨이 있다. 사랑받는 기쁨이 있으며 미움받는 기쁨이 있다. 그리고 만약 기쁨의 성질로 말한다면, 잃는 기쁨이 얻는 기쁨보다 높고, 죽는 기쁨이 태어나는 기쁨보다도 깨끗하며, 미움받는 기쁨이 사랑받는 기쁨보다 깊다. 우리는 하나님을 믿기에 어떠한 경우에 처할지라도 기쁨이 없을 수는 없다. 단지 비통한 기쁨이 기쁜 기쁨보다 더 나은 일이 수없이 많음을 알게 될 뿐이다.

3월 4일

마태복음 6장 25-26절 그러므로 내가 너희에게 이르노니 목숨을 위하여 무엇을 먹을까 무엇을 마실까 몸을 위하여 무엇을 입을까 염려하지 말라 목숨이 음식보다 중하지 아니하며 몸이 의복보다 중하지 아니하냐 공중의 새를 보라 심지도 않고 거두지도 않고 창고에 모아들이지도 아니하되 너희 천부께서 기르시나니 너희는 이것들보다 귀하지 아니하냐

세상으로부터 홀로 서는 것이 더 쉬운 일이므로 가난한 자는 자연과 더욱더 깊이 교통하는 것이다. 가난이란 물론 빈궁을 의미하는 것이 아니다. 가난이란 사람이 만든 부에 의해 상대적으로 결정되는 것이 아니라 하나님이 내려 주신 은혜의 결과이다. 따라서 가난이란 공중의 새나 들의 백합처럼 되는 일이다. 곧 햇빛을 즐거워하고 청풍에 씻기며 수고하지 않고 근심하지 않게 되는 일이다. 천연의 기쁨이라는 것은 가난해지지 않으면 얻을 수 없다. 시인 워즈워스*와 같이 '지고한 사상'을 즐기기 원한다면 그와 같이 '낮은 생애'를 감수하지 않으면 안 된다.

---

* William Wordsworth : 1770-1850, 영국 시인

3월 5일

요한복음 3장 16-17절 하나님이 세상을 이처럼 사랑하사 독생자를 주셨으니 이는 저를 믿는 자마다 멸망치 않고 영생을 얻게 하려 하심이니라 하나님이 그 아들을 세상에 보내신 것은 세상을 심판하려 하심이 아니요 저로 말미암아 세상이 구원을 받게 하려 하심이라

그리스도가 무엇 때문에 세상에 내려오셨는가 물으면, 이 일에 대해서는 신약성경이 명백히 말해 주고 있다. 곧 그분의 피(죽음)로 인류의 죄를 대속하기 위해서이다. 그리고 죽으신 뒤 다시 승천하시어 하늘 문을 열고 사람의 아들에게 하나님의 아들이 되는 권능을 주시기 위해서이다. 이것이 그리스도가 강림하신 가장 큰 목적이며 그 밖의 일은 이 목적을 이루기 위한 부차적인 빛이다. 죄에 잠긴 사람의 자녀 위에 성령을 부으시고 인류의 죄를 대속하는 길을 열기 위해서는, 사랑하는 아들을 보내시어 세상이 그 아들을 십자가에 매달리게 할 필요가 있었다. 그리스도의 생애를 구속의 생애로 보아야만 신약성경은 가장 만족스럽게 해석된다.

6일

야고보서 1장 17-18절 각양 좋은 은사와 온전한 선물이 다 위로부터 빛들의 아버지께로서 내려오나니 그는 변함도 없으시고 회전하는 그림자도 없으시니라 그가 그 조물 중에 우리로 한 첫 열매가 되게 하시려고 자기의 뜻을 좇아 진리의 말씀으로 우리를 낳으셨느니라

선한 일이란 하나님을 믿는 일이다. 악한 일이란 하나님을 떠나 사람과 자신에게 의존하는 일이다. 그 외에는 선한 일도 없을뿐더러 악한 일도 없다. 질병이 반드시 나쁜 것은 아니다. 만약 우리를 선하신 하나님께 인도한다면 질병 또한 선한 일이다. 건강이 반드시 선한 것은 아니다. 만약 건강이 사람에게 자신을 의존하게 하여 스스로 현명하다고 생각하게 한다면, 오히려 건강은 나쁜 일이다. 빈곤도 마찬가지다. 그 반대로 부귀도 마찬가지다. 그리스도는 말씀하셨다. "너희는 어찌하여 선에 대해 질문하는가. 한 가지 선 외에 다른 선은 없다. 곧 하나님이시다." 선이란 하나님을 떠나서 따로 있는 것이 아니다. 하나님과, 하나님께 향하는 것, 이것이 선이다. 하나님으로부터 멀어지고 하나님께 거역하는 일, 이것이 악이다. 선악의 차이는 이뿐이다. 그러나 이것은 또한 생사生死의 차이이다.

청결

마태복음 5장 8절 마음이 청결한 자는 복이 있나니 저희가 하나님
　　　을 볼 것임이요

하나님은 하나이시다. 그러므로 단순하시다. 하나이시기 때문에 뒤얽히거나 번잡하거나 복잡하지 않으시다. 청결한 마음으로 생각한다면 누구나 이해할 수 있는 분임에 틀림없다. 마치 어린아이처럼 천진난만하고 거짓이 없으며 올바르고 선한 분임에 틀림없다. 만약 하나님을 이해하기 어렵다면 그분이 복잡하시기 때문이 아니라, 너무나도 단순하여 한없이 투명하시기 때문이다. 흡사 영웅의 마음처럼, 청풍명월淸風明月과 같이 티끌 한 점도 남기지 않아 인간이 그분을 이해하기란 불가능한 일이다. 사람들은 손쉽게 많은 신들을 믿어 버린다. 그러나 유일하신 하나님은 쉽게 믿지는 못한다. 순결함은 인간이 감당할 수 없는 부분이다. 그 결과 그들은 불순한 신들을 많이 만들어 자신들의 불결함을 감추려고 한다.

8월

마태복음 6장 34절 그러므로 내일 일을 위하여 염려하지 말라 내일 일은 내일 염려할 것이요 한 날 괴로움은 그날에 족하니라

그리스도의 말씀은 '시'였다. 그분의 기도는 '감사'였다. 그분의 순진함은, 하루의 수고를 끝내고 광풍이 몰아치는 물결 위에 떠 있는 작은 배 고물에서 베개를 베고 주무신 사실을 보아도 알 수 있다 막 4:37, 38. 그뿐 아니라 적에게 건네지던 그날 밤, 두렵기 그지없는 죽음이 면전에 임박했는데도 제자들과 함께 유월절을 축하하고, 종용히 가르치셨다. "저희가 찬미하고 감람산으로 나아가니라" 마 26:30. 찬송을 부르면서 제자들의 소박하고 성결한 자리를 축복하셨음을 알 수 있다 마 26:30. 실로 비애悲哀의 인간이었던 그리스도는, 또한 동시에 기쁨의 사람이었던 것이다. 그리스도는 비통을 억제하는 길을 잘 알고 계셨다. 그분은 내일 일을 염려하지 않으셨다. 그리스도는 일찍이 세상에 유례없는 최고의 낙천주의자였다.

9일

디모데후서 4장 2절 너는 말씀을 전파하라 때를 얻든지 못 얻든지 항상 힘쓰라 범사에 오래 참음과 가르침으로 경책하며 경계하며 권하라

이 세상에 진정한 전도만큼 즐거운 일은 없다. 이는 사업 중에 사업이라, 우리가 한번 그 기쁨을 맛보게 되면 다른 사업으로 바꿀 수 없게 된다. 전도는 사람의 영혼을 구원하는 일이다. 사람을 마음속 깊은 곳에서부터 변혁시키는 일이다. 우리는 가끔 죄인이 한순간에 그 죄를 버리고 하나님께 되돌아오는 것을 목격하기도 한다. 그의 가정은 순결해지고 아내와 자식들은 기뻐하며 그의 생애 방침은 완전히 바뀐다. 그를 통해 새로운 사업이 세워지고 또한 성취된다. 한 조각의 복음이 이리도 심원한 변화를 일으켰는가 생각하면, 참으로 놀라울 따름이다.

죽음

이사야 53장 10절 여호와께서 그로 상함을 받게 하시기를 원하사 질고를 당케 하셨은즉 그 영혼을 속건 제물로 드리기에 이르면 그가 그 씨를 보게 되며 그 날은 길 것이요 또 그의 손으로 여호와의 뜻을 성취하리로다

그리스도의 사업은 그분이 죽으심으로써 완성되었다. 그분처럼 그분의 작은 제자들인 우리의 사업 역시 우리가 죽음으로써 완성된다. 죽음은 최고의 사업이며 생애의 극치이다. 사람은 살아 있는 동안에는 그 사업이 완성되었다고 말할 수 없다. 실로 그리스도인에게 생전의 성공이라는 것은 없다. 그의 사업은 죽음으로써 시작된다. 육안으로는 자신의 사업이 성공하는 것을 볼 수 없다. 자신의 생명을 세상 죄의 제물로 삼을 수 있을 때에야 비로소 그 사업이 영원히 하나님의 손에서 번성하는 것을 볼 수 있다.

2월 11일

요한복음 16장 32절 보라 너희가 다 각각 제 곳으로 흩어지고 나를 혼자 둘 때가 오나니 벌써 왔도다 그러나 내가 혼자 있는 것이 아니라 아버지께서 나와 함께 계시느니라

인류를 위해 헌신하려고 세상과 교제할 필요는 전혀 없다. 우리는 혼자서도 인류를 위해 힘쓸 수 있다. 사람은 그 누구든 모두 인류의 일부분이다. 그러므로 자신에게 진력하여 인류를 위해 헌신할 수 있다. 홀로 진리를 발견할 수 있으며, 홀로 하나님과 만날 수 있다. 또한 홀로 영성을 닦아 완전한 경지에 이를 수 있다. 우리는 인류의 좋은 표본으로 우리 자신을 세상에 제공할 수 있다. 홀로 처해진 것이 결코 아무 일도 할 수 없는 환경은 아니다.

중 12일

요한복음 6장 66-69절 이러므로 제자 중에 많이 물러가고 다시 그와 함께 다니지 아니하더라 예수께서 열두 제자에게 이르시되 너희도 가려느냐 시몬 베드로가 대답하되 주여 영생의 말씀이 계시매 우리가 뉘게로 가오리이까 우리가 주는 하나님의 거룩하신 자신 줄 믿고 알았삽나이다

그리스도는 나의 도덕적 우주이다. 나는 정신적으로 그분 안에서 살고 움직이며 또한 존재한다. 나는 그분을 떠나서는 아무것도 할 수 없다. 마치 나무에서 떨어진 원숭이와 같이, 이 세상에서 그리스도를 떠난 자만큼 불쌍한 사람도 없다. 그리스도를 따르는 것은 내게 이득이 있어서가 아니라, 지금 내가 생존하기 위해서는 반드시 그리해야만 하기 때문이다. 내가 그분을 떠나면 모든 수치와 모욕, 실패가 나를 기다리고 있다. 내가 영예로운 생애를 보내고자 한다면 그리스도에게 의지하는 일 외에 달리 길이 없다. 불쌍히 여길 만한, 그러나 부러워할 만한 자란 바로 나인 셈이다.

3월 13일

사도행전 26장 22-23절 하나님의 도우심을 받아 내가 오늘까지 서서 높고 낮은 사람 앞에서 증거하는 것은 선지자들과 모세가 반드시 되리라고 말한 것밖에 없으니 곧 그리스도가 고난을 받으실 것과 죽은 자 가운데서 먼저 다시 살아나사 이스라엘과 이방인들에게 빛을 선전하시리라 함이니이다 하니라

믿는 자의 부활에 대한 희망은 자기 자신에게서 나오지 않는다. 주 예수 그리스도에게서 나오는 것이다. 믿는 자는 인간으로 부활하기를 원하는 것이 아니다. 또 설사 그리 바란다 해도 불가능한 일이다. 믿는 자는 주 예수 그리스도로 말미암아 부활하는 것이다. 바꾸어 말하면 그리스도가 그의 안에 계셔 부활을 반복하시는 것이다. 믿는 자는 그 안에 그리스도가 머무시는 사람이다. 그리고 "나는 부활이요 생명"이라고 말씀하신 그리스도가 믿는 자의 몸에 사셔서 그 역시 부활시키시는 것이다 요 11:25. 예수의 영이 계신 곳에는 반드시 부활이 있다. 예수의 영을 부여받을 때 부활을 자연스런 결과로 받아들일 수 있게 된다.

14일

디모데후서 1장 9-10절 하나님이 우리를 구원하사 거룩하신 부르심으로 부르심은 우리의 행위대로 하심이 아니요 오직 자기 뜻과 영원한 때 전부터 그리스도 예수 안에서 우리에게 주신 은혜대로 하심이라 이제는 우리 구주 그리스도 예수의 나타나심으로 말미암아 나타났으니 저는 사망을 폐하시고 복음으로써 생명과 썩지 아니할 것을 드러내신지라

이 세상은 우리의 이상을 행하기에 너무나도 불완전한 곳입니다. 만약 이 세상에서 모든 일이 끝난다면, 사람으로 이곳에 온 것이 가장 큰 불행일 것입니다. 세상에 아무리 괴로운 일이라도, 이상을 가지고 있으면서도 이상을 이룰 수 없는 것만큼 괴로운 일은 없습니다. 그럼에도 수많은 고상한 사람들의 생애는 모두 이 '충족되지 않는 이상'의 생애입니다. 이상에 맞는 실물이 존재하는 것이 이 우주의 법칙인데도, 이 세상에는 우리의 이상에 미칠 실물이 없습니다. 이것이 내세가 존재한다는 가장 확실한 증거이지 않겠습니까.

2월 15일

히브리서 11장 1절 믿음은 바라는 것들의 실상이요 보지 못하는 것들의 증거니

사람에 따라서는 믿음이 미신처럼 보이기도 한다. 믿음은 확실히 일종의 모험이다. 믿음을 따르다가 어쩌면 실패로 끝날지도 모른다. 그러나 믿는 당사자는 믿음이 미신이 아님을 알고 있다. 믿음은 마음에 울리는 하나님의 목소리에 대한 신자의 응답이다. 그는 형체를 보지 않는다. 증명하지도 않는다. 그러나 그는 분명히 믿는다. 실로 하나님이 믿게 하시기 때문에 믿는 것이다. 그에게는 믿음 그 자체가 '보지 못하는 것'의 증거가 되는 셈이다. 그는 "나에게 믿음이 생겼으니, 이에 응하는 실물이 있어야 한다"고 말한다. 실물을 가지고 믿음을 증명하는 것이 아니다. 믿음을 가지고 실물을 증명하는 것이다. 이것이 믿음의 힘이다. 이 힘이 없다면, 그 믿음은 믿음이라 부를 수 없다.

16일

마태복음 28장 18-20절 예수께서 나아와 일러 가라사대 하늘과 땅의 모든 권세를 내게 주셨으니 그러므로 너희는 가서 모든 족속으로 제자를 삼아 아버지와 아들과 성령의 이름으로 세례를 주고 내가 너희에게 분부한 모든 것을 가르쳐 지키게 하라 볼지어다 내가 세상 끝 날까지 너희와 항상 함께 있으리라 하시니라

삼위일체의 교리는 도덕적인 교리입니다. 이를 믿음으로써 사람의 인생관은 전혀 달라집니다. 이것을 거부할 때에 그의 품성은 변하기 시작합니다. 그리스도교의 모든 교훈은 이 교리와 깊은 관계를 갖고 있습니다. 이것을 취해도 되고 버려도 된다고 생각하는 사람은 아직 그리스도교를 이해하지 못하는 사람입니다. 그리고 그리스도교가 세상을 구원하기 위한 실질적인 세력인 이상은, 삼위의 하나님을 믿지 않고 이 세력을 유지할 수는 없습니다. 나는 내 성경에 비추어 보아도, 또 내 이성에 호소해 보아도, 또 진실로 내가 살아오면서 경험한 것들에 응용해 보아도, 주 되신 하나님은 삼위일체의 하나님이 아니고서는 안 된다는 사실을 믿어 의심치 않습니다.

묵상

예베소서 2장 8-10절 너희가 그 은혜를 인하여 믿음으로 말미암아 구원을 얻었나니 이것이 너희에게서 난 것이 아니요 하나님의 선물이라 행위에서 난 것이 아니니 이는 누구든지 자랑치 못하게 함이니라 우리는 그의 만드신 바라 그리스도 예수 안에서 선한 일을 위하여 지으심을 받은 자니 이 일은 하나님이 전에 예비하사 우리로 그 가운데서 행하게 하려 하심이니라

내가 스스로 회개하지 않으면 하나님은 나를 구원하지 못한다는 말은, 거짓 예언자와 거짓 목사가 자주 우리에게 고한 바이다. 분명 나는 회개하지 않으면 구원받지 못할 것이다. 그러나 하나님은 성령을 통해 내가 회개하도록 하셨다. 나 자신의 의지의 노력으로 회개한 것이 아니다. 이것은 도저히 내가 이룰 수 없는 일이다. 그러나 하나님이 내게 임하시어 나의 의지를 그분의 의지로 삼으시고, 그분의 의지의 능력으로 내가 회개하도록 만드셨다. 나 혼자 힘으로 회개한 것이 아니다. 그런데도 하나님은 이것을 나의 회개로 받아들이셨다. 아아, 신비 중의 신비란 하나님과 의지와의 신비한 관계다. 게다가 구속의 신비는 이 신비 안에 존재한다. 우리는 철학적으로 이것을 설명할 수는 없다. 그렇지만 우리는 이것이 가장 확실한 사실이라고 알고 있다. 우리의 의지에 관한 것은 우리 자신이 가장 확실하게 알 수 있기 때문이다. 소괄

18일

시편 30편 5절 그 노염은 잠간이요 그 은총은 평생이로다 저녁에는 울음이 기숙할지라도 아침에는 기쁨이 오리로다

주님은 분노하지 않는 분이 아니시며, 우리에게 형벌이 임하지 않는 것이 아니다. 그러나 이것은 단지 잠시일 뿐, 그분의 은혜는 평생토록 계속된다. 징벌은 예외(例外)이며, 은혜가 일반이다. 더러 눈물이 어리기도 한다. 그러나 이것은 그저 나그네가 하룻밤을 우리 집에서 지내는 일과 같다. 아침이 오면 그는 떠나고, 기쁨이 그를 대신해 영원히 나와 함께 살 것이다. 고통은 잠시뿐, 기쁨은 영원하다. 눈물은 나그네와 함께 떠나고 감사는 가족처럼 와서 머문다. 진실로 기쁨은 아침과 함께 오리라. 아침 해가 암흑을 제치고 떠오를 때에 우리의 입술에서 찬송의 소리가 울려 퍼지리라.

19일

욥기 33장 22-24절 그의 혼이 구덩이에, 그의 생명이 멸하는 자에게 가까와지느니라 그럴 때에 만일 일천 천사 가운데 하나가 그 사람의 해석자로 함께 있어서 그 정당히 행할 것을 보일진대 하나님이 그 사람을 긍휼히 여기사 이르시기를 그를 건져서 구덩이에 내려가지 않게 하라 내가 대속물을 얻었다 하시리라

인류는 하나님께로부터 타락하였습니다. 그가 "하늘"엡 1:3에서 하나님 옆에서 하나님과 함께 있어야 할 위치로부터 타락한 것입니다. 그에게 임한 모든 비통은 이 타락에 기인하고 있습니다. 죄 중의 죄란 하나님을 버리는 일입니다. 그렇다면 구원이 무엇인지 알 수 있을 것입니다. 구원은 무엇보다 먼저 사람을 하나님께로 되돌리는 일입니다. 그리고 그리스도의 십자가는 하나님과 사람 사이에 서서 이 독특한 과업을 이루어 냅니다. 그리스도는 도덕을 설교하여 겨우 사람의 마음이나 변화시키려고 하지는 않았습니다. 그분은 죄 그 자체를 멸하셨습니다. 곧 그리스도로 말미암아 하나님과 사람 사이에 있던 간격이 없어졌습니다.

봄 20일

이사야 52장 13-15절 여호와께서 가라사대 보라 내 종이 형통하리니 받들어 높이 들려서 지극히 존귀하게 되리라 이왕에는 그 얼굴이 타인보다 상하였고 그 모양이 인생보다 상하였으므로 무리가 그를 보고 놀랐거니와 후에는 그가 열방을 놀랠 것이며 열왕은 그를 인하여 입을 봉하리니 이는 그들이 아직 전파되지 않은 것을 볼 것이요 아직 듣지 못한 것을 깨달을 것임이라 하시니라

부활은 진실로 위대한 기적이다. 그러나 품성이 성결해지는 일은 더욱 위대한 기적이다. 이 기적이 있으므로 그 부활은 기적이 아니게 된다. 예수가 존재했다는 사실은 이미 기적 중에서도 가장 큰 기적이다. 도덕의 법정에서 한 점 지적할 것 없는 사람이 있었다는 사실, 그 일이 최대의 기적인 것이다. 그리고 부활은 바로 그에게서 일어났다. 이 사실은 자연스러운 결과임에 틀림없다. 예수는 사람이면서 사람이 아니었다. 예수의 경우에는 속이 겉으로 나타나기 위해, 육체가 영에게 응답하기 위해 삶이 죽음을 이기어, 죽어서 더욱 높은 형상으로 부활한 것이다.

겨울 21일

고린도전서 8장 5-6절 비록 하늘에나 땅에나 신이라 칭하는 자가 있어 많은 신과 많은 주가 있으나 그러나 우리에게는 한 하나님 곧 아버지가 계시니 만물이 그에게서 났고 우리도 그를 위하며 또한 한 주 예수 그리스도께서 계시니 만물이 그로 말미암고 우리도 그로 말미암았느니라

천지는 넓고 사람은 많다. 그러나 그 가운데 단 둘이 있을 뿐이니, 하나님과 나이다. 그분은 나를 사랑하시고 나 역시 그분을 사랑하며, 나는 그분의 명령을 듣고 모든 일을 행한다. 나는 그분에게 칭찬받아 기쁘고 책망받아 눈물 흘린다. 그분이 나를 선하다고 여기게 되는 것이 나의 사는 동안의 목적이다. 나는 그분과 함께 행하여, 그분과 함께 영광과 수치를 나눈다. 그분이 찬양받으시면 나는 기쁘고, 그분이 모욕을 당하시면 나는 노한다. 나는 그분의 손에 이끌리어 그분이 만드신 우주를 거닌다. 그 안에 있는 모든 짐승과 하늘의 모든 새들을 내게 보이시니 내가 생물에게 붙이는 이름이 모두 그 이름이 된다. 이 세상에서 나는 참으로 '처음 사람' 아담이다. 나 외에 다른 사람은 없다. 단지 하나님이 나와 함께 계실 뿐. 오직 하나님과 나. 그러므로 나는 그분으로 말미암아 만인과 만물을 사랑한다. 나는 하나님을 통하지 않고서는 그 무엇과도 관계하지 않는다. 또 하나님으로 말미암아 모든 사람과 교통한다. 광상

종결 22일

고린도전서 15장 20-22절 그러나 이제 그리스도께서 죽은 자 가운데서 다시 살아 잠자는 자들의 첫 열매가 되셨도다 사망이 사람으로 말미암았으니 죽은 자의 부활도 사람으로 말미암는도다 아담 안에서 모든 사람이 죽은 것같이 그리스도 안에서 모든 사람이 삶을 얻으리라

믿는 자가 부활하는 것이 아니라, 그 안에 살아 계신 예수가 부활하는 것이다. 그분은 의로 말미암아 살아 계신다. 또 예수는 믿는 자 안에서 부활하셔서 믿는 자와 함께 부활하신다. 믿는 자는 예수와 함께 부활하는 은혜를 입는 것이다. 그분과 함께 들림받는 것이다. "내가 살았고 너희도 살겠음이라" 요 14:19고 그분이 말씀하신 것도 바로 이 때문이다. 따라서 믿는 자의 부활을 의아해할 이유는 전혀 없다. 예수의 부활이 당연하고 자연스러운 일인 것처럼, 믿는 자의 부활 또한 당연하고 자연스러운 일이다.

12월 23일

시편 71편 16-18절 내가 주 여호와의 능하신 행적을 가지고 오겠사오며 주의 의 곧 주의 의만 진술하겠나이다 하나님이여 나를 어려서부터 교훈하셨으므로 내가 지금까지 주의 기사를 전하였나이다 하나님이여 내가 늙어 백수가 될 때에도 나를 버리지 마시며 내가 주의 힘을 후대에 전하고 주의 능을 장래 모든 사람에게 전하기까지 나를 버리지 마소서

1,900년 전* 아주 오랜 옛날, 그리스도교의 모든 것이 말구유 안의 갓난아기에게 있었다. 그때에는 아직 단테**의 신곡도 없었고 크롬웰***의 영국도 없었다. 그 아기를 지키는 데에 단지 마리아의 가녀린 손과 요셉의 견실한 인내심이 있었을 뿐이다. 그런데도 하나님이 심어 놓으신 나무는 자라서 레바논의 백향목보다도 키가 커져 갔다. 우리가 지금에 와서 그 가지 하나를 이 땅에 심고자 소원하는데, 무엇을 두려워하고 있는가. 지금은 전 우주에 우리의 과업을 도우시는 분이 있고, 수많은 성도가 우리의 말을 증거하고 있다. 만약 우리가 이 어두운 세상을 변화시키지 못한다면, 후세는 우리를 무어라 평할 터인가. 소망

---

* 우찌무라 간조가 이 글을 쓴 것은 1913년이다.
** Alighieri Dante : 1265-1321, 이탈리아 시인
*** Oliver Cromwell : 1599-1658, 영국 정치가

24일

이사야 54장 10절 산들은 떠나며 작은 산들은 옮길지라도 나의 인자는 네게서 떠나지 아니하며 화평케 하는 나의 언약은 옮기지 아니하리라 너를 긍휼히 여기는 여호와의 말이니라

영혼이 요구하는 것은 사랑입니다. 순결무구(純潔無垢)한 사랑입니다. 광대무변(廣大無邊)한 사랑입니다. 실로 영혼은 막대한 요구를 하고 있습니다. 영혼은 도저히 금으로 만든 대궐이나 옥으로 만든 누각 정도로는 만족하지 못합니다. 좋은 옷과 맛있는 음식 정도로 그의 기갈은 결코 치유되지 않습니다. 시중드는 궁녀 3천 명을 준다 해도 그의 비애만 더욱더 증가시킬 뿐입니다. 행복한 가정을 갖고 있어도, 선량한 벗을 갖고 있어도, 이 또한 그의 빈 마음의 욕망을 채우기에는 모자랍니다. 실로 영혼은 우주 만물의 창조주요 홀로 한 분이신 살아 계신 하나님을 벗으로, 아버지로, 구세주로 모시고, 그분에게 진정한 사랑을 받고 싶어 합니다. 하나님의 사랑이 없으면 영혼은 죽은 거나 다름없습니다. 하나님의 사랑이 있다면 인간의 영혼이 소망하는 모든 것을 얻은 셈입니다.

8월 25일

히브리서 10장 35-39절 그러므로 너희 담대함을 버리지 말라 이것이 큰 상을 얻느니라 너희에게 인내가 필요함은 너희가 하나님의 뜻을 행한 후에 약속을 받기 위함이라 잠시 잠깐 후면 오실 이가 오시리니 지체하지 아니하시리라 오직 나의 의인은 믿음으로 말미암아 살리라 또한 뒤로 물러가면 내 마음이 저를 기뻐하지 아니하리라 하셨느니라 우리는 뒤로 물러가 침륜에 빠질 자가 아니요 오직 영혼을 구원함에 이르는 믿음을 가진 자니라

믿음이란 믿어서는 안 되는 것을 믿는 것이 아니다. 둘에다 둘을 더하면 다섯이 된다는 이야기는, 우주가 사라진다고 해도 나는 믿을 수 없다. 거짓을 내뱉는 것이 선이라는 말은, 물과 불로 괴롭혀도 나는 믿을 수 없다. 그리고 믿어서도 안 된다. 공갈을 일삼고도 사람을 선한 길로 인도할 수 있다는 말은, 그 어떤 증명을 들이댄다 해도 나는 믿지 않는다. 믿음이란 믿어야 하는 것을, 두려움 없이 주저하지 않고 믿는 것을 말한다. 구원

26일

빌립보서 4장 11-13절 내가 궁핍하므로 말하는 것이 아니라 어떠한 형편에든지 내가 자족하기를 배웠노니 내가 비천에 처할 줄도 알고 풍부에 처할 줄도 알아 모든 일에 배부르며 배고픔과 풍부와 궁핍에도 일체의 비결을 배웠노라 내게 능력 주시는 자 안에서 내가 모든 것을 할 수 있느니라

그리스도가 내 마음 안에 거하시고 감사가 내 생명이 될 때에, 내가 이룰 수 없는 선이란 하나도 없다. 그때 나는 대적하는 모든 이의 그 어떠한 허물도 자유롭게 용서할 수 있다. 어떠한 괴로움에도 견딜 수 있다. 어떠한 희생도 치를 수 있다. 그때 나는 선한 용사이며, 사랑에 부요한 자이고, 더러웠던 내 몸이 이르는 곳곳마다 향기를 발하는 것을 느낀다. 만약 이것이 구원이 아니고 부활이 아니며 승천이 아니라면, 나는 무엇이 구원이요 부활이요 승천인지 알지 못한다. 그때 나는 시인의 말로 노래한다. "나의 발로 암사슴 발 같게 하시며 나를 나의 높은 곳에 세우시며" 시 18:33.

2월 1일

요한복음 5장 21-22절 아버지께서 죽은 자들을 일으켜 살리심같이 아들도 자기의 원하는 자들을 살리느니라 아버지께서 아무도 심판하지 아니하시고 심판을 다 아들에게 맡기셨으니

하나님이 그리스도를 통해 우리를 심판하시므로 심판은 우리가 생각하는 것처럼 무서운 것이 아니게 되었다. 심판을 생각하면 무척이나 두렵게 느껴지지만, 그리스도가 심판하여 주신다는 말을 들으면 공포는 사라지고 감사가 찾아온다. 그리스도가 누구신가. 하나님과 인간 사이에 서 계시는 유일한 중보자, 인간을 하나님과 화해하게 하시는 분, 인간의 죄가 경감되고 사면되기를 바라시는 분, 온유한 구세주, 죄인의 벗……. 하나님은 심판을 그리스도에게 맡기셔서 인간의 죄를 경감하고 사면을 약속하신 것이다. 그러므로 우리가 많은 죄를 저질렀음에도 불구하고, 우리에게는 무죄로 사면될 수 있는 희망이 있다. 이제는 우리를 심판할 분이 누구신지를 알기 때문에, 더 이상 두려워하지 않고 그분의 존전 尊前에 설 수 있는 것이다.

28일

에베소서 6장 17-18절 구원의 투구와 성령의 검 곧 하나님의 말씀을 가지라 모든 기도와 간구로 하되 무시로 성령 안에서 기도하고 이를 위하여 깨어 구하기를 항상 힘쓰며 여러 성도를 위하여 구하고

그리스도를 믿는 믿음은 나를 죄에서 구원해 준다. 그러나 그 믿음 역시 하나님의 선물이다 엡 2:8. 나는 믿어서 구원받을 뿐만 아니라, 믿게 하여 주심으로 구원을 받는 것이다. 여기에 이르러 나는 나 자신을 구원하는 힘이 내게는 전혀 없음을 깨달았다. 그러면 나는 무엇을 할 것인가. 나의 믿음도 하나님께 구해서 받을 뿐인데. 그리스도인은 끊임없이 기도해야 한다. 진실로 그리스도인의 생명은 기도이다. 그가 불완전하다면 더욱 기도해야 한다. 그가 믿음이 모자라면 더욱 기도해야 한다. 기도를 잘할 수 없을수록 기도해야 한다. 은혜를 입어도 기도해야 하며, 저주를 받아도 기도해야 한다. 하늘 높이 들림을 받아도, 음부의 낮은 곳으로 떨어져도 나는 기도하리라. 힘없는 나, 내가 할 수 있는 일은 기도하는 것뿐.

29일

히브리서 3장 12-13절 형제들아 너희가 삼가 혹 너희 중에 누가 믿지 아니하는 악심을 품고 살아 계신 하나님에게서 떨어질까 염려할 것이요 오직 오늘이라 일컫는 동안에 매일 피차 권면하여 너희 중에 누구든지 죄의 유혹으로 강퍅케 됨을 면하라

나사렛 예수여, 나는 이런 시험과 승리가 당신에게 있었음을 감사합니다. 이 일로 나는 당신이 나와 같이 시험을 받으셨음을 알게 되었습니다. 당신은 모든 면에서 나처럼 유혹을 받으셨습니다. 그러기에 당신은 나의 약함을 잘 헤아려 주시는 것입니다 히 4:15. 당신 스스로 악마와 싸워 보셨기에 악마의 위력이 얼마나 강력한지 잘 알고 계십니다. 우리는 당신을 섬기고자 하면서도, 몇 번인가 악마에게 속임을 당해 계략을 강구하고 명망을 좇다가 오히려 악마에게 무릎을 꿇었습니다. 원컨대 당신의 지혜를 지금 우리에게 내려 주시어 우리도 당신을 본받아 하나님의 목소리와 악마의 소리를 잘 구별하고, 밝은 눈을 가지고 당신의 바른길을 밟아 마 6:22 오른쪽으로도 왼쪽으로도 치우침이 없이 당신으로 말미암아 모든 유혹을 이기고, 여기에서 당신의 천국 건설을 도우며 저곳에서 당신의 영광에 관여하게 하소서. 아멘.

3월 1일

창세기 32장 24-25절 야곱은 홀로 남았더니 어떤 사람이 날이 새도록 야곱과 씨름하다가 그 사람이 자기가 야곱을 이기지 못함을 보고 야곱의 환도뼈를 치매 야곱의 환도뼈가 그 사람과 씨름할 때에 위골되었더라

기쁠 때는 하나님께 내 죄를 지적받을 때이다. 브니엘의 야곱과 같이 천사에게 오만한 허벅지 관절의 힘줄을 잘려 걸을 수 없게 되었을 때이다. 다윗이 하나님이 보내신 예언자 나단에게 자신의 죄를 지적받아, "당신이 바로 그 사람"이라고 전해 들었을 때이다. 그때 나는 다른 사람과 나 자신을 떠나 하나님께 매달린다. 그때 십자가는 내 눈 앞에서 빛난다. 그때 내게 회의(懷疑)란 추호도 없다. 자신이야말로 죄인의 우두머리라고 느꼈을 때에야, 비로소 예수 그리스도가 죄인을 구원하기 위해 세상에 오셨다는 말씀을 믿고 의심 없이 받아들일 수 있다. 그리고 하나님께 내 상처(罪)를 지적받지 않으면 이런 느낌은 일어나지 않는다. 자신을 의인이라고 생각하며 다른 사람의 죄를 책망하고 있는 동안에는, 이 기쁘고 아름다운 느낌은 생겨나지 않는다. 한 마디 변명도 없이 내가 하나님 앞에 설 때에, 그리스도는 그 십자가를 지시고 내 마음의 눈 앞에 나타나 주셨다.

3월 2일

고린도전서 3장 21-23절 그런즉 누구든지 사람을 자랑하지 말라 만물이 다 너희 것임이라 바울이나 아볼로나 게바나 세계나 생명이나 사망이나 지금 것이나 장래 것이나 다 너희의 것이요 너희는 그리스도의 것이요 그리스도는 하나님의 것이니라

그리스도교를 알고 나면 세인世人의 생애는 꿈의 생애입니다. 물질이 아닌 것을 물질이라 생각하고, 지옥으로 떨어지면서도 천당에 올라가고 있는 줄 알고 있는, 바로 그런 생애입니다. 전쟁이나 외교, 이런 것들은 그리스도의 마음을 갖고 보면 작고 작은 문제입니다. 만약 사람이 전 세계를 얻는다고 해도 그 영혼을 잃어버리면 무슨 이익이 있겠습니까. 러시아의 군주가 그 욕심대로 아시아 대륙을 전부 얻었다고 합시다. 하지만 그가 폭렬탄 한 발에 영원한 죽음으로 가야만 한다고 생각하면, 그 군주에게는 만주쯤이야 지극히 작은 문제일 수밖에 없습니다. 불과 5,225만 평방 마일에 지나지 않는 이 지구, 무궁한 우주에 영주할 수 있는 권리를 부여받은 사람은 이러한 작은 것 때문에 자신의 전력을 쏟으려고는 하지 않습니다.

3월 3일

마태복음 5장 3절 심령이 가난한 자는 복이 있나니 천국이 저희 것임이요

천국에서 부자가 되고 싶은 사람은 지상에서는 지극히 가난한 사람이어야 한다. 그리고 가난의 극은 육신의 가난이 아니라 심령의 가난이다. 가난하기 짝이 없다고 말하는 사람도 때로는 이 세상 그 누구에게도 부끄러울 바가 없다고 말한다. 이렇게 말하는 사람은, 육신은 가난하여도 심령은 매우 부유한 자이다. 가난에는 속의 가난과 겉의 가난이 있다. 심령이 가난한 자는 속에 아무것도 지니지 않은 사람이다. 그 예가 사도 바울이다. 그는 심령이 가난한 사람이었다. 자랑할 만한 지혜가 없고 의지할 만한 덕이 없는, 그의 고백대로 "죄인 중에 괴수"딤전 1:15였다. 그리고 하나님 앞에 서서 겸손의 밑바닥까지 내려간 그는, 그리스도 안에서 그 모든 덕을 인정받아 영광의 하늘에까지 들려 올라갔던 것이다.

3월 4일

로마서 8장 29-30절 하나님이 미리 아신 자들로 또한 그 아들의 형상을 본받게 하기 위하여 미리 정하셨으니 이는 그로 많은 형제 중에서 맏아들이 되게 하려 하심이니라 또 미리 정하신 그들을 또한 부르시고 부르신 그들을 또한 의롭다 하시고 의롭다 하신 그들을 또한 영화롭게 하셨느니라

그 누구도 자신이 원한다고 해서 천국 시민이 될 수는 없다. 혈육이 하나님의 나라를 이을 수 없고, 사람의 지혜나 능력이나 부나 지위도 그를 하나님의 아들로 삼기에는 부족하다. 단지 하나님이 선택하신 사람만이 영광의 주님을 볼 수 있는 것이다. 천국을 건설하는 것은 하나님의 사업이라, 사람은 단지 일꾼으로 이 일에 관여할 따름이다. 그 계획, 그 진행, 그 완성이 모두 하나님의 뜻에 따른다. 하나님께는 하나님의 뜻이 존재한다. 사람이 이것을 변경하거나 다시 세울 수는 없다. 하나님이 부르신 자만이 그분의 아들이라 칭함 받는다. 하나님의 부르심을 받지 않고서는 지혜 있는 자도 능력 있는 자도 귀한 자도 천국 시민이 될 수 없다.

5일

갈라디아서 3장 13절 그리스도께서 우리를 위하여 저주를 받은 바 되사 율법의 저주에서 우리를 속량하셨으니 기록된 바 나무에 달린 자마다 저주 아래 있는 자라 하였음이라

그리스도의 육체가 받는 고통은 그분의 심령이 받는 고통을 나타냈을 뿐이다. 사면의 은혜는 그분이 겪으신 육체의 아픔이 아니라 그분이 당하신 심령의 고통에서 오는 것이다. 갈보리 산*이 아니라, 겟세마네 동산**이야말로 인류의 죄가 속함받은 곳이리라. 그리스도께 가시관을 씌운 것은 나의 죄이다. 그분에게 쓴 잔을 마시게 한 것은 나의 죄이다. 그분을 십자가에 못 박히게 한 것은 나의 죄이다. 천주교도가 언제나 십자가를 몸에 두르고 그리스도를 생각하는 것과, 성실한 신교도인 내가 십자가에 달려 있는 예수 상을 항상 책상 위에 두고, "나의 죄가 그리스도께 이 고통을 주었다"고 고백하며 자신의 죄를 책망하는 것을, 미신이라 하거나 사악하다 하여 전부 배척해서는 안 된다.

---

* 그리스도가 십자가에 달린 곳
** 그리스도가 체포되기 전날 밤에 혼자서 기도하던 곳

3월 6일

시편 103편 3-5절 저가 네 모든 죄악을 사하시며 네 모든 병을 고치시며 네 생명을 파멸에서 구속하시고 인자와 긍휼로 관을 씌우시며 좋은 것으로 네 소원을 만족케 하사 네 청춘으로 독수리같이 새롭게 하시는도다

성실한 당신의 하나님은 우주를 주관하는 분이며 무한한 사랑이심을 알지니라. 이 하나님 앞에서 당신은, 임금을 대하는 신하가 아니라 자애로운 어머니를 대하는 갓난아기임을 기억하라. 우리는 하나님으로부터 모든 것을 받으나 하나도 갚을 수 없다. 우리의 성실 그조차도 하나님의 선물이다. 우리의 재산이나 몸과 영혼을 하나님께 바치더라도 하나님은 단지 하나님의 것을 받으셨을 뿐이다. 하나님은 사랑하는 존재이시며, 나는 사랑받는 존재이다. 무한한 사랑은 사랑하기를 원하지 사랑받기를 요구하지 않는다. 하나님을 사랑하기 원하는 사람은 하나님께 사랑받지 않고서는 안 된다.

좁은 길

누가복음 11장 11-13절 너희 중에 아비 된 자 누가 아들이 생선을 달라 하면 생선 대신에 뱀을 주며 알을 달라 하면 전갈을 주겠느냐 너희가 악할지라도 좋은 것을 자식에게 줄 줄 알거든 하물며 너희 천부께서 구하는 자에게 성령을 주시지 않겠느냐 하시니라

은사는 우러러볼 만하다. 그러나 성령의 훌륭하심에는 미치지 못한다. 은사는 한때 받는 하사금과 같은 것으로, 우리는 이것을 소진消盡할 위험이 있다. 성령은 종신연금과 같은 것으로, 당신의 능력은 당신이 구하는 만큼 주어진다. 은사는 몇몇 안 되는 사람에게만 부여되지만, 성령은 누구나 받을 수 있다. 은사는 하나님을 거부하는 자에게도 부여되지만, 성령은 아버지의 사랑에 목욕해야만 받아 누릴 수 있다. 은사는 귀족적이지만, 성령은 민중적이다. 우리는 마음을 낮게 하여 만민과 함께 천국의 은사를 받기 원한다.

3월 8일

로마서 8장 10-11절 또 그리스도께서 너희 안에 계시면 몸은 죄로 인하여 죽은 것이나 영은 의를 인하여 산 것이니라 예수를 죽은 자 가운데서 살리신 이의 영이 너희 안에 거하시면 그리스도 예수를 죽은 자 가운데서 살리신 이가 너희 안에 거하시는 그의 영으로 말미암아 너희 죽을 몸도 살리시리라

예수를 그 마음에 모시고 사는 신자라 해도, 그 육체는 태어날 때부터 지니고 있던 죄로 말미암아 죽는다. 그러나 예수는 신자와 함께 계실 때에 그 영혼 안에 거하시기 때문에, 영혼은 예수의 의로 말미암아 산다. 자기의 죄 때문에 육체는 죽고, 예수의 의 때문에 영혼은 산다. 신자에게 부활은 그의 영혼에서부터 시작되는 것이다. 그러나 신자의 부활은 영혼에만 머물러 있지는 않는다. 예수의 영이 그 안에 거하여 부활은 육체에까지 이르게 된다. 인간은 영혼만이 아니다. 또한 육체만도 아니다. 영혼과 육체이다. 영육靈肉은 실제로 존재하는 인간의 양면이다. 그러므로 영혼으로 시작된 부활은 육체에까지 미치지 않을 수 없다.

9일

요한복음 6장 39–40절 나를 보내신 이의 뜻을 행하려 함이니라 나를 보내신 이의 뜻은 내게 주신 자 중에 내가 하나도 잃어버리지 아니하고 마지막 날에 다시 살리는 이것이니라 내 아버지의 뜻은 아들을 보고 믿는 자마다 영생을 얻는 이것이니 마지막 날에 내가 이를 다시 살리리라 하시니라

"주는 영이시니"고후 3:17. 주 예수 그리스도는 특별한 영이다. "사람 안에는 영혼이 있다"고 할 때의 그 영이 아니라 새 생명의 근원이 되는 영이다. 영체靈體의 정수精髓인 바로 그 영이다. "하나님의 씨가 그의 속에 거한다"요일 3:9고 할 때의 바로 그 새 생명의 씨이다. 이 씨가 사람 안에 거하면서 영체가 발육하기 시작하여 마침내 부활승천의 도정道程을 거쳐 영생 상태에 들어가게 되는 것이다. "나는 부활이요 생명이니"요 11:25라는 예수의 말씀은 이 일을 두고 하신 말씀이다. 믿는 자의 부활은 예수를 떠나 존재하는 것이 아니다. 부활은 예수 안에 존재하므로, 예수에게만 있는 것이다.

7월 10일

마태복음 5장 10-12절 의를 위하여 핍박을 받은 자는 복이 있나니 천국이 저희 것임이라 나를 인하여 너희를 욕하고 핍박하고 거짓으로 너희를 거스려 모든 악한 말을 할 때에는 너희에게 복이 있나니 기뻐하고 즐거워하라 하늘에서 너희의 상이 큼이라 너희 전에 있던 선지자들을 이같이 핍박하였느니라

그리스도는 "때가 이르면 무릇 너희를 죽이는 자가 생각하기를 이것이 하나님을 섬기는 예라 하리라" 요 16:2고 말씀하신다. 그들이 우리를 책망하는 이유는 악인이라고 믿고 있기 때문이다. 그러기에 그들의 박해에 대해 진정 동정심을 가져야 한다. 그들은 정의를 위해 우리를 죽이려고 한다. 사회를 위해, 인류의 도를 위해, 실로 어떤 경우에는 우리가 신봉하는 그리스도교를 명분으로 내세우며 우리 생명을 빼앗으려고 한다. 그러므로 그들의 분노에 대해 조금이나마 성실한 사랑을 할 필요가 있다. 우리는 그들을 위해 기도해야 한다. 그들을 미워해서는 안 된다.

11일

요한복음 12장 24절 내가 진실로 진실로 너희에게 이르노니 한 알의 밀이 땅에 떨어져 죽지 아니하면 한 알 그대로 있고 죽으면 많은 열매를 맺느니라

죽음은 죽음이 아니다. '새로 태어남'이다. 죽음으로써 새로운 생명이 시작된다. 육에 속하면서 장애가 없는 영적 생명이란 없다. "육체의 소욕은 성령을 거스르고 성령의 소욕은 육체를 거스르나니 이 둘이 서로 대적"한다 갈 5:17. 영이 완전히 영적이기를 원한다면, 그 대적하는 육이 소멸하기를 기대하지 않으면 안 된다. 그리고 죽음은 영의 장애를 제거한 곳에서 자유롭게 발달할 수 있다. 육을 떠나서 영은 스스로 성장하여 활발히 활동한다. 영이 육에 거하면 한 사람의 영이지만, 육을 떠나면 많은 영과 함께할 수 있다. "내가 땅에서 들리면 모든 사람을 내게로 이끌겠노라" 요 12:32 는 예수의 말씀은 바로 이를 두고 하신 말씀이다. 예수라도 육을 떠나 땅에서 들림을 받기 전까지는, 만민을 이끌어 자신에게 오게 하실 수 없었던 것이다.

12일

마태복음 17장 20절 가라사대 너희 믿음이 적은 연고니라 진실로 너희에게 이르노니 너희가 만일 믿음이 한 겨자씨만큼만 있으면 이 산을 명하여 여기서 저기로 옮기라 하여도 옮길 것이요 또 너희가 못할 것이 없으리라

여기서 믿음이란 영의 능력을 말합니다. 이것은 사람이 만물의 영장으로서 하나님께 부여받은 특권입니다. 사람은 이 능력을 가지고 자연계 위에 베풀고자 하는 모든 것을 베풀 수 있습니다. 그런데도 인류는 하나님을 떠남과 동시에 이 능력을 잃어버리고 말았습니다. 사람들은 자연을 지배하고 있는 것이 아니라 그 속박 안에서 괴로워하고 있습니다. 그리스도가 강림하신 가장 큰 목적은 인류에게 이 최초의 특권을 다시 부여하기 위해서입니다. 곧 그리스도 자신이 항상 자연을 초월하여 그 속박을 받지 않으셨던 것처럼, 그분을 믿고 사랑하는 우리에게도 이 같은 능력을 부여하시기 위해서입니다. 독립

13일

시편 118편 8-9절 여호와께 피함이 사람을 신뢰함보다 나으며 여호와께 피함이 방백들을 신뢰함보다 낫도다

의지할 곳은 하나님이지 인간이 아니다. 그분에게 의지하는 것이 후작이나 백작을 의지하는 것보다 훨씬 낫다. 인간을 의지하면 실망이 끊이지 않고 제후를 의지하면 치욕이 많다. 그들의 미움과 사랑은 바뀌기 쉽고, 칭찬과 비방은 때에 따라 변한다. 주님은 그렇지 않다. 그분은 영원히 변하지 않는 반석이시다. 그분은 쇠할 때에 숨을 곳이다. 죽을 때에 의지할 곳이다. 그분에게 의지하면 암흑이 점점 빛을 발하고, 약할 때에 점점 위로가 더해진다. 그분을 의지하여 치욕을 당한 적은 없다. 아침 해가 점점 그 환한 빛을 더하여 정오에 이르듯이 그분을 의지함으로 우리의 생애는 해를 거듭하면서 영광을 더하고 하늘의 축복에 가까이 간다. 부귀나 명예나 지위나 훈장이 우리에게 그 어떤 위로도 주지 않을 때에, 주님은 그 거룩한 얼굴을 우리에게 향하셔서 우리의 적막을 치유해 주신다.

3월 14일

히브리서 13장 8-9절 예수 그리스도는 어제나 오늘이나 영원토록 동일하시니라 여러 가지 다른 교훈에 끌리지 말라 마음은 은혜로써 굳게 함이 아름답고 식물로써 할 것이 아니니 식물로 말미암아 행한 자는 유익을 얻지 못하였느니라

나는 역사책을 펴서, 국가가 흥하고 망하며 백성이 성하고 쇠하는 것을 읽는다. 단지 볼 뿐이다, 한 시대가 흥하고 망하는 가운데 우뚝하게 하늘을 우러러 솟아 있는 것이 있음을. 그리스도의 십자가가 그것이다. 세상이 바뀌어 사람은 변하여도 십자가는 쉼 없이 그 광휘를 발한다. 만물이 모두 무無로 돌아갈 때에도 십자가만은 홀로 남아 세상을 비추리라. 십자가는 역사의 중추이다. 우리 인생에서 의지하고 서는 반석이다. 이를 의지하지 않고서는 견고한 것이 없으며, 영생도 없다. 십자가를 제외한 다른 것은 모두 하루살이이다. 그리스도만이 영원히 존재하신다. 괄상

15일

시편 130편 3-6절 여호와여 주께서 죄악을 감찰하실진대 주여 누가 서리이까 그러나 사유하심이 주께 있음은 주를 경외케 하심이니이다 나 곧 내 영혼이 여호와를 기다리며 내가 그 말씀을 바라는도다 파수꾼이 아침을 기다림보다 내 영혼이 주를 더 기다리나니 참으로 파수꾼의 아침을 기다림보다 더하도다

내 안을 들여다보아도 선한 것이 전혀 없다. 있는 것이라곤 더러움과 악의, 음욕과 탐욕뿐이다. 만약 스스로 이것을 떨쳐 버리지 않는 한 하나님께 가까이 갈 수 없다고 한다면, 나는 도저히 하나님께 가까이 갈 수 없는 자이다. 그러나 하나님은 나의 죄보다도 크시다. 그분은 내게 죄가 있는데도 불구하고 나를 구원해 주신다. 곧 그분은 나를 위해서 나의 죄를 죽이고 나를 그분의 것으로 삼아 주신다. 구원을 향한 나의 소망은 단지 하나님의 은혜 안에 존재한다. 그분이 나를 축복해 주시지 않는다면 나에게는 구원받을 소망이 하나도 없다.

3월 16일

고린도후서 4장 8-10절 우리가 사방으로 우겨쌈을 당하여도 싸이지 아니하며 답답한 일을 당하여도 낙심하지 아니하며 핍박을 받아도 버린 바 되지 아니하며 거꾸러뜨림을 당하여도 망하지 아니하고 우리가 항상 예수 죽인 것을 몸에 짊어짐은 예수의 생명도 우리 몸에 나타나게 하려 함이라

하나님을 위해서 무슨 일을 행하고자 한다면 먼저 내가 죽지 않으면 안 된다. 당파심이나 애국심 등 아직껏 내 안에 뒤섞여 있는 것이 있다. 나 자신이 죽은 후에야 나는 처음으로 하나님 안에서 살게 된다. 하나님과 살면 나는 두려울 것이 없다. 두려움이 사라지면 나에게 확실한 길이 생겨난다. 하나님을 위해 전도할 때 우려나 정략, 헛된 방법이 나의 사업을 혼란시킬 일은 없다. 세계가 나 때문에 변해야지 내가 세계에 굴복하여 함께 섞여야 하는 것은 아니다. 세상은 일제히 저편에 서도, 나는 단호하게 홀로 이곳에 서리라. 나에게는 서리와 한설에도 시들지 않는 소나무의 절개가 있다. 나에게는 단단한 바위와 같이 요동하지 않는 부분이 있다. 나의 존재는 모든 사람을 이롭게 하며, 또한 나의 목소리는 파도를 잠재운다. 하나님을 위해서 행하는 일로서 전도는 세상을 이롭게 하는 처음 행위이다. 전도

좁은 길

고린도전서 1장 18절 십자가의 도가 멸망하는 자들에게는 미련한 것이요 구원을 얻는 우리에게는 하나님의 능력이라

어떻게 해야 나의 영혼을 구원할 수 있으랴. 이 외침이 없으면 그리스도교를 알 수 없습니다. 그리스도교는 어떤 사람이 말하는, 불교와 같은 철학의 일종이 아닙니다. 또한 선종과 같은 담력을 단련하기 위한 연구도 아닙니다. 그리스도교란 영혼을 구원하기 위한 하나님의 크신 능력입니다. 그리스도의 강림이나 십자가상의 속죄함은 요컨대 모두 영혼을 구원하기 위한 하나님의 섭리이므로, 이런 것들을 영혼 이외의 일로 여긴다면 그 진정한 뜻을 조금도 알 수 없습니다.

今을 18일

사사기 6장 21-22절 여호와의 사자가 손에 잡은 지팡이 끝을 내밀어 고기와 무교전병에 대매 불이 반석에서 나와 고기와 무교전병을 살랐고 여호와의 사자는 떠나서 보이지 아니한지라 기드온이 그가 여호와의 사자인 줄 알고 가로되 슬프도소이다 주 여호와여 내가 여호와의 사자를 대면하여 보았나이다

그러나 기드온은 두려워할 것 없다. 그는 죽지 않으리라. 주님은 그를 죽이려고 그에게 나타나신 것이 아니다. 그를 구원하고 그를 통해 그의 집과 나라를 구원하기 위해 나타나신 것이다. 하나님은 또한 하나님으로서 그에게 나타나시지 않고 주님으로서 나타나셨다. 주님은 하나님이시다. 그러나 우주의 주권자이신 하나님이 아니라, 인류의 구원자이신 하나님이시다. 그분은 만유를 주재하신다. 그분의 손에는 권세와 능력이 있다. 하지만 그분이 사람을 구원하려고 세상에 임하실 때에는 몸에 겸손을 입으시고 사람과 같은 형상으로 나타나셨다. 주님은 사람이 볼 수 있는 하나님이시다. 먼저 모세에게 나타나셔서 '주님'이라는 이름을 가르쳐 주시고, 이후로 예수 그리스도로 세상에 나타나셔서 모든 사람의 죄를 구속해 주신 분이다. 구약

19일

시편 73편 24-26절 주의 교훈으로 나를 인도하시고 후에는 영광으로 나를 영접하시리니 하늘에서는 주 외에 누가 내게 있으리요 땅에서는 주밖에 나의 사모할 자 없나이다 내 육체와 마음은 쇠잔하나 하나님은 내 마음의 반석이시요 영원한 분깃이시라

원래 영혼과 육체는 하나입니다. 이 둘은 쉽게 떨어질 수 있는 것이 아닙니다. 그러나 죄악의 결과, 사람은 한 번은 영과 육이 서로 떨어지지 않으면 안 되는 슬픈 운명에 빠졌습니다. 이는 실로 세상의 죄인이 사형에 처해지는 것과 같은 일로서, 참으로 슬픈 일이 아닐 수 없습니다. 우리가 죽음을 단지 꺼릴 뿐만 아니라 항상 두려워하는 까닭은, 곧 우리 인류가 죄의 형벌로서 사형에 처해진다는 사실을 알고 있기 때문입니다. 죽음이라는 관념에 매우 비참한 감정이 서려 있는 것은 온전히 이 때문이라고 생각합니다. 아아, 죽음을 두려워하지 않는 사람이 있을까요. 또한 부활을 바라지 않는 사람이 있을까요. 죄의 결과로서 한 번은 죽음과 만나야 한다면, 죄를 용서받은 결과로서 새로운 몸을 입게 되기를 바라는 것은 사람의 마음 깊은 곳에 숨어 있는 당연한 기원이지 않겠습니까.

초일 20일

고린도전서 15장 42-44절 죽은 자의 부활도 이와 같으니 썩을 것으로 심고 썩지 아니할 것으로 다시 살며 욕된 것으로 심고 영광스러운 것으로 다시 살며 약한 것으로 심고 강한 것으로 다시 살며 육의 몸으로 심고 신령한 몸으로 다시 사나니 육의 몸이 있은즉 또 신령한 몸이 있느니라

부활을 미신이라고 말하는 것은 기도를 미신이라고 말하는 것과 같으니, 곧 부활이 무엇인지 이해하지 못하는 까닭입니다. 그리스도교에서 가르치는 부활이란, 이 육체가 육체 그대로 되살아나는 일이 아닙니다. 부활의 참뜻은 '다시 사는 것'으로, 생명이 다시 육체 위에 더해지는 것입니다. 우리 중 그 누구도 죽어서 또다시 이 세상에 돌아오기를 희망하지는 않습니다. 우리는 죽어서 더욱 새로운 생명을 부여받아 새로운 세계에 가기를 원하는 것입니다.

21일

마태복음 5장 13절 너희는 세상의 소금이니 소금이 만일 그 맛을 잃으면 무엇으로 짜게 하리요 후에는 아무 쓸 데 없어 다만 밖에 버리워 사람에게 밟힐 뿐이니라

지상의 생명은 매우 부패하기 쉽다. 그 신선한 때는 짧고, 그 발랄했던 시절은 잠시뿐이다. 지상의 생명은 돌연 부패하고, 곧 경직된다. 여기에 소금이 필요한 이유가 있다. 기존의 선한 일을 보존하고 그 아름다움을 드높이고 땅이 더욱 윤택해지도록 돕는 그 어떤 것이 필요하다. 그리고 하나님의 생명의 말씀을 심령에 받은 신자가 지상의 이러한 필요에 응하는 것이다. 신자를 통해, 복음 이외의 모든 덕과 신자 이외의 모든 선이 보존되어 발휘되고 유포되는 것이다. 그리고 이 일은 세상에서 숨길 수 없는 사실이다. 그리스도의 복음으로 말미암아 구습을 좇는 옛 도덕과 옛 신앙은 진정한 의미에서 부활을 보게 된 것이다. P32

22일

디모데후서 4장 6-8절 관제와 같이 벌써 내가 부음이 되고 나의 떠날 기약이 가까웠도다 내가 선한 싸움을 싸우고 나의 달려갈 길을 마치고 믿음을 지켰으니 이제 후로는 나를 위하여 의의 면류관이 예비되었으므로 주 곧 의로우신 재판장이 그 날에 내게 주실 것이니 내게만 아니라 주의 나타나심을 사모하는 모든 자에게니라

신자는 하나님의 종이다. 주인이 특별한 요청을 하고 특별한 의무를 맡긴 자이다. 따라서 신자는 이 의무를 다할 때까지는 죽어서는 안 된다. 또 그때까지는 결코 죽지 않는다. "우리는 천직 天職을 마칠 때까지는 불멸한다"는 리빙스턴*의 말은 곧 신자의 확신이다. 신자에게 아직 완성하지 못한 천직이 있다면 그는 죽지 않는다. 그러나 해야 할 일을 이미 다 마쳤다면 그는 죽는다. 이때 그는 장수하게 해 달라고 기도하며 하나님께 강요하면 안 된다. 이미 할 일을 다 한 자는 이 세상에서 오래 살 필요가 없다. "과원지기에 이르되 내가 삼 년을 와서 이 무화과나무에 실과를 구하되 얻지 못하니 찍어 버리라 어찌 땅만 버리느냐" 눅 13:7라는 말씀처럼 말이다. 좋은 주인이 명한 일을 다 끝내면 그대로 떠나도 좋다. 그는 마음속으로 말할 것이다. "나는 오래 살고 싶지는 않다. 다만 내 주인이 맡긴 임무를 완수하고 싶다." 톰택

---

* David Livingstone : 1813-1873, 영국의 아프리카 탐험가

23일

요한복음 9장 1-3절 예수께서 길 가실 때에 날 때부터 소경 된 사람을 보신지라 제자들이 물어 가로되 랍비여 이 사람이 소경으로 난 것이 뉘 죄로 인함이오니이까 자기오니이까 그 부모오니이까 예수께서 대답하시되 이 사람이나 그 부모가 죄를 범한 것이 아니라 그에게서 하나님의 하시는 일을 나타내고자 하심이라

재앙이 완전히 은혜의 입장에서 해석되었다. '소경'이라면 어느 나라든 특별한 천벌로 알고 있었는데도 불구하고, 예수는 분명 천벌이 아니라 은혜가 나타나기 위한 기회라고 말씀하신 것이다. 실로 이보다 더 대담한 말씀은 없다. 하나님의 아들이 아니고서는 이렇게 말할 수가 없다. 예수가 하신 이 말씀으로 재앙에 대한 인류의 생각이 완전히 달라졌다. 아니, 진실로 달라져야 할 것이다. 재앙이 아니고 천벌도 아니며, 하나님의 분노의 표현도 아니라 그 반대이다. 재앙은 하나님의 섭리가 나타나기 위한 기회이다. 그렇기 때문에 만약 사람이 재앙을 이런 목적으로 이용한다면 은혜이다. 육체의 환난은 모두 하나님이 우리에게 내려 주신 은혜라, 이는 예수가 특별히 사람에게 전하신 큰 복음이며 그리스도를 믿는 자는 누구나 이 복음에 따라 인생을 해석해야 한다.

3월 24일

시편 86편 3-5절 주여 나를 긍휼히 여기소서 내가 종일 주께 부르짖나이다 주여 내 영혼이 주를 우러러보오니 주여 내 영혼을 기쁘게 하소서 주는 선하사 사유하기를 즐기시며 주께 부르짖는 자에게 인자함이 후하심이니이다

미래에는 하나님의 심판이 반드시 있다. 그러나 사랑의 하나님이 직접 사람을 심판하지 않으시고, 모든 심판을 그분의 아들에게 맡기셨다. 우리는 은혜가 깊으셔서 용서하기 좋아하시는 그리스도에게 가장 은혜로운 심판을 받게 된다. 그리스도 자신은 제사가 아니라 긍휼을 즐거이 여기시므로 사람을 심판하실 때 무게를 그 사람의 긍휼에 두신다. 긍휼은 그리스도가 사람을 심판하실 때 사용하는 표준이다. 이른바 정의를 주창했다 하여 청렴결백하리라는 보장은 없다. 혹은 신앙을 주장했다고 해서 교리와 의식과 전도에 부족한 면이 없는 것은 아니다. 긍휼히 여기고 자비로우며 용서하는 마음, 은혜를 베푸는 성품 그리고 사랑의 행위, 이러한 것들을 통해 사람의 영원한 운명은 결정된다. 최후의 심판은 사랑의 심판이다. 사랑하였는가, 사랑하지 않았는가, 이에 따라 영원한 형벌인지 영원한 생명인지 정해지는 것이다.

3월 25일

로마서 8장 28절 우리가 알거니와 하나님을 사랑하는 자 곧 그 뜻대로 부르심을 입은 자들에게는 모든 것이 합력하여 선을 이루느니라

부활을 믿고 우주와 인생을 보십시오. 우주가 그 얼마나 아름다운 곳으로 변합니까. 인생이 그 얼마나 기쁜 것이 되겠습니까. "보라, 내가 너희에게 비밀을 말하노니 우리가 다 잠잘 것이 아니요 마지막 나팔에 순식간에 홀연히 다 변화하리니 나팔 소리가 나매 죽은 자들이 썩지 아니할 것으로 다시 살고 우리도 변화하리라" 고전 15:51, 52. 이런 신앙이 있기에 죽음은 그 공포를 벗고, 세상에 두려운 일과 슬픈 일이 없어지는 것입니다. 겨울이 가고 봄이 오는 것도, 휘파람새가 매화나무 가지 위에서 초봄의 노래를 지저귀는 것도, 꽃이 피는 아침과 달빛 밝은 밤도, 그 모두가 한 점 비참함도 섞이지 않은 소망과 기쁨의 근원이 되어 우리는 자연의 아름다움을 즐거워할 뿐 슬픔과 처참함을 생각지 않게 되는 것입니다.

3월 26일

요한복음 6장 53-54절 예수께서 이르시되 내가 진실로 진실로 너희에게 이르노니 인자의 살을 먹지 아니하고 인자의 피를 마시지 아니하면 너희 속에 생명이 없느니라 내 살을 먹고 내 피를 마시는 자는 영생을 가졌고 마지막 날에 내가 그를 다시 살리리니

'나' — 능력이 풍성하신 예수 그리스도, 하늘과 땅 위의 모든 권세를 부여받은 그분, 세상에 계시는 동안 죽은 자를 살리시는 실험을 행하신 그분, 그 밖에도 여러 가지 기적을 베푸신 그분, 인류를 향상시키는 데 역사상 가장 큰 힘이 되셨던 그분, 그분을 믿는 우리의 심령에 그 어떤 사람도 이룰 수 없는 도덕적 변화를 성취하신 그분, 하나님의 아들, 인류의 왕, 우리의 구원자이신 그분, 주 예수 그리스도가 죽은 자를 다시 살리셨던 것이다. 베드로나 바울이나 요한이 이 기적을 행했던 것이 아니다. 나는 생명이요 부활이라 하신 하나님의 아들 예수 그리스도가 이 일을 이루셨다. 아무것도 신기할 것은 없다.

27일

창세기 5장 21-24절 에녹은 육십오 세에 므두셀라를 낳았고 므두셀라를 낳은 후 삼백 년을 하나님과 동행하며 자녀를 낳았으며 그가 삼백육십오 세를 향수하였더라 에녹이 하나님과 동행하더니 하나님이 그를 데려가시므로 세상에 있지 아니하였더라

'동행하다'라는 말은 '잠잠히 걸어가다'라는 뜻이다. 날아가는 것도 뛰는 것도 아니라, 걷는 것이다. 웅비雄飛 같고 질주 같고 절규와도 같은 일을 하는 것이 아니라, 인내를 가지고 하나님께 의지하며 그 명령에 따라 종용히 인생의 나날을 보내는 일이다. 굳이 거창하게 사업을 벌이려고 하지 않으며, 위대한 전도의 사역을 시도하려고도 하지 않고, 큰 기적을 행하려고 하지 않으며, 단지 하나님의 명령을 존중하고 그 말씀에 순종하여 하나님을 믿는 것, 이것을 생애의 사업이라 믿으며 어찌 보면 무위無爲와도 같은 생애를 보내는 일이다. 믿음의 일생 그 대부분은 인내이다. 그리고 정숙이며 절대적인 소망이다. 하나님을 만나 스스로 채워지는 생애이다. 하나님께 그 어떤 것도 받지 않았다 해도, 그분 자신을 주셨으므로 달리 그 밖의 어떤 요구도 하지 않는 생애이다.

3월 28일

이사야 43장 18-19절 너희는 이전 일을 기억하지 말며 옛적 일을 생각하지 말라 보라 내가 새 일을 행하리니 이제 나타낼 것이라 너희가 그것을 알지 못하겠느냐 정녕히 내가 광야에 길과 사막에 강을 내리니

사람이 세상에 태어날 때는 새롭게 태어난다. 그가 선조의 유전을 받는 일은 매우 적다. 악한 아버지에게서 선인善人이 태어나고, 병약한 어머니에게서 건강한 아기가 태어난다. 하나님은 각 사람을 통해 새로이 그 거룩한 사업을 시작하셨다. 우리는 선조가 악한 일을 행했다고 한탄하지 않아도 된다. 사람은 제각각 아담과 하와처럼 하나님이 직접 빚으신 존재이다. 갓난아기가 울음소리를 내며 태어날 때마다 혁신의 소리가 생겨난다. 소망은 시시각각으로 이 세상에 임하고 있다. 부패가 쌓여 간다 해서 조금도 두려워할 이유가 없다.

29일

고린도전서 4장 5절 그러므로 때가 이르기 전 곧 주께서 오시기까지 아무것도 판단치 말라 그가 어두움에 감추인 것들을 드러내고 마음의 뜻을 나타내시리니 그때에 각 사람에게 하나님께로부터 칭찬이 있으리라

천지가 불완전하다고 분개하고, 신자에게 결점이 많다고 노하여 하나님을 비방하고 신자를 조롱하며 복음을 배척하고 또 버리는 자는, 하나님의 성업聖業을 완성에서 보지 않고 그 도중에서 보려는 자이다. 구원은 이미 끝난 것이 아니라 시작되었다. 완성의 도상에 있는 것이다. 그리고 구원이 완성되면, 그것은 눈으로 보지 못했고 귀로 듣지 못했으며 사람의 마음으로 생각지 못했던 일일 것이다 고전 2:9. 그렇다면 우리는 기다려야 한다. 신자는 자신이 완성되기를 기다려야 한다. 불신자 또한 하나님과 복음과 신자에 대해 최후의 결론을 내리기 전에, 그때가 오기를 기다려야만 한다.

3월 30일

갈라디아서 1장 4절 그리스도께서 하나님 곧 우리 아버지의 뜻을 따라 이 악한 세대에서 우리를 건지시려고 우리 죄를 위하여 자기 몸을 드리셨으니

그리스도는 의사도 아니고 정치가도 아닙니다. 그분의 천직은 영혼의 구주이며, 그분이 하신 일을 보더라도 그분은 인류 가운데 비할 바 없는 분입니다. 영혼을 구원하는 분이란 사람이 범한 죄를 용서하고 그 양심에 만족을 주시는 분입니다. 이러한 인물은 도덕가도 아니며 철학가도 아닙니다. 어떠한 군자나 석학이나 대학자라도 사람의 죄를 구속하여 용서하는 일을 할 수는 없습니다. 영혼의 존재와 영혼이 요구하는 게 무엇인지를 안다면, 그리스도가 어떤 분인지 아는 것은 그리 어려운 일이 아니라고 생각합니다. 우리가 영혼을 갖고 있는 이상은, 그리스도 같은 분이 강림하신 일과 그분이 행하신 사업은 우리가 생존하기 위해 절대적으로 필요한 것입니다.

31일

고린도전서 15장 53-54절 이 썩을 것이 불가불 썩지 아니할 것을 입겠고 이 죽을 것이 죽지 아니함을 입으리로다 이 썩을 것이 썩지 아니함을 입고 이 죽을 것이 죽지 아니함을 입을 때에는 사망이 이김의 삼킨 바 되리라고 기록된 말씀이 응하리라

실로 난 믿는다, 내 구주가 죽음에서 부활하셨음을. 의인을 죽이고서 그가 죽었다고 믿은 유대인의 경박함이여. 히말라야 산을 슬쩍 치고서 산이 무너졌다고 믿지 그러는가. 내가 사랑하는 자는 죽지 않았다. 자연은 자기의 창조물을 버리지 않는다. 하물며 하나님이 어찌 이를 가벼이 여기시겠는가. 그분의 몸은 썩어졌으리라. 시신을 싼 세마포는 흙으로 변했으리라. 그러나 그 마음, 그 사랑, 그 용기, 그 절제—아아, 만약 이런 것들도 육체와 함께 사라진다면, 만유는 우리에게 오류를 설파하고 성인은 세상을 속인 것이다. 나는 어떻게 하여 어떤 몸으로 어느 곳에서 다시 그분을 뵙게 될지 모른다. 다만 휘티어*가 노래한 것처럼, "사랑의 꿈을 나는 의심하지 않는다. 어떻게든 어느 곳에서든 서로 보게 되리라는 것을" Love does dream, Faith does trust, Somehow, somewhere meet we must.

만로

---

* John Greenleaf Whittier : 1807–1892, 미국 시인

··· 하나님의 거룩한 사업은 지금 한창 진행중이다. 그분은 지금 밭에서 영생의 씨를 뿌리고 계신다. 지금보다 나중에 부활이 있고, 땅의 개조가 있으며, 대심판이 있은 뒤에 그분의 거룩한 구원의 사업은 끝이 나고, 마지막에 새 하늘과 새 땅이 실현되는 모습을 보게 될 것이다.

4월 1일

아가 2장 11-13절 겨울도 지나고 비도 그쳤고 지면에는 꽃이 피고 새의 노래할 때가 이르렀는데 반구의 소리가 우리 땅에 들리는구나 무화과나무에는 푸른 열매가 익었고 포도나무는 꽃이 피어 향기를 토하는구나 나의 사랑, 나의 어여쁜 자야 일어나서 함께 가자

나의 사랑하는 자여, 나의 어여쁜 자여, 나의 소망이여, 나의 구주여, 일어나라, 일어나 네 무덤에서 나오라. 보라, 치욕의 겨울은 이미 지나 영광의 봄이 왔도다. 비도 그쳐 이미 물러갔나니. 분노와 시기, 질투의 차가운 바람은 이미 네 몸에 미치지 않는구나. 벌써 새들이 노래하는 때가 이르렀도다. 산비둘기와 종다리, 촉새가 우는 소리가 우리의 들판에 들려오는구나. 무화과나무가 그 싹을 붉히고, 벚꽃이 만발할 때가 실로 다가오려 하는도다. 포도나무는 꽃을 피우고 그 향기를 토하며, 봄장마가 이르는 곳마다 화려한 옷으로 치장하려 하고 있구나. 나의 사랑하는 자여, 나의 어여쁜 자여, 나의 소망이여, 나의 구주여, 일어나라, 일어나 네 무덤에서 나오라. 사랑으로 너의 적을 이기고, 은혜로 분노를 치유하며, 들판에 봄기운이 감돌 때에 세상에 온정의 봄이 오게 하라.

다글 2일

요한복음 4장 23-24절 아버지께 참으로 예배하는 자들은 신령과 진정으로 예배할 때가 오나니 곧 이때라 아버지께서는 이렇게 자기에게 예배하는 자들을 찾으시느니라 하나님은 영이시니 예배하는 자가 신령과 진정으로 예배할지니라

하나님을 믿지 않고서는 하나님을 알 수 없다. 처음부터 하나님을 의심하기 시작하면 하나님은 영원히 의문으로 남는다. 특히 하나님이 지극히 성실하신 분임을 안다면, 그분을 알기 위해서 반드시 믿음이 필요함을 알 수 있다. 지극히 성실한 사람이 가장 싫어하는 일은, 사람들이 자신에 대해 의심을 품는 일이다. 지극한 성실은 지극한 성실을 원한다. 지성至誠은 지성으로 대하지 않으면 그 안에 있는 비밀을 전수하지 않는다. 지성은 회의에 대해 절대적인 침묵을 지키고, 그 문을 굳게 닫아 깊은 뜻이 밖으로 새어 나가지 않도록 힘쓴다. 회의가 스스로 다가오면 지성은 목소리를 높여 말한다. "훠이, 이곳을 떠나라. 나에게는 네게 줄 것이 없다." 의심하고 성인聖人을 바라보면 어리석은 자같이 보인다. 회의의 눈에 비치는 지성은 우둔하며, 무정하고, 무의미하다. 지극히 성실한 사람이 이러할진대, 하물며 하나님은 더할 나위 없는 일이다.

3일

이사야 65장 17-19절 보라 내가 새 하늘과 새 땅을 창조하나니 이전 것은 기억되거나 마음에 생각나지 아니할 것이라 너희는 나의 창조하는 것을 인하여 영원히 기뻐하며 즐거워할지니라 보라 내가 예루살렘으로 즐거움을 창조하며 그 백성으로 기쁨을 삼고 내가 예루살렘을 즐거워하며 나의 백성을 기뻐하리니 우는 소리와 부르짖는 소리가 그 가운데서 다시는 들리지 아니할 것이며

지금 우리에게 부활의 기적이 일어나지 않는 이유는, 아직 부활할 때가 아니기 때문이다. 또한 이 썩어질 육체의 부활은 영원한 구원이 아니기 때문이다. 하나님은 더욱 큰 부활을 우리를 위해 준비하신다. 그분이 마지막 날에 행하실 부활은, 야이로 회당장의 딸*이나 나사로의 부활**과는 달리, 다시 죽지 않는 부활이다. "다시 죽는 일이 없고 울며 애통함도 없는"[계 21:4] 부활이다. 하나님은 그리스도를 통해, 마지막 날에 이 큰 부활을 우리와 우리가 사랑하는 사람 위에 행하신다. 우리의 죽었던 자녀***가 다시 우리에게 돌아올 때에는, 우리는 두 번 다시 이들을 잃어버리지 않을 것이다. 다시는 사별하지 않는 만남, 이보다 더 기쁜 일이 이 세상에 또 어디 있을까.

---

* 마태복음 5장 22절, 누가복음 8장 41절 참조
** 누가복음 16장 20절, 요한복음 11장 1절 참조
*** 저자의 장녀 루츠코. 1912년 1월, 18세로 사망

4월 4일

사도행전 7장 47-50절 솔로몬이 그를 위하여 집을 지었느니라 그러나 지극히 높으신 이는 손으로 지은 곳에 계시지 아니하시나니 선지자의 말한 바 주께서 가라사대 하늘은 나의 보좌요 땅은 나의 발등상이니 너희가 나를 위하여 무슨 집을 짓겠으며 나의 안식할 처소가 어디뇨 이 모든 것이 다 내 손으로 지은 것이 아니냐 함과 같으니라

서양의 여러 나라에서는 이미 부패할 징조가 보이는 그리스도교를 가지고 와서, 우리나라에서 부활시켜 새로운 생명을 부여하여 다시 전 세계에 전파하고자 하는, 바로 이 일이 우리의 천직이 아닌가. 그런데도 무엇이 괴로워서 그들의 지게미*를 핥고 그들의 교회와 청년회와 공려회共勵會**를 흉내 내어, 이 땅에 영국이나 미국의 종교를 그대로 옮겨다 놓으려고 안달하는가. 그리스도교는 인류의 종교이지 영국인이나 미국인의 종교가 아니다. 우리는 그리스도교를 취하여 우리의 종교로 삼을 수 있다. 본질을 잃어버리고 형식화된 외국의 종교는 우리에게 그 어떤 소용도 없다.

---

* 술을 거르고 난 찌끼
** 장로교회 계통 청년 선교단체

5월 5일

욥기 42장 5-6절 내가 주께 대하여 귀로 듣기만 하였삽더니 이제는 눈으로 주를 뵈옵나이다 그러므로 내가 스스로 한하고 티끌과 재 가운데서 회개하나이다

순결한 사상은 책을 읽는 일만으로 얻을 수 있는 것이 아니다. 그 마음에 괴로운 경험을 많이 하고, 모든 거지 근성을 버리고, 많이 기도하고 많이 싸운 후 하나님께 얻는 것이다. 이를 천재의 산물로 간주한다면 커다란 오류이다. 천재는 명문名文을 만든다. 그러나 사람의 영혼을 살리는 사상을 만들어 내지는 못한다. 이러한 사상은 피눈물의 응결체이다. 심장이라는 육체의 조각이다. 그러기에 칼을 가지고 이것을 자르면 그 안에서 살아 있는 피가 흘러 나온다. 그러므로 아직 피 흘리며 싸운 적이 없는 자는 순결한 사상을 하나님께 얻을 수 없는 것이다. 글은 문자가 아니다. 사상이다. 그리고 사상은 피다. 생명이다. 이 사상을 가볍게 보는 자는 생명 그 자체를 경멸하는 자이다.

4월 6일

요한복음 4장 13-14절 예수께서 대답하여 가라사대 이 물을 먹는 자마다 다시 목마르려니와 내가 주는 물을 먹는 자는 영원히 목마르지 아니하리니 나의 주는 물은 그 속에서 영생하도록 솟아나는 샘물이 되리라

사람을 부활시키는 일은 예수의 독특한 사업이다. 부활은 그분을 떠나 행해진 일이 아니다. 사람은 스스로 부활하는 것이 아니다. 예수로 말미암아 부활하는 것이다. 그래서 "마지막 날에 내가 그를 다시 살리리니"요 6:54 라고 말씀하신다. "그에게 생명이 있다"고 말씀하신 예수, 그 자신이 다시 살게 하시는 것이다. 자연현상으로 부활을 이해할 수는 없다. 부활은 생명을 새롭게 공급하는 일이며, 생명의 새로운 발전이다. 따라서 생명의 근원이신 하나님의 아들 예수를 통해서만 행해질 수 있다. 그분은 "마지막 날에 내가 그를 다시 살리리니"라고 말씀하신다. 사람의 말이라면 지극히 망언에 가깝다. 그러나 생명의 근원이신 하나님의 아들로서는 당연한 말씀이다. 예수는 하늘에서 내려온 생명의 빵이다. 그분을 먹고 사람은 생장하며 영생에 이르게 된다.

은길

고린도후서 12장 7-9절 여러 계시를 받은 것이 지극히 크므로 너무 자고하지 않게 하시려고 내 육체에 가시 곧 사단의 사자를 주셨으니 이는 나를 쳐서 너무 자고하지 않게 하려 하심이니라 이것이 내게서 떠나기 위하여 내가 세 번 주께 간구하였더니 내게 이르시기를 내 은혜가 네게 족하도다 이는 내 능력이 약한 데서 온전하여짐이라 하신지라 이러므로 도리어 크게 기뻐함으로 나의 여러 약한 것들에 대하여 자랑하리니 이는 그리스도의 능력으로 내게 머물게 하려 함이라

가장 좋은 성경 주석은 번즈의 주석도 아니고, 마이어의 주석도 클라크의 주석도 아니다. 가장 좋은 성경 주석은 인생의 체험 그 자체이다. 이것이 없으면 그 모든 학식과 수양을 쌓는다 해도 성경의 근본적인 교리를 찾아내는 일은 불가능하다. 그러나 인생의 체험이 있고, 이로하 48문자* 를 읽을 줄 알면, 성경이 나타내는 하나님의 깊은 뜻을 알기는 그리 어렵지 않다. 교회에서 추방당하고, 자기 민족에게 박해를 받으며, 친구에게 배신을 당하면서 우리는 비로소 그리스도교의 진수인 십자가의 의미를 알 수 있게 된다. 성경이 하나님의 책이라는 확증은 그것이 학식의 책이 아니라 체험의 책인 데에 있다. 소감

---

* いろは : 일본어 히라가나 초보

4월 8일

이사야 53장 4-5절: 창세기 3장 23-24절 참조. 그는 실로 우리의 질고를 지고 우리의 슬픔을 당하였거늘 우리는 생각하기를 그는 징벌을 받아서 하나님에게 맞으며 고난을 당한다 하였노라 그가 찔림은 우리의 허물을 인함이요 그가 상함은 우리의 죄악을 인함이라 그가 징계를 받음으로 우리가 평화를 누리고 그가 채찍에 맞음으로 우리가 나음을 입었도다

죽음과 검이 생명나무를 지키며 오늘에 이르렀다. 우리가 생명나무에 가까이 다가가고자 하면, 산이 울고 땅이 진동하여 우리 손이 거기에 닿는 것을 허락하지 않는다. 아아, 불쌍히 여길 것은 낙원에서 쫓겨난 인류이다. 그러나 한 분이 계시니, 바로 그분이 우리를 위해서 다시 생명나무에 이르는 길을 여시었다. 나사렛 예수, 바로 그분이다. 그분은 스스로 피를 흘려 케루빔 사 6장과 화염검 창 3장 사이로 우리가 걸어갈 수 있는 길을 여시었다. 실로 피를 흘리지 않고서는 길은 열리지 않는다. 그러나 사람이 정치적인 자유를 얻기 위해서 피를 흘리는 것과는 달리 예수는 혼자서 스스로 우리의 가시를 담당하고 우리의 죄의 제물로 바쳐졌다. 그분으로 말미암아 에덴을 회복할 수 있는 단서가 열렸다. 우리는 실망하지 않아도 된다. 하나님의 사랑은 결국 율법을 이기셨다. 화염검은 이제 우리 몸에 해를 입히지 않게 되었다.

9일

욥기 33장 22-24절 그의 혼이 구덩이에, 그의 생명이 멸하는 자에게 가까와지느니라 그럴 때에 만일 일천 천사 가운데 하나가 그 사람의 해석자로 함께 있어서 그 정당히 행할 것을 보일진대 하나님이 그 사람을 긍휼히 여기사 이르시기를 그를 건져서 구덩이에 내려가지 않게 하라 내가 대속물을 얻었다 하시리라

세상을 구원하는 그리스도의 사업은 두 가지이다. 하나는 인류에게 완전한 생애를 가르치시는 일이다. 두 번째는 인류의 죄를 몸소 져서 없애시는 일이다. 전자는 세상을 구원하는 최종 목적이며, 후자는 전자로 인도하기 위한 필요수단이다 벧전 2:12. 완전한 사람을 만들려면, 먼저 사람을 불완전하게 하고 있는 죄부터 제거하지 않으면 안 된다. 왜냐하면 사람은 그 죄로부터 벗어나지 않으면 죄를 범할 수밖에 없기 때문이다.

10일

요한1서 4장 7-8절 사랑하는 자들아 우리가 서로 사랑하자 사랑은 하나님께 속한 것이니 사랑하는 자마다 하나님께로 나서 하나님을 알고 사랑하지 아니하는 자는 하나님을 알지 못하나니 이는 하나님은 사랑이심이라

최고의 정통파正統派, Orthodoxy 는 그리스도의 마음으로 형제를 사랑한다. 그리스도의 자애가 없다면, 그 인내와 관용과 순종이 없다면, 우리가 그 어떤 교리를 확신한다 해도 아직 진정한 정통파라고 자부할 수 없다. 만약 우리가 믿는 교리가 우리를 그리스도와 같은 자로 만들지 못한다면, 우리는 자신의 믿음에 대해 크게 회의를 품어야 한다. 우리는 믿음이 견고해지기에 앞서, 심정이 그리스도와 같이 온화해져야 한다. 소망

다윗 11일

역대상 28장 20절 (다윗이) 또 그 아들 솔로몬에게 이르되 너는 강하고 담대하게 이 일을 행하고 두려워 말며 놀라지 말라 네가 여호와의 전 역사의 모든 일을 마칠 동안에 여호와 하나님 나의 하나님이 너와 함께하사 네게서 떠나지 아니하시고 너를 버리지 아니하시리라

감리교의 창시자 존 웨슬리가 죽기 전날 친구에게 여러 차례 되풀이하여 말했다. "무엇보다도 선한 일은 하나님이 우리와 함께하신다는 거라네." 하나님은 만물의 영장인 인간이 갖고 있는 것 중에 가장 선하고 가장 귀한 것이다. 하나님은 재산보다 귀하며 건강한 신체보다 중하고, 아내와 자식보다 귀한 나의 소유물이다. 부는 도둑맞을 우려가 있으며 낭비하기가 쉽다. 나라도 교회도 친구도 나를 버릴 것이다. 사업은 나를 교만하게 하고, 육체 또한 잃어버리지 않을 수 없다. 그러나 영원부터 영원에 이르기까지 내가 소유할 수 있는 것은 하나님이시다. 사람이 존귀한 이유는, 가장 높으신 하나님보다 못한 것에는 만족할 수 없다는 데 있다.

4월 12일

에베소서 3장 7-9절 이 복음을 위하여 그의 능력이 역사하시는 대로 내게 주신 하나님의 은혜의 선물을 따라 내가 일꾼이 되었노라 모든 성도 중에 지극히 작은 자보다 더 작은 나에게 이 은혜를 주신 것은 측량할 수 없는 그리스도의 풍성을 이방인에게 전하게 하시고 영원부터 만물을 창조하신 하나님 속에 감추었던 비밀의 경륜이 어떠한 것을 드러내게 하려 하심이라

사람을 위해서 하는 전도, 이것은 누구나가 할 수 있는 전도이다. 이는 전도 면허장이 따로 필요하지 않은 전도이다. 교권敎權 같은 것은 나에게 이미 아무런 소용이 없다. 진리 그 자체가 나의 증인이다. 내 머리 위에 수천수백 개나 되는 기대의 손길이 놓여지고, 내 이름 위에 교수나 박사 등 숭엄한 칭호가 씌어져 흘러 넘칠지라도, 만약 가난한 사람이 나를 통해 하늘의 위로를 받을 수 없다면 내가 받은 안수는 빈 형식이요 허례일 뿐이다. 내가 교수나 박사로 불린다 해도 그것은 내게 추호의 가치도 더할 수 없다. 사랑에 율법은 없다. 남에게 줄 수 있는 진정한 선이 나에게 존재할 때에 내게는 전도의 자유가 있다. 전도

4월 13일

요한일서 5장 11-12절 또 증거는 이것이니 하나님이 우리에게 영생을 주신 것과 이 생명이 그의 아들 안에 있는 그것이니라 아들이 있는 자에게는 생명이 있고 하나님의 아들이 없는 자에게는 생명이 없느니라

새로운 사업을 벌이려고 하지 말고, 새로운 생명을 구하라. 새로운 사업이 반드시 새로운 생명을 낳는 것은 아니다. 그러나 새로운 생명은 대부분 새로운 사업을 만든다. 성공의 비결을 밖에서가 아니라 안에서 구해야 하는 것이다. 그리고 안에서부터 나온 새로운 사업은 항상 건전하며 영원히 지속된다. 우리가 사람들에게 새로운 생명을 얻으라고 권하는 것이 단지 종교에서 얻는 도덕적인 가르침만을 위한 것일까. 소감

4월 14일

시편 46편 6-8절 이방이 훤화하며 왕국이 동하였더니 저가 소리를 발하시매 땅이 녹았도다 만군의 여호와께서 우리와 함께하시니 야곱의 하나님은 우리의 피난처시로다(셀라) 와서 여호와의 행적을 볼지어다 땅을 황무케 하셨도다

기적이란 하나님의 능력을 발견하는 것이기 때문에, 하나님의 존재와 활동을 믿는 자의 눈에는 기적과 자연의 구별이 없습니다. 그에게는, 사실 자연이라고 해서 하나님에게서 완전히 분리되어 홀로 움직이고 저절로 생겨난 것이 아닙니다. 그에게는 단지 두 가지 기적이 있습니다. 평범한 기적, 이것이 자연입니다. 비상한 기적, 이것은 성경에 나타나 있는 기적과 같은 것입니다. 오늘날까지 만물을 자연적으로 해석해 온 그는, 지금은 의지적으로, 곧 기적적으로 이해하게 되었습니다. 그의 우주관은 하나님을 믿고부터 완전히 달라졌습니다.

8월 15일

골로새서 2장 13-14절 또 너희의 범죄와 육체의 무할례로 죽었던 너희를 하나님이 그와 함께 살리시고 우리에게 모든 죄를 사하시고 우리를 거스리고 우리를 대적하는 의문에 쓴 증서를 도말하시고 제하여 버리사 십자가에 못 박으시고

우리는 불의의 자식이다. 하나님의 아들이라 불릴 만한 자가 못 된다. 그래서 하나님은 우리를 불쌍히 여겨 주셨다. 그 한없는 자비로 독생자를 보내 주시어, 온전한 인간으로서 생애를 살게 하시고 완전한 의를 행하게 하시며, 인류의 대표자로 받아들이셔서 그분을 통해 인류를 용서하시고 의롭다 하시며 성결케 하시고 또 구속하셨다. 하나님은 이제 그리스도 안에서 인류를 보고 계신다. 하나님의 눈 안에 이제는 죄로 죽은 인류는 없고, 단지 의롭게 산 사람의 아들, 곧 인류의 대표자이신 예수 그리스도가 있을 뿐이다. 따라서 사람은 자기의 죄 때문에 죽은 것과 그리스도가 자기를 대신하여 의를 온전히 이루신 것을 자각하고 또 고백하면, 바로 그때 구원을 받는다. 우리는 이미 구속함을 얻어 세상에 있기 때문이다. 은2

4월 16일

야고보서 5장 10-11절 형제들아 주의 이름으로 말한 선지자들로 고난과 오래 참음의 본을 삼으라 보라 인내하는 자를 우리가 복되다 하나니 너희가 욥의 인내를 들었고 주께서 주신 결말을 보았거니와 주는 가장 자비하시고 긍휼히 여기는 자시니라

고난을 피하게 하시지 않고 거기에 빠지게 하시며 그 고난 안에서 구원하신다. 고난이 충분히 일하게 하시고, 불로 태울 수 있는 만큼 다 태우신 뒤 그 안에서 구원하신다. 고난을 피하는 것은 고난을 이기는 길이 아니다. 고난은 부딪쳐서, 일단 그것을 받아 삼키게 될 때에 마침내 능히 이길 수 있다. 이것이 진정한 구원이다. 죽음은 죽음을 통해서만 멸할 수 있다 히 2:14. 고난은 고난 가운데를 통과하지 않고서는 이길 수 없다. 하나님은 믿는 자를 고난 가운데에서 구원하신다. 그런 다음 그를 완전히 구원하신다.

6월 17일

창세기 22장 10-13절   손을 내밀어 칼을 잡고 그 아들을 잡으려 하더니 여호와의 사자가 하늘에서부터 그를 불러 가라사대 아브라함아 아브라함아 하시는지라 아브라함이 가로되 내가 여기 있나이다 하매 사자가 가라사대 그 아이에게 네 손을 대지 말라 아무 일도 그에게 하지 말라 네가 네 아들 네 독자라도 내게 아끼지 아니하였으니 내가 이제야 네가 하나님을 경외하는 줄을 아노라 아브라함이 눈을 들어 살펴본즉 한 수양이 뒤에 있는데 뿔이 수풀에 걸렸는지라 아브라함이 가서 그 수양을 가져다가 아들을 대신하여 번제로 드렸더라

주님은 자비로운 하나님이시다. 그 아들이 고통 받기를 원하셔서 고통을 겪게 하시는 것이 아니다. 그 죄의 본원인 이기적인 마음을 없애기 위해 고통당하게 하신 것이다. 이미 희생하겠다는 결심과 희생의 행위가 나타나면, 주님은 그 이상을 요구하시지 않는다. 하늘로부터 소리가 있어, 아브라함에게 고하여 말하기를 "그 아이에게 네 손을 대지 말라" 하였다. 아아, 구원! 실로 은혜! 사랑하는 아들을 먼저 하나님께 바치고, 그는 하나님으로부터 다시 그 아들을 받게 되었다. 아브라함은 거기서 새삼 희생이 무엇인지 깨달았다. 희생은 버리는 것이 아니라, 더욱 얻는 것이다. 번제에 쓰일 제물은 하나님이 특별히 직접 준비하셨다. 수양은 수풀 속에 걸려 있었다.

18일

로마서 8장 24-27절 우리가 소망으로 구원을 얻었으매 보이는 소망이 소망이 아니니 보는 것을 누가 바라리요 만일 우리가 보지 못하는 것을 바라면 참음으로 기다릴지니라 이와 같이 성령도 우리 연약함을 도우시나니 우리가 마땅히 빌 바를 알지 못하나 오직 성령이 말할 수 없는 탄식으로 우리를 위하여 친히 간구하시느니라 마음을 감찰하시는 이가 성령의 생각을 아시나니 이는 성령이 하나님의 뜻대로 성도를 위하여 간구하심이니라

하나님은 성령으로서 사람의 영에 임하신다. 성령으로서 빛을 주고, 성령으로서 능력을 더하시고, 성령으로서 모든 일을 이루신다. 성령에 의해서이다. 신자는 성령을 의지하지 않고서는 아무것도 이룰 수 없다. 그는 성령으로 기도하고 성령으로 모든 일을 구하여 알게 된다. 하나님의 영이신 성령으로 말미암아 하나님께 이르고, 하나님의 빛이신 성령으로 말미암아 하나님을 알게 된다. 그리스도인은 원래 피동적被動的이고 자동적自動的이지 않다. 위에서 주신 것이지 아래에서 찾은 것이 아니다. 그의 믿음조차 성령으로 말미암아 생겨난 것이지 그 스스로 구하여 생긴 것이 아니다. 성령에 의해서인 것이다.

19일

야고보서 5장 7-8절 그러므로 형제들아 주의 강림하시기까지 길이 참으라 보라 농부가 땅에서 나는 귀한 열매를 바라고 길이 참아 이른 비와 늦은 비를 기다리나니 너희도 길이 참고 마음을 굳게 하라 주의 강림이 가까우니라

사람을 속되지 않게 하고 욕심이 없게 하며 현세적이지 않게 하는 것으로, 선명하고 확실한 내세의 소망만 한 것이 없다. 이 소망을 빼놓고는 죄 많은 이 세상에서 신자로서 살 수가 없다. 세상에는 불의가 너무도 많다. 암흑의 세력은 너무도 강하다. 이 세상에만 마음을 두고 있을 때 불신은 당연한 결과라고 말하지 않을 수 없다. 그러나 눈을 들어 위를 바라보는 것이 좋으니, 성경에 나타난 하나님의 약속을 믿는 것이 좋다. 완성될 새 하늘과 새 땅과 구원을 바라는 것이 좋다. 그리할 때 회의의 구름과 안개가 걷히고 정의를 감행하는 용기가 불끈 솟아난다. 그리스도의 재림에 대한 소망은 신자의 노래의 근원이고 사랑의 동기이며 선행을 장려하는 힘이다. 이 소망이 있어 우리는 이 눈물의 골짜기에서 노래하며 내 아버지 집으로 나아갈 수 있는 것이다.

20일

사도행전 4장 11-12절 이 예수는 너희 건축자들의 버린 돌로서 집 모퉁이의 머릿돌이 되었느니라 다른 이로서는 구원을 얻을 수 없나니 천하 인간에 구원을 얻을 만한 다른 이름을 우리에게 주신 일이 없음이니라 하였더라

신약성경은 한 가지 명백하고 확실한 일을 전하고 있다. 그것은 주 예수 그리스도이다. 그분이 신약성경의 주인공이다. 예수를 세상에 나타내기 위해 이 스물일곱 권짜리 책이 쓰인 것이다. 예수를 여러 방면에서 본 기록이 신약성경이다. 그 관점이 다른 것은 보는 입장과 사람이 다르기 때문이다. 이처럼 다른 방면에서 다른 사람이 보았기 때문에 가장 완전한 예수가 세상에 드러나신 것이다. 우리는 그리스도를 알고 싶어서 성경을 배운다. 그런데 사람은 반드시 그가 한 말로도 아니고 또 반드시 그가 한 행위로도 아니라 그가 한 말과 행위 모두를 통해 전달되는 정신과 영으로 그를 안다. 우리는 그리스도의 정신을 알고 그 영을 받기 위해 성경을 대하는 것이다.

21일

이사야 9장 6-7절 이는 한 아기가 우리에게 났고 한 아들을 우리에게 주신 바 되었는데 그 어깨에는 정사를 메었고 그 이름은 기묘자라, 모사라, 전능하신 하나님이라, 영존하시는 아버지라, 평강의 왕이라 할 것임이라 그 정사와 평강의 더함이 무궁하며 또 다윗의 위에 앉아서 그 나라를 굳게 세우고 지금 이후 영원토록 공평과 정의로 그것을 보존하실 것이라 만군의 여호와의 열심이 이를 이루시리라

실로 바라는 것은 이런 신앙이다. 그리스도와 그분의 십자가 이외에는 믿는 이유를 다른 데서 찾지 않는 신앙이다. 그 증거를 이 세상의 사업 성공이나 자기 성결에서 찾지 않는 신앙이다. 단순한 신앙이다. 대담한 신앙이다. 예수 그리스도와 그분의 십자가 이외에는 사회사업도 내 도덕도 필요하지 않다는 신앙이다. 마치 콜럼버스가 하늘의 별에 의지하는 것 외에 달리 대륙 위의 그 어떤 것도 표적으로 삼지 않고, 대양으로 배를 타고 나아간 때와 같은 신앙이다. 그리고 이런 신앙이 있기에 우리는 드넓은 우주를 거닐고, 사람을 두려워하지 않으며, 죄를 두려워하지 않고 크게 소리치며 신대륙이 아닌 새 예루살렘으로 우리의 배를 타고 나아갈 수 있다. 연2

4월 22일

빌립보서 1장 20절 나의 간절한 기대와 소망을 따라 아무 일에든지 부끄럽지 아니하고 오직 전과 같이 이제도 온전히 담대하여 살든지 죽든지 내 몸에서 그리스도가 존귀히 되게 하려 하나니

내 이름은 사라져도 되나, 원컨대 하나님의 귀한 이름이 높임을 받으시기를. 내 교회는 잃어버려도 괜찮으나, 원컨대 내 동포가 구원받기를. 나와 내게 속한 모든 것이 다하여 사라져도, 내 하나님의 영광은 날마다 더욱더 높임을 받으시기를. 소갈

4월 23일

디모데전서 2장 4-6절 하나님은 모든 사람이 구원을 받으며 진리를 아는 데 이르기를 원하시느니라 하나님은 한 분이시요 또 하나님과 사람 사이에 중보도 한 분이시니 곧 사람이신 그리스도 예수라 그가 모든 사람을 위하여 자기를 속전으로 주셨으니 기약이 이르면 증거할 것이라

단순한 믿음, 믿음뿐인 믿음, 결과에 눈을 쏟지 않는 믿음, 믿음만을 가지고 만족하는 믿음 — 이러한 믿음이 있을 때 신자에게 처음으로 진정한 평화가 찾아온다. 주 예수가 "나는 너희에게 평안을 주노라"요 14:27고 말씀하신 것이 바로 이런 평화이다. "사람의 모든 생각하는 바에 뛰어난 평강"빌 4:7이라고 바울이 말한 것이 바로 이런 평화이다. 이것은 깊은 믿음이다. 강한 믿음이며 견고한 믿음이다. 이런 믿음이 있어야만 신자는 세상을 이길 수 있다. 율법의 행위를 떠나 나타난 하나님의 의를 믿는 믿음, 이런 믿음을 가져야만 위대한 사업을 성취할 수 있는 것이다. 위대한 문학이 나오는 것이다. 위대한 미술이 나타나는 것이다. 또한 위대한 국가는 흥하여 위대한 정치가 행해지는 것이다. 사회는 그 밑바탕부터 개선되는 것이다.

4월 24일

로마서 15장 17-20절 그러므로 내가 그리스도 예수 안에서 하나님의 일에 대하여 자랑하는 것이 있거니와 그리스도께서 이방인들을 순종케 하기 위하여 나로 말미암아 말과 일이며 표적과 기사의 능력이며 성령의 능력으로 역사하신 것 외에는 내가 감히 말하지 아니하노라 이 일로 인하여 내가 예루살렘으로부터 두루 행하여 일루리곤까지 그리스도의 복음을 편만하게 전하였노라 또 내가 그리스도의 이름을 부르는 곳에는 복음을 전하지 않기로 힘썼노니 이는 남의 터 위에 건축하지 아니하려 함이라

나는 나의 일을 할 때에 부자의 기부를 바라지 않는다. 내가 섬기는 하늘의 아버지는 천지만유의 창조주이시다. 나는 나의 뜻을 말할 때에 사회의 찬동을 바라지 않는다. 나의 벗인 천사는 보좌 가까이에서 나를 위해 기도한다. 나에게 양식이 있으니, 그것은 성경 안에 있다. 나에게 힘이 있으니, 그것은 기도 안에 있다. 나는 세계를 상대로 단독으로 싸울 수 있다. 소망

나흘 25일

잠언 15장 33절 여호와를 경외하는 것은 지혜의 훈계라 겸
손은 존귀의 앞잡이니라

겸손하라. 온유하라. 그러나 패기가 없어서는 안 된다. 겸손은 용기이지만, 기개가 없는 것은 비겁한 것이다. 그 둘은 겉보기에는 서로 닮았으나 그 내용은 전혀 다르다. 그리고 세상이 말하는 그리스도교적 겸손이라는 것 안에는 비겁의 결과물들이 많다. 우리의 겸손을 넘치는 능력을 가진 자의 겸손으로 삼으라. 세상의 압박을 두려워하여 위축되는 겸손이어서는 안 된다.

4월 26일

요한복음 12장 25-26절 자기 생명을 사랑하는 자는 잃어버릴 것이요 이 세상에서 자기 생명을 미워하는 자는 영생하도록 보존하리라 사람이 나를 섬기려면 나를 따르라 나 있는 곳에 나를 섬기는 자도 거기 있으리니 사람이 나를 섬기면 내 아버지께서 저를 귀히 여기시리라

우리 인생에서 가장 큰 수확물은 행복이 아니다. 의무는 행복보다 낫고 더욱 귀하다. 의무를 다하기 위해서 우리는 종종 행복을 포기하지 않으면 안 된다. 하지만 의무 때문에 우리가 입는 손실은 결코 손실이 아니다. 입다는 자신의 행복을 희생하여 조국을 구하였다. 그리고 입다의 딸은 자신의 생명을 희생하여 아버지의 마음을 성결하게 하였다 삿 11장 참조. 희생 위에 희생, 인생은 희생이다. 희생 없이는 인생이 무의미하다. 행복은 인생의 목적이 아니며, 희생이야말로 인생의 꽃이다. 만약 이스라엘을 구원하기 위해 입다의 고통이 필요하고, 입다가 구원받기 위해 딸의 죽음이 필요했다고 한다면 나는 필요했다고 믿는다, 하나님의 이름은 찬양하기에 마땅하다. 입다는 헛되이 수고하지 않았고, 그의 딸은 헛되이 죽지 않았다. 하나님은 이렇게 하여 사람과 나라를 구원하시는 것이다. 구약

27일

사도행전 1장 3–5절 (예수께서) 해 받으신 후에 또한 저희에게 확실한 많은 증거로 친히 사심을 나타내사 사십 일 동안 저희에게 보이시며 하나님 나라의 일을 말씀하시니라 사도와 같이 모이사 저희에게 분부하여 가라사대 예루살렘을 떠나지 말고 내게 들은 바 아버지의 약속하신 것을 기다리라 요한은 물로 세례를 베풀었으나 너희는 몇 날이 못 되어 성령으로 세례를 받으리라 하셨느니라

나는 진실로 기적을 믿습니다. 기적을 믿지 않고서는 그리스도교를 믿을 수 없습니다. 아니, 기적을 믿지 않고서는 어떠한 종교도 믿을 수 없습니다. 만일 기적을 배척한다면 종교도 함께 배척해야만 한다고 나는 생각합니다. 기적을 부정하면서 종교의 필요성에 대해 설교하는 일은, 음식이 필요 없다고 주장하면서 건강이 가져다주는 행복을 설명하는 것과 마찬가지라고 생각합니다. 기적은 종교의 자양분입니다. 이 즙으로 된 자양분이 있어야만 종교라는 생물은 존재하고 또 번식할 수 있습니다. 기적을 제외하고 보십시오. 종교란 종교는 모두 죽어 버립니다.

28일

디도서 2장 14절 그가 우리를 대신하여 자신을 주심은 모든 불법에서 우리를 구속하시고 우리를 깨끗하게 하사 선한 일에 열심하는 친백성이 되게 하려 하심이니라

이것은 도덕적인 체험입니다. 곧 양심의 필연적인 명령에 따라 자기를 추궁해 보니, 자기가 하나님을 등지고 어둠을 좋아하는 자였음을 발견하였고, 이런 죄인도 구원할 수 있는 구세주를 찾아다니다가 마침내 그리스도를 만났습니다. 이 고통받는 양심을 치료할 수 있는 분을 찾아내게 된 것입니다. 그리고 나는, 죄란 사람에 대하여 범한 것이 아니라 하나님께 대하여 범한 것임을 알기 때문에, 이러한 죄의 고민을 없애 주신 분은 반드시 하나님이 아니면 안 된다는 사실을 알게 되었습니다.

29일

디모데후서 3장 15-17절 또 네가 어려서부터 성경을 알았나니 성경은 능히 너로 하여금 그리스도 예수 안에 있는 믿음으로 말미암아 구원에 이르는 지혜가 있게 하느니라 모든 성경은 하나님의 감동으로 된 것으로 교훈과 책망과 바르게 함과 의로 교육하기에 유익하니 이는 하나님의 사람으로 온전케 하며 모든 선한 일을 행하기에 온전케 하려 함이니라

저자가 명확하지 않은 성경은 신뢰할 만하지 못한가 하면, 결코 그렇지 않다. 성경은 성경 그 자체로서 귀한 책이지, 저자 때문에 귀한 책이 아니다. 진리는 그 자체가 증명자證明者이므로, 자신을 다른 사람에게 소개할 때에 사람의 증명을 바라지 않는다. 그 어떤 것도 모세의 말이기 때문에 귀한 것이 아니다. 하나님의 진리이기 때문에 귀한 것이다. 우리는 다윗이나 솔로몬에게 가르침을 받으려 하지 않고 하나님의 성령에게 인도받기를 원한다. 예언자 예레미야는 우리같이 약한 사람이었다. 그러나 그의 입에서 하나님의 말씀이 나왔다. 우리는 예언자인 그를 귀하게 여기기보다, 그를 통해 우리를 가르치시는 하나님께 감사한다.

30일

이사야 2장 22절 너희는 인생을 의지하지 말라 그의 호흡은 코에 있나니 수에 칠 가치가 어디 있느뇨

정의라고 하지 말고 은혜라고 말하라. 정결이라고 하지 말고 용서라고 말하라. 정의나 정결은 사람에게는 없다. 이것을 사람에게 요구한다면 우리는 실망할 수밖에 없다. 그러나 하나님의 은혜는 한이 없으시며, 그 정결하심은 다함이 없다. 하나님을 통해 사람을 구원하려고 소망해야지, 사람을 통해 세상을 구원하고자 해서는 안 된다. 사람을 구원하고 세상을 구원하는 길은, 오직 하나님의 구원의 생수를 마르지 않는 강과 같이 흐르게 하는 데에 있다.

닷새

마가복음 14장 35-36절 조금 나아가사 땅에 엎드리어 될 수 있는 대로 이때가 자기에게서 지나가기를 구하여 가라사대 아바 아버지여 아버지께는 모든 것이 가능하오니 이 잔을 내게서 옮기시옵소서 그러나 나의 원대로 마옵시고 아버지의 원대로 하옵소서 하시고

아아, 하나님이여, 당신이 위대하신 하나님이심을 우리가 이해하게 하소서. 하나님을, 우리의 간절한 소망이라면 그 어떤 것도 들어주시는, 이른바 우리와 닮은 작은 하나님으로 여기지 않게 하소서. 우리가 당신 앞에 엎드려 절하게 하소서. 당신이 그 거룩한 얼굴을 우리에게서 돌리실 때에 당신이 우리의 아버지이심을 인정하게 하소서. 당신이 우리의 기도를 모두 들어주시는 것도 좋으나, 당신의 뜻대로 인도되는 것은 더욱 좋으니. 우리가 당신에게 어떤 것도 주문하게 해서도 안 되며, 우리가 스스로 선악을 정하게 해서도 안 되오니. 당신이 하시는 바…… 질병이든 기근이든 헐벗음이든…… 이것이 선이라고 말하게 하소서. 아멘.

5월 2일

데살로니가전서 4장 13-14절 형제들아 자는 자들에 관하여는 너희가 알지 못함을 우리가 원치 아니하노니 이는 소망 없는 다른 이와 같이 슬퍼하지 않게 하려 함이라 우리가 예수의 죽었다가 다시 사심을 믿을진대 이와 같이 예수 안에서 자는 자들도 하나님이 저와 함께 데리고 오시리라

죽음은 큰 일이다. 그러나 가장 큰 일은 아니다. 죽음은 돌이킬 수 없는 재앙이 아니다. 죽음은 육체의 죽음이지, 영혼의 죽음은 아니다. 형체가 사라져 없어지는 것이지, 생명이 흔적도 없이 모조리 없어지는 것은 아니다. 우리는 죽어서 영원히 헤어지는 것이 아니라, 후일에 또다시 만나는 것이다. 인생에서 큰 일은 죽음이 아니라 죄이다. 천지의 주 되신 하나님을 등지고, 생명의 샘에서 떠나는 일이다. 그래서 하나님은 사람이 죽음을 모면하도록 조치를 취하지 않으셨다. 그 대신 그들을 죄에서 구하시려고 독생자를 보내셨다. 죽음의 가시는 죄이다. 이 죄가 없어져야 죽음은 죽음이 아니게 된다.

3일

요한복음 14장 1-3절 너희는 마음에 근심하지 말라 하나님을 믿으니 또 나를 믿으라 내 아버지 집에 거할 곳이 많도다 그렇지 않으면 너희에게 일렀으리라 내가 너희를 위하여 처소를 예비하러 가노니 가서 너희를 위하여 처소를 예비하면 내가 다시 와서 너희를 내게로 영접하여 나 있는 곳에 너희도 있게 하리라

이 세상에서 나의 생애는 어떻든 상관없다. 미움을 받아도 괜찮고, 오해를 받아도 괜찮으며, 가난해도 좋고, 헐벗어도 좋다. 내 영원한 운명은 이 세상에서 내 처지가 어떠한지에 따라 정해지는 것이 아니다. 내 운명을 정하는 분은, 나를 위해 자신을 버리신 나의 구주 예수 그리스도이다. 그분은 나를 위해 처소를 예비하시기 위해 아버지 곁으로 가셨다. 그분은 다시 오셔서 "나 있는 곳에 너희도 있게 하겠다"고 약속하셨다. 나는 이 세상에서는 나그네이다. 잠시 머무는 자이다. 나는 한때 이 땅에 천막을 친 자이다. 영원한 거처를 지은 자가 아니다. 하나님이 나를 부르실 때에는 곧바로 천막 줄을 끊고 천막을 접어 하나님의 나라로 서둘러 떠나야 할 자이다.

5월 4일

잠언 23장 12절 훈계에 착심하여 지식의 말씀에 귀를 기울이라

성경이 왜 하나님의 말씀인가 하면, 물론 그 안에 하나님이 아니시고는 도저히 이야기할 수 없는 내용이 쓰여 있기 때문이다. 그 문장의 우열이야 우리가 논할 바가 아니다. 역사적인 사실에 비추어 볼 때 착오는 없는지, 과학적인 증명이 부족한 것은 아닌지, 이런 질문들은 하나님의 뜻이 무엇인지 나타낼 때에는 그리 중요하지 않다. 우리는 인생에 관한, 또 우주에 관한 하나님의 진리를 알고 싶어 하는 존재이다. 그리고 성경은 우리가 요구하는 것들을 가장 명백하게 설명해 주고 있다. 곧 성경의 완전함은 그 문구나 문장과 같은 외형에 있는 것이 아니라, 하나님의 진리를 고집하는 하나님의 뜻에 있다. 성경이 하나님의 말씀이라고 말할 수 있는 이유는, 그 안에 하나님의 마음이 충만히 흘러 넘치고 있기 때문이다.

5일

베드로전서 4장 12-13절 사랑하는 자들아 너희를 시련하려고 오는 불 시험을 이상한 일 당하는 것같이 이상히 여기지 말고 오직 너희가 그리스도의 고난에 참예하는 것으로 즐거워하라 이는 그의 영광을 나타나실 때에 너희로 즐거워하고 기뻐하게 하려 함이라

은혜란 육신의 행복이 아니라 영(靈)의 광명이다. 보화란 전 세계가 아니라 눈에 보이지 않는 참되신 하나님이시다. 단 한 분뿐인 참되신 하나님이시다. 단 한 분뿐인 참되신 하나님과 그분이 내려 보내신 그리스도를 아는 일, 이것이 영생이며, 가장 큰 행복이고 최고의 선물이다. 그리고 이 지대하고 지고한 은혜를 입기 위해서는 가난할 수도 있고 세상과 친구에게 버림을 받을 수도 있다. 질병이 들 수도 있고, 더 나아가 죽을 수도 있다. 우리는 예수 때문에 죽음에서조차 하나님의 미소를 뵈옵는 것이다.

둘째 6일

빌립보서 3장 12-14절 내가 이미 얻었다 함도 아니요 온전히 이루었다 함도 아니라 오직 내가 그리스도 예수께 잡힌 바 된 그것을 잡으려고 좇아가노라 형제들아 나는 아직 내가 잡은 줄로 여기지 아니하고 오직 한 일 즉 뒤에 있는 것은 잊어버리고 앞에 있는 것을 잡으려고 푯대를 향하여 그리스도 예수 안에서 하나님이 위에서 부르신 부름의 상을 위하여 좇아가노라

그리스도교는 사람을 선한 그릇으로 삼으며, 앞서 간 선각자가 시인의 꿈이라고 인정했던 가장 큰 소망을 우리를 통해 이루겠다고 선언한다. 내가 만약 그리스도교를 통해 완전에 달하는 길을 아직 얻지 못했다면, 나는 아직 그리스도교를 이해하지 못하고 있는 것이다. 그리스도인은 큰 소망을 품지 않으면 안 된다. 인도에서 선교활동을 하고 있는 윌리엄 켈리는 말한다. "하나님을 위해서 큰 일을 계획하여 하나님으로부터 큰 일을 바라라" Attempt great things for God, expect great things from God. 나는 사람의 힘이 미치지 않는 큰 변화가 내 몸에 일어나기를 바란다.

답길

마태복음 25장 37 - 40절 이에 의인들이 대답하여 가로되 주여 우리가 어느 때에 주의 주리신 것을 보고 공궤하였으며 목마르신 것을 보고 마시게 하였나이까 어느 때에 나그네 되신 것을 보고 영접하였으며 벗으신 것을 보고 옷 입혔나이까 어느 때에 병드신 것이나 옥에 갇히신 것을 보고 가서 뵈었나이까 하리니 임금이 대답하여 가라사대 내가 진실로 너희에게 이르노니 너희가 여기 내 형제 중에 지극히 작은 자 하나에게 한 것이 곧 내게 한 것이니라 하시고

성(聖) 크리소스토모스*는 "진정한 신전은 사람"이라고 말했다. 북두칠성과 삼성, 묘성의 밀실, 이런 곳은 하나님이 계시는 데가 아니다. 천둥 번개로 산하가 요동할 때가 하나님이 우리에게 말씀하시는 때가 아니다. 갓난아기가 누워 있는 말구유, 여기가 바로 참되신 하나님이 세상에 임하신 곳이다. 하나님은 사람 안에 계신다. 그분은 사람으로 오셔서 우리에게 존경과 사랑, 믿음과 순종을 요구하신다. 사람을 섬기는 일은 하나님을 섬기는 일이며, 사람을 떠나서 하나님을 섬길 수는 없다.

---

* John Chrysostomos : 347-407, 시리아의 안디옥에서 태어난 교부

5월 8일

이사야 44장 21-22절 야곱아 이스라엘아 이 일을 기억하라 너는 내 종이니라 내가 너를 지었으니 너는 내 종이니라 이스라엘아 너는 나의 잊음이 되지 아니하리라 내가 네 허물을 빽빽한 구름의 사라짐같이, 네 죄를 안개의 사라짐같이 도말하였으니 너는 내게로 돌아오라 내가 너를 구속하였음이니라

만약 구원이 내 행위나 내 믿음으로 받을 수 있는 것이라면, 나는 지금 심각한 위기에 처해 있다. 내가 언제 죄를 저질러 내 믿음이 차갑게 얼어붙을지, 또 언제 변할지 미리 알 수 없기 때문이다. 그러나 나는 성경을 통해, 구원받는 것이 내 행위나 믿음이 아니라 변함없으신 하나님의 변함없으신 뜻에 기인한다는 사실을 알고 나서, 내게 처음으로 진정한 평안이 있음을 알았다. 그때 나는 내 행위가 불완전하다는 생각을 버리고 혹여 내 믿음이 얼어붙을까 봐 두려워하지 않으며, 걸쳐 입고 있는 죄의 무거운 짐을 벗고 주저 없이 하나님의 성소에 들어갈 수 있다 히 10:19. 하나님이 만약 내 편이시라면 누가 내게 대적할 것인가. 나는 내 하나님이 그 무한한 사랑으로 나를 미리 구원하기로 작정하셨음을 알고 있다. 그러기에 나는 세상의 반대를 두려워하지 않고 교회의 부인 否認을 두려워하지 않으며, 나의 죄와 불신앙을 두려워하지 않고 다만 "나는 믿는다"고 말하며 곧게 나아갈 것이다. 묵상

9일

히브리서 6장 4-6절 한 번 비췸을 얻고 하늘의 은사를 맛보고 성령에 참예한 바 되고 하나님의 선한 말씀과 내세의 능력을 맛보고 타락한 자들은 다시 새롭게 하여 회개케 할 수 없나니 이는 자기가 하나님의 아들을 다시 십자가에 못 박아 현저히 욕을 보임이라

하나님을 거역했다고 곧바로 병에 걸리거나 가난해지며 혹은 사회적 지위를 잃게 되는 등 형벌이 가해지는 것은 아니다. 오히려, 많은 경우, 신변의 처지가 좋아지는 것은 하나님을 버리고 떠난 결과로 온다. 하나님을 거역하여 곧장 내려진 형벌은 바로 품성의 타락이다. 곧 성결한 것과 지고한 것이 보이지 않게 되어, 천한 것과 낮은 것을 추구하게 되는 일이다. 사람이 가장 두려워해야 할 형벌치고 사실 이보다 더 중한 형벌은 없다. 이 형벌이 특히 무거운 이유는 형벌을 받고 있으면서도 정작 자신은 형벌이란 사실을 모른다는 데 있다. 우리는 하나님께 기도하여, 다른 어떤 형벌은 받아도 이 두렵기 그지없는, 품성이 타락하는 형벌은 받지 않도록 노력하지 않으면 안 된다.

10일

고린도전서 12장 3절 그러므로 내가 너희에게 알게 하노니 하나님의 영으로 말하는 자는 누구든지 예수를 저주할 자라 하지 않고 또 성령으로 아니하고는 누구든지 예수를 주시라 할 수 없느니라

성령은 하나님이 인류에게 주신 가장 큰 선물이다. 그러나 선물이라고 해서 물건이 아니다. 손을 대어 측량하고 분석할 수 있는 것이 아니다. 영靈은 기氣이고 용기이며 정기精氣이고 도덕적 감화력이다. 성령을 '미타마'*로 훈독하여 옥보다 정화된 존재인 듯 해석하는 것은 큰 잘못이다. 성령은 영이기에 기이고 정신이며 생명이고 마음이며 정情이다. 그렇기 때문에 도덕적 감화력으로 우리에게 임하여 우리 가운데 사랑이 생기게 하거나 믿음을 일으킨다. 성령에는 비둘기의 형상도, 화염의 열도 없다. 우리는 단지 성령을 우리의 영의 힘과 빛과 생명으로서 느낄 뿐이다.

---

* みたま : 한자어로 표기하면 '영'靈과는 또 다른 '옥'玉이 되기도 한다.

11일

창세기 2장 19절 여호와 하나님이 흙으로 각종 들짐승과 공중의 각종 새를 지으시고 아담이 어떻게 이름을 짓나 보시려고 그것들을 그에게로 이끌어 이르시니 아담이 각 생물을 일컫는 바가 곧 그 이름이라

사람은 하나님의 형상을 따라 만들어졌다. 그래서 하나님의 뜻을 발견해 내는 이해력을 갖고 있다. 하나님이 자연물을 지으신 목적 중 하나는 인간의 지능을 발달시키고 연마시키기 위해서이다. 하나님이 지으신 피조물을 연구하여 우리 지능을 연마하는 일은 우리가 참으로 해야 할 일이다. 하나님은 그 지으신 짐승과 새들을 데려다가 아담에게 보이시고, 그가 그것들을 배우게 하셨다고 한다. 그래서 박물학* 연구는 인류가 창조되었을 때 처음으로 하나님이 직접 가르쳐 주셨음을 알 수 있다. 하나님이 지으신 것을 직접 하나님께 받아 배운다. 하나님을 알고 진리를 연구하는 방법으로 이보다 더 나은 게 또 있을까. 박물학은 인류 최초의 학문이다. 짐승을 분류하는 일, 새에 대해 설명하는 일, 이것이 아담이 받은 교육이었다. 아름답도다, 자연학! 해롭지 않고 참으로 이로우며, 대자연을 통해 직접 대자연의 하나님께 도달한다. 오라, 인간이여, 와서 숲에 사는 짐승과 새들의 소리를 듣고, 나와서 산에 사는 야수의 천성을 배우라.

* 동물·식물·광물 등 자연물의 종류·성질·분포·생태 등을 연구하는 학문

12일

요한계시록 5장 2-5절 또 보매 힘있는 천사가 큰 음성으로 외치기를 누가 책을 펴며 그 인을 떼기에 합당하냐 하니 하늘 위에나 땅 위에나 땅 아래에 능히 책을 펴거나 보거나 할 이가 없더라 이 책을 펴거나 보거나 하기에 합당한 자가 보이지 않기로 내가 크게 울었더니 장로 중에 하나가 내게 말하되 울지 말라 유대 지파의 사자 다윗의 뿌리가 이기었으니 이 책과 그 일곱 인을 떼시리라 하더라

만약 이 죄악 된 세계가 사람의 힘으로 구원받는다면, 그런 사람을 어디에서 찾을 수 있겠습니까. 병든 자가 병든 자를 구원할 수는 없습니다. 불의한 자가 다른 사람의 불의를 치유하는 일은 전혀 불가능합니다. 사회 전체가 부패해 있는 때에, 고작 그 일원에 불과한 사람이 일어나서 그 사회를 구원할 수는 없습니다. 만약 구원할 수 있다면 그는 사회의 힘으로 구원하는 것이 아닙니다. 사회를 초월하는 힘, 곧 하나님의 힘으로 구원하는 것입니다. 그러므로 사회를 구원하는 데에 사회 그 자체에 의존해야만 한다면 사회구제사업 같은 일은 도저히 불가능합니다.

13일

히브리서 11장 13-16절 이 사람들은 다 믿음을 따라 죽었으며 약속을 받지 못하였으되 그것들을 멀리서 보고 환영하며 또 땅에서는 외국인과 나그네로라 증거하였으니 이같이 말하는 자들은 본향 찾는 것을 나타냄이라 저희가 나온바 본향을 생각하였더면 돌아갈 기회가 있었으려니와 저희가 이제는 더 나은 본향을 사모하니 곧 하늘에 있는 것이라 그러므로 하나님이 저희 하나님이라 일컬음 받으심을 부끄러워 아니하시고 저희를 위하여 한 성을 예비하셨느니라

땅은 인류의 거처라고 하나, 그렇지가 않다. 땅은 인류의 묘지이다. 그의 거처는 다른 곳에 있다. "손으로 지은 것이 아니요 하늘에 있는 영원한 집"^{고후 5:1}이 그에게 있다. 땅의 꽃은 그의 묘지를 장식하기에 좋고, 산은 그의 유해를 맡기기에 적합하다. 그러나 땅 그 자체는 그의 거처로 삼기에 부족하다. 땅을 두고 분쟁하는 자가 누군가. 정치는 묘지를 정리하는 것이 아닌가. 전쟁은 묘지를 서로 쟁탈하려는 것이 아닌가. 영원한 거처를 가진 우리는 기꺼이 땅을 다른 사람에게 양도해야 한다.

둘째 14일

에스겔 37장 4-6절 또 내게 이르시되 너는 이 모든 뼈에게 대언하여 이르기를 너희 마른 뼈들아 여호와의 말씀을 들을지어다 주 여호와께서 이 뼈들에게 말씀하시기를 내가 생기로 너희에게 들어가게 하리니 너희가 살리라 너희 위에 힘줄을 두고 살을 입히고 가죽으로 덮고 너희 속에 생기를 두리니 너희가 살리라 또 나를 여호와인 줄 알리라 하셨다 하라

"그가 자식이 없으므로 위로받기를 거절하였도다" 마 2:18. 그러나 단 하나 위로를 받는 길이 있다. 만약 그 어떤 방법을 통하여 사랑하는 사람이 다시 살 수 있다면, 만약 지금은 눈을 감고 입술을 닫고 있지만 그 어떤 능력으로 다시 살아나 내 앞에 서서 나와 함께 이야기하고 내 사랑을 받고 또 내게 사랑을 전한다면, 다시 말해 그가 만약 부활한다고 한다면, 그때 나는 참으로 위로를 얻고 내 비탄은 완전히 치유될 것이다. 사람들은 부활이란 소리를 듣고 웃지만, 그러나 부활은 사별의 고통으로 고뇌하는 사람이라면 누구에게나 솟아나는 희망이다. 우리에게 영원한 이별은 참을 수 없는 일이다. 부활에 대한 소망이 없다면, 다시 만날 수 있다는 기대가 없다면, 죽음은 '위로받을 수 없는 고통'이다.

5월 15일

로마서 1장 16-17절 내가 복음을 부끄러워하지 아니하노니 이 복음은 모든 믿는 자에게 구원을 주시는 하나님의 능력이 됨이라 첫째는 유대인에게요 또한 헬라인에게로다

나는 확실히 믿습니다. 그리스도교는 기적을 떠나서 논할 수 있는 것이 아닙니다. 기적을 제외하고 나머지 남은 그리스도교의 교훈이 그리스도교라고 한다면, 그리스도교란 실로 미약한 종교입니다. 그리스도교에 능력이 있는 이유는 가장 고상한 도덕을 기적을 통해 강요하기 때문입니다. 만약 그리스도교의 교훈이 빛이라고 한다면, 기적은 실로 힘입니다. 힘없는 빛은 개인과 사회와 국가를 개조할 수 없습니다.

중급 16일

고린도후서 6장 9-10절 무명한 자 같으나 유명한 자요 죽은 자 같으나 보라 우리가 살고 징계를 받는 자 같으나 죽임을 당하지 아니하고 근심하는 자 같으나 항상 기뻐하고 가난한 자 같으나 많은 사람을 부요하게 하고 아무것도 없는 자 같으나 모든 것을 가진 자로다

"아무것도 없는 자 같으나 모든 것을 가진 자"란 그리스도인을 가리키는 말씀이다. 우리에게는 자그마한 토지도 없지만 우주 만물이 모두 우리 것이다. 우리 집은 비가 새고 바람에 약하나 우리는 영원한 반석을 피난처로 삼은 자들이다. 우리를 튼튼히 자라게 할 맛있는 음식은 없지만 우리는 하늘의 영을 호흡하며 사는 자이다. 사실은 세상에 우리보다 더 큰 부자는 없다.

기도

시편 102편 25-27절 주께서 옛적에 땅의 기초를 두셨사오며 하늘도 주의 손으로 지으신 바니이다 천지는 없어지려니와 주는 영존하시겠고 그것들은 다 옷같이 낡으리니 의복같이 바꾸시면 바뀌려니와 주는 여상하시고 주의 연대는 무궁하리이다

이른바 현세적인 종교는 종교가 아닙니다. 종교는 내세를 명확하게 보여 주기 때문에 인생에서 필요한 것입니다. 그리스도교는 특히 이것에 대해 확실하게 말해 주기 때문에 반드시 필요한 종교입니다. "그리스도는 사망을 폐하시고 복음으로써 생명과 썩지 아니할 것을 드러내신지라" 딤후 1:10. 그리스도로 말미암아 내세는 명확하게 드러났습니다. 그분을 통해 그분의 제자들인 우리는 지금 이 세상에서 더 큰 소망을 품고 우리의 싸움을 계속하고 있는 것입니다. 더구나 그리스도는 결코 우리에게서 멀리 떨어져 계시지 않습니다. 겨우 장막 한 장 사이에 불과합니다. 그분은 장막 저편에서 우리의 기도를 들으시고, 참으로 가까이서 도움이 되어 주고 계십니다.

18일

요한복음 5장 39절 너희가 성경에서 영생을 얻는 줄 생각하고 성경을 상고하거니와 이 성경이 곧 내게 대하여 증거하는 것이로다

성경은 일명 '예수 그리스도의 전기(傳記)'라고 해도 좋다고 생각합니다. 그 가운데 구약성경은, 그리스도가 이 세상에 태어나시기까지의 준비단계를 기록한 책이며, 신약성경은 이 세상에서 보여 주신 그리스도의 행동이나 그리스도와 직접 만난 사람의 언행 등을 전하는 책입니다. 만약 그리스도라는 인물을 제거하고 성경을 본다면, 마치 활 모양의 돌다리에서 주춧돌을 빼낸 거나 다름없이 그 전체가 의미도 형상도 없는 것이 되고 말 것입니다. 성경을 이해하기 어려운 이유는 문자 때문도 아니고 이론이 정교하기 때문도 아닙니다. 그리스도가 그 주춧돌임을 알지 못하고 읽기 때문입니다. 그러기에 그리스도와 그분의 참뜻을 한번 알게 되기만 하면, 성경만큼 재미있는 책은 세상에 둘도 없을 뿐 아니라 이만큼 읽기 쉬운 책도 없을 것입니다.

19일

시편 100편 1-3절 온 땅이여 여호와께 즐거이 부를지어다 기쁨으로 여호와를 섬기며 노래하면서 그 앞에 나아갈지어다 여호와가 우리 하나님이신 줄 너희는 알지어다 그는 우리를 지으신 자시요 우리는 그의 것이니 그의 백성이요 그의 기르시는 양이로다

내 기도는 대부분 기원祈願이 아닙니다. 나는 먼저 충만한 감사를 드리며 기도를 시작합니다. 나는 이렇게 아름다운 우주에서 삶을 누리게 해 주신 하나님께 감사드립니다. 나는 내게 좋은 벗을 주시고, 내가 헌신할 만한 사업을 주시며, 내게 옳고 그름과 선악을 판별하여 정의의 하나님을 찾고자 하는 마음을 주신 하나님께 감사드립니다. 특히 내가 하나님을 떠나 사리사욕을 추구하고 있을 때, 내 마음에 주 예수 그리스도를 나타내 주셔서 내 영혼을 구원의 길에 이르게 해 주신 절대무한한 하나님의 은혜에 깊이 감사드립니다. 감사하는 마음이 내 맘에 흘러 넘치는 때에는, 길가에 피는 제비꽃을 보아도 감사를 드립니다. 내 얼굴에 바람이 스쳐 지나가도 감사를 드립니다. 때로는 아침 일찍 일어나 동쪽 하늘에 황금색이 범람할 때면 감사의 찬양이 절로 흘러 나옵니다.

20일

누가복음 14장 25-26절 허다한 무리가 함께 갈쌔 예수께서 돌이키사 이르시되 무릇 내게 오는 자가 자기 부모와 처자와 형제와 자매와 및 자기 목숨까지 미워하지 아니하면 능히 나의 제자가 되지 못하고

미워한다는 것은 사사로운 정을 끊는 일이다. 곧 가장 냉철한 눈으로 그들에게 득이 되는 것과 해가 되는 것을 파악하는 일이다. 즉, 내 부모나 처자, 형제들의 욕망이 이루어지기를 원하는 게 아니라 그들을 향한 하나님의 뜻이 이루어지기를 바라는 것이다. 그렇지 않고서는 진정한 효자가 될 수 없다. 그렇지 않고서는 진정한 아버지도, 남편도, 형제도, 자매도 아니다. 임금과 부모의 명령이라면 무엇이건 따르려고 하는, 동양에서 일컫는 충효는 매우 부실한 충효이다. 만약 동양인의 충효가 나라와 가정을 흥하게 한 적이 있다면, 반대로 그 충효 때문에 망한 나라와 가정도 많지 않겠는가. 독인 줄 알면서도 노부가 원하기에 그 술을 권하여 그를 죽게 한 효자도 있으리라. 독악한 여인인 줄 알면서도 주군이 사랑하는 첩을 허락하여 주군과 그 가정을 전락시킨 충신도 있으리라. 때에 따라 군주를 채찍질할 줄도 아는 신하가 아니면 진정한 충신이라 할 수 없다.

21일

갈라디아서 2장 15-16절 우리는 본래 유대인이요 이방 죄인이 아니로되 사람이 의롭게 되는 것은 율법의 행위에서 난 것이 아니요 오직 예수 그리스도를 믿음으로 말미암는 줄 아는 고로 우리도 그리스도 예수를 믿나니 이는 우리가 율법의 행위에서 아니고 그리스도를 믿음으로써 의롭다 함을 얻으려 함이라 율법의 행위로써는 의롭다 함을 얻을 육체가 없느니라

그리스도가 죽으심으로, 하나님은 그분께 자신을 의탁하는 자, 즉 믿는 자를 용서할 수 있게 되셨다. 하나님은 용서하고 싶으신 자를 용서할 수 있게 되셨다. 하나님이 무엇이든 다 이루실 수 있다고 해도, 정의에 어긋나는 일을 하시지는 않는다. 그러므로 그리스도는 사람을 위해서만 생명을 버리신 것이 아니라, 하나님을 위해서도 죽으신 셈이다. 그리스도가 피 흐르는 손을 내밀어 인류에게 회개를 권하자 하나님은 인류의 회개를 받으시고 그들을 용서하는 길을 여셨다. 그리스도의 십자가는 실로 은혜의 새로운 원천을 열었다. 하나님은 그리스도로 말미암아 한층 더 하나님의 사랑을 스스로 나타내 보이셨다. 구원

22일

요한복음 14장 5~7절 도마가 가로되 주여 어디로 가시는지 우리가 알지 못하거늘 그 길을 어찌 알겠삽나이까 예수께서 가라사대 내가 곧 길이요 진리요 생명이니 나로 말미암지 않고는 아버지께로 올 자가 없느니라 너희가 나를 알았더면 내 아버지도 알았으리로다 이제부터는 너희가 그를 알았고 또 보았느니라

예수의 교훈 안에는 조직적인 순서가 없다. 그분은 학자처럼 심사숙고하여 진리를 발견하신 것이 아니다. 그분은 세상이 처음 열릴 때부터 이러한 가르침을 자신 안에 가지고 계셨다. 무르익은 과실이 가지에서 떨어지듯이 진리는 그분 입에서 떨어졌다. 예수는 진리 그 자체이시므로 그분이 입을 여시면 교훈이 절로 흘러내렸다. 그리고 진리란 실로 이러해야만 한다. 들의 백합화가 수고함도 가꾸는 일도 없이 색을 입고 향을 발하는 것처럼, 예수는 배우지도 탐구하지도 않으시고 깊은 진리를 세상에 보내 주셨다. 눈으로 뒤덮인 척박한 산에서 12여 년간 고행한 결과가 아니라, 나사렛 30년의 정결한 성장의 여운餘韻이다. 여기에 청풍의 향기가 있고, 산을 달리는 영양의 자유가 있다. 교상

23일

아모스 5장 11-15절 너희는 살기 위하여 선을 구하고 악을 구하지 말지어다 만군의 하나님 여호와께서 너희의 말과 같이 너희와 함께하시리라 너희는 악을 미워하고 선을 사랑하며 성문에서 공의를 세울지어다 만군의 하나님 여호와께서 혹시 요셉의 남은 자를 긍휼히 여기시리라

그리스도인은 온유하고 자비롭지만, 그렇다고 아무 생각이 없거나 지조가 없는, 뼈 없는 해파리와 같은 자가 아닙니다. 그는 사랑할 자를 사랑하고 미워할 자를 미워합니다. 그는 동양의 군자나 영웅과는 전혀 다릅니다. 선과 악, 아름다움과 추함, 이 모두를 다 받아들여 자기 것으로 삼는, 이른바 정치가적인 도량은 없습니다. 그는 죄를 묵인하고 악을 벗 삼는 일을 할 수 없습니다. 그는 죄인을 불쌍히 여깁니다. 그러나 죄에 대해서는 엄청난 증오의 감정을 나타내어, 조금이라도 악을 찬양하는 듯한 거동은 보이지 않습니다. 그는 또 무엇보다도 위선을 미워합니다. 특히 하나님의 이름을 이용하여 악한 일을 하는 자에게는 자신의 모든 증오를 쏟아 붓습니다. 그는 비록 자신의 몸이 찢어진다 하여도 노여워하지 않으나, 위선자가 제멋대로 행동하는 것을 보면 분노를 참지 않습니다. 그리스도인은 결코 노여워하지 않는 자가 아닙니다. 하나님을 위해, 정의를 위해서는 열화같이 노여워합니다.

24일

로마서 10장 8-11절 그러면 무엇을 말하느뇨 말씀이 네게 가까와 네 입에 있으며 네 마음에 있다 하였으니 곧 우리가 전파하는 믿음의 말씀이라 네가 만일 네 입으로 예수를 주로 시인하며 또 하나님께서 그를 죽은 자 가운데서 살리신 것을 네 마음에 믿으면 구원을 얻으리니 사람이 마음으로 믿어 의에 이르고 입으로 시인하여 구원에 이르느니라 성경에 이르되 누구든지 저를 믿는 자는 부끄러움을 당하지 아니하리라 하니

믿음, 믿음, 믿음이다. 하찮은 일에 흔들리지 않는 경지, 즉 안심입명安心立命도 믿음을 따로 두고서는 달리 있을 수 없다. 믿음의 결과가 아니라, 믿음 그 자체이다. 믿음으로 질병이 나을지도 모르고, 또 낫지 않을지도 모른다. 혹여 낫지 않더라도 믿음은 인간의 영혼을 구원하는 가치를 잃지 않는다. 믿음으로 반드시 인간이 도덕적으로 완전하게 된다고는 할 수 없다. 그러나 그에게 매우 오래된 결점이 많이 남아 있다 해도, 그 때문에 믿음이 영혼을 구원하는 유일한 능력임을 잃어버리는 일은 없다. 사람이 믿음으로 구원받는다는 말은, 믿음의 결과로 구원받는다는 뜻이 아니다. 믿음 그 자체가 이미 자신의 완전한 구원이라는 말이다.

25일

에베소서 6장 11-13절 마귀의 궤계를 능히 대적하기 위하여 하나님의 전신갑주를 입으라 우리의 씨름은 혈과 육에 대한 것이 아니요 정사와 권세와 이 어두움의 세상 주관자들과 하늘에 있는 악의 영들에게 대함이라 그러므로 하나님의 전신갑주를 취하라 이는 악한 날에 너희가 능히 대적하고 모든 일을 행한 후에 서기 위함이라

우리가 그리스도의 복음을 가지고 이 세상에 서는 이상, 전투는 피하려 해도 도저히 피할 수 없다. 물론 우리는 남을 괴롭히기 위해 싸우는 것이 아니다. 자신의 원한을 없애기 위해 싸우는 것도 아니다. 우리는 무엇보다도 고요를 사랑한다. 만약 우리가 좋아하는 것을 말한다면, 우리는 성경과 자연을 벗 삼아 찬양과 시로 일생을 보내기를 원한다. 그러나 이것은 스스로 십자가를 지시고 우리를 죄에서 구원해 주신 주님이 우리에게 허락하시지 않는 일이다. 우리는 악마와 분투하지 않으면 안 된다. 그리고 그 악마는 단순히 내부에 있는 영의 악마가 아니라 밖에 있는 육의 악마로, 간교하고 악하며, 술과 뇌물과도 같고, 음란하고 잔인하다. 우리는 때로는 악마의 화내는 얼굴을 무서워하지 말고 "주님은 너를 미워하신다"고 외치며 그들을 꾸짖어야 한다.

5월 26일

이사야 52장 7절 좋은 소식을 가져오며 평화를 공포하며 복된 좋은 소식을 가져오며 구원을 공포하며 시온을 향하여 이르기를 네 하나님이 통치하신다 하는 자의 산을 넘는 발이 어찌 그리 아름다운고

시인은 땅 주인에게 "토지는 당신 것이지만 풍경은 내 것"이라고 말한다. 하나님의 자연을 즐기는 데에 산림이나 들과 밭을 자신의 소유로 삼을 필요는 없다. 시인은 정치가에게 "정권은 당신에게 있지만 교권은 내게 있다"고 말한다. 사람의 마음을 지배하는 데에 군대나 경찰, 법률이나 위력에 의지할 필요는 없다. 시인은 종교가에게 "사원과 교회는 당신에게 속해 있지만 영혼은 내게 속해 있다"고 말한다. 사람에게 하나님의 사랑을 나타내고 구원의 은혜를 전하며 성령의 기쁨을 전달하는 데에 승려나 신칸*, 성직자나 목회자일 필요는 없다.

---

* 神官 : 일본의 신사神社에서 일하는 종교인

27일

디모데전서 6장 6-9절 그러나 지족하는 마음이 있으면 경건이 큰 이익이 되느니라 우리가 세상에 아무것도 가지고 온 것이 없으매 또한 아무것도 가지고 가지 못하리니 우리가 먹을 것과 입을 것이 있은즉 족한 줄로 알 것이니라 부하려 하는 자들은 시험과 올무와 여러 가지 어리석고 해로운 정욕에 떨어지나니 곧 사람으로 침륜과 멸망에 빠지게 하는 것이라

당신은 오늘 일에 만족하라. 먼저 큰 사업을 할 생각을 버리라. 예레미야는 제자 바룩에게 "네가 너를 위하여 대사를 경영하느냐 그것을 경영하지 말라"렘 45:5고 충고하였다. 우리는 제각기 사회를 이끌고 가르치는 사람이 되고 싶어 하기 때문에 우리의 혁신사업이 드러나지 않는 것이다. 우리에게는 각자 혁신해야 할 영역이 주어지지 않았는가. 당신은 이미 안심입명의 위치에 서 있는가? 그렇다면 먼저 가족에게 영향을 미치고 친구를 교화하라. 당신의 이웃에게 위로의 청정수 한 잔을 주라. 당신에게 오는 가난한 자가 당신이 선을 베풀기 전에 문전에서 떠나는 일이 없도록 하라. 나에게 일하고자 하는 정신이 있다면, 내가 오늘 처해 있는 이 위치에서라도 해야 할 일이 산적해 있다.

늦을 28일

요한복음 14장 12절 내가 진실로 진실로 너희에게 이르노니 나를 믿는 자는 나의 하는 일을 저도 할 것이요 또한 이보다 큰 것도 하리니 이는 내가 아버지께로 감이니라

앞에 있는 것을 모르고 뒤에 있는 것을 모른다. 오른쪽에 있는 것을 모르고 왼쪽에 있는 것을 모른다. 남에게 있는 것을 모르고 내게 있는 것을 모른다. 단지 어떤 분이 와서 내 마음을 사로잡고 내 손을 잡아 나의 정(情)을 격하게 하여 내가 생각지도 않았던 일을 하게 하신다. 이때 내 온몸은 불타고 내게 지각이 있어도 없는 것과 마찬가지이다. 나는 무엇을 하고 무엇을 쓰는지 알지 못한다. 단지 그분이 나를 떠나신 후에 내가 그분 손 안에서 내 능력 밖의 일을 해냈다는 것을 알 뿐이다. 소펌

29일

호세아 6장 1-2절 오라 우리가 여호와께로 돌아가자 여호와께서 우리를 찢으셨으나 도로 낫게 하실 것이요 우리를 치셨으나 싸매어 주실 것임이라 여호와께서 이틀 후에 우리를 살리시며 제 삼 일에 우리를 일으키시리니 우리가 그 앞에서 살리라

하나님을 사랑하는 그리스도의 정신은, 이기주의와 이타주의 모두를 초월하여 가장 많이 남을 이롭게 하고 또 가장 많이 자신을 이롭게 하는 길을 내게 가르쳐 주었다. 나는 죄를 자각하고 피할 수 있다. 하나님이 내 죄를 사면하신 일은 그분의 공의에 어긋나는 일이 아니므로, 나는 나의 모든 것으로 나에 대한 하나님의 사면에 응한다. 하늘은 내가 얻고자 하는 것을 내게 주지 않은 것은 없다. 창조의 조화_{造化}에는 실로 실패가 없었다. 임마누엘 하나님이 우리와 함께하신다. 인생은 한차례 통과해 볼 만한 가치가 있는 것이다.

5월 30일

누가복음 13장 11-16절 회당장이 예수께서 안식일에 병 고치시는 것을 분내어 무리에게 이르되 일할 날이 엿새가 있으니 그동안에 와서 고침을 받을 것이요 안식일에는 말 것이니라 하거늘 주께서 대답하여 가라사대 외식하는 자들아 너희가 각각 안식일에 자기의 소나 나귀나 마구에서 풀어 내어 이끌고 가서 물을 먹이지 아니하느냐 그러면 십팔 년 동안 사단에게 매인 바 된 이 아브라함의 딸을 안식일에 이 매임에서 푸는 것이 합당치 아니하냐

석가는 브라만의 파괴자이며, 그리스도와 바울은 유대교의 파괴자였다. 단테와 사보나롤라와 루터는 로마 가톨릭 교회를 파괴하고, 브라운과 웨슬리, 조지 폭스는 영국 감독 교회를 파괴하였다. 파괴하는 일이라 해도 때와 경우에 따라서는 결코 나쁜 일이 아닐 뿐 아니라 매우 필요한 일이 되기도 한다. 만약 사이고 다카모리*나 오쿠보 도시미치**가 막부시대***의 일본 사회를 파괴하지 않았다면 어떻게 되었을까. 우리 일본인들은 오늘날 이 즈음에도 중세시대의 헛된 꿈속에서 더욱더 정신을 잃고 있지 않았겠는가. 파괴를 두려워하는 것은 노인 근성이다. 진보를 사랑하는 자는 정당한 파괴를 마땅히 환영해야 한다.

---

* 西鄕隆盛 : 1827-1877, 일본 메이지 유신의 공신
** 大久保利通 : 1830-1878, 일본 메이지 유신의 공신
*** 일본의 무단정치시대

3일

로마서 6장 3-5절 무릇 그리스도 예수와 합하여 세례를 받은 우리는 그의 죽으심과 합하여 세례 받은 줄을 알지 못하느뇨 그러므로 우리가 그의 죽으심과 합하여 세례를 받음으로 그와 함께 장사되었나니 이는 아버지의 영광으로 말미암아 그리스도를 죽은 자 가운데서 살리심과 같이 우리로 또한 새 생명 가운데서 행하게 하려 함이니라 만일 우리가 그의 죽으심을 본받아 연합한 자가 되었으면 또한 그의 부활을 본받아 연합한 자가 되리라

그리스도에게 동화된 사람, 그리스도의 살아 계신 몸의 일부분이 된 사람, 그 고통과 환희, 치욕과 영광, 죽음과 부활을 그분 안에서 그분과 함께 아버지 하나님으로부터 나눠 가진 사람, 그가 바로 그리스도인이다. 이 경우에 '믿는다'는 말은 지식적으로 시인하는 것이 아니다. 감정적으로 신뢰하는 것도 아니다. 그리스도를 믿는다는 것은 그분의 신격神格 안에 내 인격人格을 투입하는 일이다. 그리고 나를 부인하고 나 대신 그분을 내 안에 거하게 하는 일이다. 이것이 곧 믿음의 극치이며, 그리스도는 우리에게 이런 믿음을 요구하신다. 그리스도가 하나님이며 영의 세계이고, 우리는 그 영의 세계의 일부분이 될 수 있는 것이다. 또한 그때 비로소 우리의 성화聖化도 만족스럽게 진행되고 그리스도의 영광은 우리를 통해 세상에 나타나게 된다. 감상

6월 1일

시편 37편 25절 내가 어려서부터 늙기까지 의인이 버림을 당하거나 그 자손이 걸식함을 보지 못하였도다

그리스도교는 불교의 '만물개공'* 이라는 마취약 같은 교리로 가난한 사람을 위로하려고 하지 않는다. 그리스도교는 세상을 단념하게 하지 않고 세상을 이기게 한다. 부유한 것과 가난한 것은 전생의 숙명이 아니라 지금 세상에서의 개인적인 처지이다. 가난은 신체의 질병과 마찬가지로 고칠 수 없다면 기꺼이 인내해야 한다. 나의 가난이 만약 게으름과 방탕에서 비롯되었다면, 나는 지금부터라도 근검절약하여 낭비한 부를 회복해야 한다. 하늘은 스스로 돕는 자를 돕는다. 그 어떤 방탕아라도 그 어떤 게으른 사람이라도 일단 마음을 고쳐먹고 우주의 큰 뜻에 따라서, 손과 발을 수고하여 땀 흘리면 하늘은 그를 버릴 수 없다. 가난은 운명이 아니다. 그러므로 우리는 팔짱을 낀 채 가난에 안주해서는 안 된다. 일하라, 수고하라. 정직한 일이라면 아무리 천해 보이는 일이라도 가벼이 여겨서는 안 된다. 힌트

---

* 万物皆空: 만물은 모두 헛되다.

8월 2일

마가복음 6장 1-3절 예수께서 거기를 떠나사 고향으로 가시니 제자들도 좇으니라 안식일이 되어 회당에서 가르치시니 많은 사람이 듣고 놀라 가로되 이 사람이 어디서 이런 것을 얻었느뇨 이 사람의 받은 지혜와 그 손으로 이루어지는 이런 권능이 어찌 됨이뇨 이 사람이 마리아의 아들 목수가 아니냐 야고보와 요셉과 유다와 시몬의 형제가 아니냐 그 누이들이 우리와 함께 여기 있지 아니하냐 하고 예수를 배척한지라

그분은 교황, 성직자, 목사, 선교사, 신학박사 같은 사람과는 달랐다. 그분은 한 번도 머리에 승관(僧冠)을 쓴 적이 없고 몸에 승복을 걸친 적도 없다. 즉, 그분은 지금 세상에서 말하는 종교가가 아니다. 그분은 결코 자신의 신앙을 내세워 보수를 받은 적이 없다. 그분은 나사렛의 한 평민이셨고 아버지 직업을 물려받아 목수로 일하셨다. 그러므로 그분은 직관적으로 하나님을 알게 되셨을 뿐, 신학교나 철학관에서 종교 지식을 기르지 않으셨다. 우리가 그분을 존경하는 이유는 그분이 위대한 평민이셨기 때문이다.

6월 3일

히브리서 11장 3절 믿음으로 모든 세계가 하나님의 말씀으로 지어진 줄을 우리가 아나니 보이는 것은 나타난 것으로 말미암아 된 것이 아니니라

하나님을 믿는 일은, 글자 그대로 하나님을 믿는 일이다. 그분의 존재를 믿고, 섭리를 믿고, 그분의 보호와 인도를 믿는다. 마치 우리가 육신의 아버지에 대해 믿는 것처럼 그분을 믿는 것을 말한다. 믿는다고 입으로만 말하는 것이 아니다. 진실로 믿어야 하는 것이다. 즉, 우리가 세상살이 방침을 온전히 믿음에 근거하여 정하는 것을 말한다. 시인 콜리지*는 당시의 종교가를 평하여 말하기를, "그들은 믿는다고 믿고 있으면서도 사실은 믿는 자가 아니다"고 하였다. 하나님을 믿는 일은 결코 쉬운 일이 아니다.

---

* Samuel Taylor Coleridge : 1772-1834, 영국 시인

6월 4일

디도서 3장 3-5절 우리도 전에는 어리석은 자요 순종치 아니한 자요 속은 자요 각색 정욕과 행락에 종노릇 한 자요 악독과 투기로 지낸 자요 가증스러운 자요 피차 미워한 자이었으나 우리 구주 하나님의 자비와 사람 사랑하심을 나타내실 때에 우리를 구원하시되 우리의 행한 바 의로운 행위로 말미암지 아니하고 오직 그의 긍휼하심을 좇아 중생의 씻음과 성령의 새롭게 하심으로 하셨나니

나는 내가 좋아서 구원받은 것이 아니다. 내 의지와는 반대로 구원받은 것이다. 나는 이 세상을 사랑하였다. 그러나 하나님은 이 세상에서 내 모든 계획을 파괴하시고 내가 내세를 소망하지 않으면 안 되게 만드셨다. 나는 다른 사람에게 사랑받기를 원했다. 그러나 하나님은 수많은 적들을 내게 보내시어 내가 인류에게 실망하게 하시고 하나님께 의지하지 않으면 안 되게 하셨다. 만약 나의 생애가 내가 바라는 대로 되었다면, 지금 나는 하나님도 없고 내세도 없는, 보통의 세속적인 사람이 되었으리라. 나는 하나님 때문에 마지못해 하나님의 구원의 은혜를 받은 것이다. 따라서 나는 내가 구원받은 일에 대하여 자랑할 게 하나도 없는 자이다.

소감

6월 5일

시편 91편 4절 저가 너를 그 깃으로 덮으시리니 네가 그 날개 아래 피하리로다 그의 진실함은 방패와 손 방패가 되나니

하나님의 명령을 기다리라. 그러면 그 어떠한 일도 이루어지리라. 몸을 하나님께 맡기라. 그러면 모든 힘이 당신에게 더하리라. 당신은 하나님의 것이며, 당신의 사업 중에 하나님의 사업이 아닌 것이 없다. 그러므로 당신에게 계획이란 게 있을 리 없다. 당신은 초조해하거나 우려할 필요가 없다. 하나님은 스스로 활동하시는 분이므로, 우리는 온몸을 그분에게 드리면 족하다. 우리가 직접 일을 계획하고 추진하기를 원한다면 우리는 하나님에게서 떨어져 나가게 된다. 그리고 이리 될 때 위대한 행위가 우리 손으로 이루어지지 않게 되는 것은 당연한 일이다. 만약 우리가 사람들을 대할 때 활동적이기를 바란다면, 하나님 앞에서는 온전히 수동적이지 않으면 안 된다.

6일

빌립보서 2장 3-5절 아무 일에든지 다툼이나 허영으로 하지 말고 오직 겸손한 마음으로 각각 자기보다 남을 낫게 여기고 각각 자기 일을 돌아볼뿐더러 또한 각각 다른 사람들의 일을 돌아보아 나의 기쁨을 충만케 하라 너희 안에 이 마음을 품으라 곧 그리스도 예수의 마음이니

그리스도가 악인에게 죽임을 당한다면, 과연 그분의 생애는 그것으로 끝일까요? 만약 그리스도가 부활하지 않고 그분의 생명도 헛되이 유대 산지의 먼지가 되어 사라져 버렸다면, 이 우주란 그 얼마나 신뢰하기 어려운 곳이겠습니까. 그러나 그렇지 않습니다. 그리스도처럼 겸손한 사람의 생애는 영원히 존재할 가치가 있습니다. 그리고 우리의 생애라고 해도 그리스도의 생애를 본받으면 마찬가지로 영원성을 띨 수 있습니다. 곧 영생이란 실로 겸손의 결과입니다. 그리스도와 같이 겸손할 수 있다면 우리도 영생으로 들어갈 수 있습니다.

6월 7일

베드로전서 4장 1-2절 그리스도께서 이미 육체의 고난을 받으셨으니 너희도 같은 마음으로 갑옷을 삼으라 이는 육체의 고난을 받은 자가 죄를 그쳤음이니 그 후로는 다시 사람의 정욕을 좇지 않고 오직 하나님의 뜻을 좇아 육체의 남은 때를 살게 하려 함이라

죽음은 희생이다. 동시에 또한 속죄이다. 그 누구라도 자기 혼자만을 위해 살고 또 자기 혼자만을 위해 죽는 사람은 없다. 사람은 죽어서 어느 정도 세상 죄를 속죄하고, 세상 죄에 대한 희생의 제물이 되어 하나님의 제단 위에 바쳐지는 것이다. 참으로 감사할 만한 일이 아닌가. 죽음의 고통은 결코 무익한 고통이 아니다. 죽음을 통해 자신의 죄가 씻겨질 뿐만 아니라 세상 죄가 다소나마 없어진다. 그리고 말할 것도 없이 죽음의 속죄력贖罪力은 죽은 사람의 품성이 어떠하냐에 따라 늘기도 하고 줄기도 한다. 의인의 죽음은 많은 죄를 없애지만, 악인의 죽음은 자기의 죄 말고 다른 죄를 씻는 경우가 매우 드물다. 사람은 성결하게 되면 될수록 그 죽음으로써 이 세상 죄를 속죄할 수 있다. 혹은 집안의 죄를, 혹은 사회의 죄를, 혹은 국가의 죄를, 혹은 세계의 죄를, 사람은 자신의 품위 여하에 따라 담당하고 또 속죄할 수 있는 것이다. 죽음은 실로 사람이 이 세상에서 이룰 수 있는 가장 큰 사업이다.

8일

누가복음 5장 30-32절 바리새인과 저희 서기관들이 그 제자들을 비방하여 가로되 너희가 어찌하여 세리와 죄인과 함께 먹고 마시느냐 예수께서 대답하여 가라사대 건강한 자에게는 의원이 쓸 데 없고 병든 자에게라야 쓸 데 있나니

그리스도는 진실로 죄인의 벗이라고 하는데, 정말 그 말씀 그대로이다. 그리스도는 세리, 곧 죄 있는 자의 벗이었다. 그렇다고 죄인의 벗이라는 말이 악인의 벗이라는 뜻은 아니다. 그리스도는 악인의 벗이 아니다. 사람은 악을 행하여 그리스도의 적이 되는 것이다. 그리스도가 죄인의 벗이라는 말은 세상이 죄인이라고 부르는 사람들의 벗이라는 뜻이다. 곧 스스로 죄를 회개하고 하나님께 용서를 받은 사람, 혹은 몸에 죄를 범한 적이 없어도 세상 관례나 관습에 따르지 않아 세상에서 죄인으로 지목된 사람, 혹은 사람들의 시기를 받아 죄가 없는데도 죄인이라고 불리는 사람…… 그리스도는 이러한 죄인들의 벗이다. 곧 바리새인이 죄인이라 여기고 있는 사람의 벗인 것이다.

6월 9일

골로새서 1장 26-28절 이 비밀은 만세와 만대로부터 옴으로 감추었던 것인데 이제는 그의 성도들에게 나타났고 하나님이 그들로 하여금 이 비밀의 영광이 이방인 가운데 어떻게 풍성한 것을 알게 하려 하심이라 이 비밀은 너희 안에 계신 그리스도시니 곧 영광의 소망이니라 우리가 그를 전파하여 각 사람을 권하고 모든 지혜로 각 사람을 가르침은 각 사람을 그리스도 안에서 완전한 자로 세우려 함이니

성경은 위대하다. 그러나 살아 계신 그리스도는 성경보다도 위대하다. 우리가 만약 성경만 배우고 그분과 만나려고 하지 않으면 우리의 목적을 달성했다고 할 수 없다. 성경은 살아 계신 그리스도의 과거 행적을 기록한 책이다. 그리고 우리는 오늘날 그분의 영을 받아 새로이 성경을 만들지 않으면 안 된다. 낡은 성경에만 만족하고 새로운 성경을 만들지 않는 자는 성경을 정당하게 해석한 것이 아니다. 성경은 아직 미완의 책이다. 그리고 우리는 성경의 마지막 장을 만드는 재료를 제공하지 않으면 안 된다.

6월 10일

베드로전서 1장 3-4절 찬송하리로다 우리 주 예수 그리스도의 아버지 하나님이 그 많으신 긍휼대로 예수 그리스도의 죽은 자 가운데서 부활하심으로 말미암아 우리를 거듭나게 하사 산 소망이 있게 하시며 썩지 않고 더럽지 않고 쇠하지 아니하는 기업을 잇게 하시나니 곧 너희를 위하여 하늘에 간직하신 것이라

믿는 자는 안심하고 죽음을 맞이해야 한다. 반드시 살기를 바라야 하는 것도 아니고 또 반드시 죽기를 바라야 하는 것도 아니다. 사는 것도 주님을 위해, 죽는 것도 주님을 위해서이다. 죽어야 할 때에 죽는 것은 커다란 은혜이다. 만약 삶에 대한 집착으로 죽어야 할 때에 죽지 않으면 이보다 더 불행한 것이 없다. 죽어야 할 때에 죽는 죽음은 광명으로 들어가는 문이다. 죽음이 가장 큰 불행이라는 말은 믿는 자가 할 말이 아니다. 믿는 자는 오직 죽어야 할 때에 죽기를 바란다. 그때보다도 빠르지 않고 그때보다도 늦지 않게.

둘째 날

시편 103편 11-14절 이는 하늘이 땅에서 높음같이 그를 경외하는 자에게 그 인자하심이 크심이로다 동이 서에서 먼 것같이 우리 죄과를 우리에게서 멀리 옮기셨으며 아비가 자식을 불쌍히 여김같이 여호와께서 자기를 경외하는 자를 불쌍히 여기시나니 이는 저가 우리의 체질을 아시며 우리가 진토임을 기억하심이로다

나는 아직 하나님이 어떤 분인지 잘 알지 못한다. 그러나 나의 악을 미워하시기보다 나의 선을 더욱 사랑해 주시는 분임은 의심할 수 없는 사실이다. 나는 종말의 심판 날에 하나님 앞에 섰을 때, 내가 행한 악이 많아서가 아니라 내가 베푼 선이 적어 비탄에 잠기리라. 그리고 나는 그때 내 예상과는 달리, 사랑의 하나님이 내가 범한 모든 악을 잊으시고 단지 내가 행한 미약한 선만을 기억해 주신다는 사실을 발견하고는 심히 놀란 마음을 가누지 못하리라. "하나님의 넓은 은혜는 바다의 넓이만큼 넓다." 우리가 하나님의 분노에 대해서만 생각한다면 잘못이다. 하나님은 분노의 하나님이 아니라 은혜의 하나님이시다. 곧 용서의 하나님이시다.

12일

이사야 61장 1-3절 주 여호와의 신이 내게 임하셨으니 이는 여호와께서 내게 기름을 부으사 가난한 자에게 아름다운 소식을 전하게 하려 하심이라 나를 보내사 마음이 상한 자를 고치며 포로 된 자에게 자유를, 갇힌 자에게 놓임을 전파하며 여호와의 은혜의 해와 우리 하나님의 신원의 날을 전파하여 모든 슬픈 자를 위로하되 무릇 시온에서 슬퍼하는 자에게 화관을 주어 그 재를 대신하며 희락의 기름으로 그 슬픔을 대신하며 찬송의 옷으로 그 근심을 대신하시고 그들로 의의 나무 곧 여호와의 심으신 바 그 영광을 나타낼 자라 일컬음을 얻게 하려 하심이니라

나는 내게 입이 있어 감사하다. 나의 입으로 하나님의 복음을 전하리라. 나는 내게 손이 있어 감사하다. 나의 손으로 하나님의 복음을 전하리라. 나는 내게 발이 있어 감사하다. 나의 발로 하나님의 복음을 운반하리라. 나는 복음을 전파하기 위해 창조되었다. 나는 복음을 전파하는 도구이어야 한다.

13일

누가복음 15장 21-23절 아들이 가로되 아버지여 내가 하늘과 아버지께 죄를 얻었사오니 지금부터는 아버지의 아들이라 일컬음을 감당치 못하겠나이다 하나 아버지는 종들에게 이르되 제일 좋은 옷을 내어다가 입히고 손에 가락지를 끼우고 발에 신을 신기라 그리고 살진 송아지를 끌어다가 잡으라 우리가 먹고 즐기자

당신은 "나 같은 죄인이 어떻게 무한한 사랑을 받을 수 있겠습니까. 먼저 나부터 깨끗하게 하고 난 뒤에 하나님의 사랑으로 충만해져야 합니다"라고 말하고 싶을지 모른다. 아아, 누가 당신을 깨끗하게 할 수 있을까. 당신은 자신을 깨끗하게 할 수 없다. 당신을 깨끗하게 할 수 있는 분은 오직 하나님뿐. 당신이 깨끗해지기를 기다린 뒤에 하나님께 가려고 한다면, 영원히 기다려도 당신은 하나님께 가지 못하리라. 어머니 손을 떠나 진흙밭에 떨어진 어린아이가 몸을 깨끗하게 씻기 전에는 과연 어머니 곁으로 돌아가지 않을까. 누더기 옷을 입은 채 울면서 어머니 곁으로 돌아오는 게 당연하지 않겠는가. 그리고 어머니는 오히려 더 빨리 오지 않았다고 꾸짖으며 곧바로 새 옷으로 철부지 아이를 단장하지 않겠는가. 영원한 자애의 어머니 또한 그리하지 않으시겠는가. 구약

14일

히브리서 6장 11-12절 우리가 간절히 원하는 것은 너희 각 사람이 동일한 부지런을 나타내어 끝까지 소망의 풍성함에 이르러 게으르지 아니하고 믿음과 오래 참음으로 말미암아 약속들을 기업으로 받는 자들을 본받는 자 되게 하려는 것이니라

"모든 것을 믿는다"^{고전 13:7}라는 말씀은, 어떤 일이든 상관없이 모두 다 믿는다는 뜻이 아니다. 모든 선한 것을 믿는다는 뜻이다. 우리는 하늘에 사랑의 아버지가 계심을 믿는다. 우리는 죄를 용서해 주심을 믿고 영혼의 불멸과 육체의 부활을 믿는다. 우리는 또한 만물의 부흥과 천국의 임재를 믿는다. 우리가 믿어서는 안 되는 것은 악이 결국 세상을 이긴다는 것이다. 이 세상이 전멸하기에 이르러 혼돈이 다시 우주를 뒤덮게 되리라는 것이다. 믿음은 소망이다. 선을 소망하지 않는 믿음은 믿음이라고 불리지만 참된 믿음이 아니다.

6월 15일

시편 84편 10-12절 주의 궁정에서 한 날이 다른 곳에서 천 날보다 나은즉 악인의 장막에 거함보다 내 하나님 문지기로 있는 것이 좋사오니 여호와 하나님은 해요 방패시라 여호와께서 은혜와 영화를 주시며 정직히 행하는 자에게 좋은 것을 아끼지 아니하실 것임이니이다 만군의 여호와여 주께 의지하는 자는 복이 있나이다

땅에 속한 것이 더 이상 내 눈에 보이지 않게 되자 비로소 하늘의 것이 보이기 시작했다. 인생의 궁극적 목적은 무엇인가, 죄인이 그 죄를 씻는 길은 있는가, 어찌해야 성결해질 수 있는가, 이런 문제들이 지금 내 마음을 온통 빼앗고 있다. 영광의 왕은 하나님 오른편에 앉아 계시고, 소크라테스와 바울, 크롬웰 등 셀 수 없을 정도로 많은 사람들이 보좌 주위에 앉아 있었다. 가시관을 쓰고 십자가에 오르신 예수 그리스도, 내세의 존재를 논하면서 종용히 독을 마신 소크라테스, 타향 라벤나로 추방당한 단테, 그 외 수많은 영령들이 지금은 내 친우가 되어 시인 리히터*와 함께 하늘의 천사에게 인도되어, 이 은하계에서 저 은하계까지, 이 별에서 저 별까지 드넓은 영혼의 세계를 돌아보며 이 땅에 피지 않는 꽃, 이 땅에서 볼 수 없는 보물, 들어 본 적 없는 음악, 맛본 적 없는 맛난 음식……. 나는 실로 생각지도 못한 나라에 들어간 것이다. 위트

---

* Jean Paul Friedrich Richter : 1763-1825, 독일의 문호

6월 16일

베드로전서 1장 5-6절 너희가 말세에 나타내기로 예비하신 구원을 얻기 위하여 믿음으로 말미암아 하나님의 능력으로 보호하심을 입었나니 그러므로 너희가 이제 여러 가지 시험을 인하여 잠간 근심하게 되지 않을 수 없었으나 오히려 크게 기뻐하도다

하나님의 거룩한 사업은 지금 한창 진행중이다. 그분은 지금 밭에서 영생의 씨를 뿌리고 계신다. 지금보다 나중에 부활이 있고, 땅의 개조가 있으며, 대심판이 있은 뒤에 그분의 거룩한 구원의 사업은 끝이 나고, 마지막에 새 하늘과 새 땅이 실현되는 모습을 보게 될 것이다. 성경 말씀대로 "하나님의 물레방아는 천천히 돌아가나 그 찧는 것은 실로 정묘하다"고 할 수 있다. 하나님은 서두르지 않으시고 많은 시간을 취하신다. 그분 눈에는 천 년도 단 하루와 같다. 만 년도 긴 시간이 아니다. 게다가 그분은 자신이 사랑하는 자를 잊지 않으시며, 그 시작하신 선한 일을 끝내지 않고서는 멈추지 않으신다. 사람 눈으로 보면, 지금부터 구원의 결말과 완성된 천지의 실현을 기다리는 일은 참기 어려운 인내이지만, 하나님은 사람이 내일을 기다리는 것처럼 그 복된 시기를 기다리신다.

6월 17일

사도행전 17장 24-27절 우주와 그 가운데 있는 만유를 지으신 신께서는 천지의 주재시니 손으로 지은 전에 계시지 아니하시고 또 무엇이 부족한 것처럼 사람의 손으로 섬김을 받으시는 것이 아니니 이는 만민에게 생명과 호흡과 만물을 친히 주시는 자이심이라 인류의 모든 족속을 한 혈통으로 만드사 온 땅에 거하게 하시고 저희의 연대를 정하시며 거주의 경계를 한하셨으니 이는 사람으로 하나님을 혹 더듬어 찾아 발견케 하려 하심이로되 그는 우리 각 사람에게서 멀리 떠나 계시지 아니하도다

나는 하나님이 계시다고 믿는다. 그 가장 확실한 증거가 나 자신이 존재한다는 사실이다. 나는 부모를 통해 세상에 태어났지만, 내게는 내 부모가 낳을 수 없는 것이 있다. 곧 내 영혼이다. 나에게는 반드시 혼자서 행하는 부분이 있다. 이것은 내 부모와는 아무런 관계도 없으며, 오직 하나님으로부터 직접 나온 것이다. 곧 나 자신이며 내 인격이다. 내 육체의 변화와 함께 변화하지 않는 것, 내가 책임을 지는 부분, 나의 썩지 않는 부분, 자아의 중심점, 나는 이러한 오묘한 것이 내 안에 있는 줄 알고 있기에 하나님의 존재를 믿어 의심치 않는다. 묵상

18일

에베소서 2장 14-16절 그는 우리의 화평이신지라 둘로 하나를 만드사 중간에 막힌 담을 허시고 원수 된 것 곧 의문에 속한 계명의 율법을 자기 육체로 폐하셨으니 이는 이 둘로 자기의 안에서 한 새 사람을 지어 화평하게 하시고 또 십자가로 이 둘을 한 몸으로 하나님과 화목하게 하려 하심이라 원수 된 것을 십자가로 소멸하시고

여기에 그 어떤 수단과 방법으로도 절대 노하게 할 수 없는 단 한 분이 계셨다. 가시관을 씌우고 손바닥에 못을 박아도, 침을 뱉고 십자가에 매달아도 노하게 할 수 없는 한 분이 계셨다. 분노의 질풍이 아무리 달려들어도 이 사랑의 바위를 움직일 수는 없었다. 증오의 물결이 끊임없이 밀려와도 이 사랑의 둑을 부술 수는 없었다. 그리스도의 죽음은 증오에 대한 사랑의 승리였다. 여기서 증오는 상당한 세력을 가지고 사랑과 충돌하여 산산조각이 나고 말았다. 이제 증오는 그 맹위를 자랑할 수 없다. 이미 한 번 사람의 아들이 부수어 버렸기 때문에, 증오의 섬멸은 벌써 선고된 것이다. 그리스도의 사랑의 죽음으로 세계 평화의 실마리를 찾았다. 그리스도는 십자가에 오르고 사랑은 최고의 자리에 이르렀다.

6월 19일

잠언 6장 6-11절 게으른 자여 개미에게로 가서 그 하는 것을 보고 지혜를 얻으라 개미는 두령도 없고 간역자도 없고 주권자도 없으되 먹을 것을 여름 동안에 예비하며 추수 때에 양식을 모으느니라 게으른 자여 네가 어느 때까지 눕겠느냐 네가 어느 때에 잠이 깨어 일어나겠느냐 좀더 자자, 좀더 졸자, 손을 모으고 좀더 눕자 하면 네 빈궁이 강도같이 오며 네 곤핍이 군사같이 이르리라

근로에 대한 보수는 양심의 만족이다. 더욱더 열심히 일하고자 하는 결심이다. 지능이 발달하면서 더욱더 명료해지는 것이다. 욕심이 줄어드는 것이다. 생존 그 자체에 흥미를 느끼는 것이다. 미래에 대한 공포가 끊어지는 것이다. 만물의 영장인 인류는 이런 것보다 못한 보수로 만족해서는 안 된다.

골로새서 2장 2-3절 이는 저희로 마음에 위안을 받고 사랑 안에서 연합하여 원만한 이해의 모든 부요에 이르러 하나님의 비밀인 그리스도를 깨닫게 하려 함이라 그 안에는 지혜와 지식의 모든 보화가 감추어 있느니라

그리스도는 나에게 자기 자신을 내어 주셨다. 그분에게 있는 생명을 주셨다. 성령을 주셨다. 하나님과 사람을 사랑하는 마음을 주셨다. 인내와 소망과 기쁨을 주셨다. 진실로 그분은 나에게 하나님을 주셨다. 그리고 하나님과 함께 우주만물을 주셨다. 그분은 죽은 내 영혼을 살려 주시고, 나를 내적으로 부유하게 하시며 또한 지혜로운 자가 되게 하셨다. 이제 그리스도는 나의 모든 것이다. 나의 음식이며 의복이며 가옥이다. 그분은 내가 하나님 앞에 설 때 나의 자랑(훈장)이 되신다. 그분은 나의 지식이다. 그분은 나의 '새벽별'이며 내 노래의 제목이고 그림의 주제이다. 그분은 또한 내 자각의 근본이시기 때문에 나의 철학과 윤리의 기초이다. 자신을 내게 주신 그리스도는 나에게 모든 것을 주셨다.

21일

요한복음 6장 28-29절 저희가 묻되 우리가 어떻게 하여야 하나님의 일을 하오리이까 예수께서 대답하여 가라사대 하나님의 보내신 자를 믿는 것이 하나님의 일이니라 하시니

"의무요, 의무요"라고 외친다고 의무를 잘 감당해 내는 것은 아니다. 의무에 대한 생각이 무거운 짐이 되어 마음을 억눌러 그 활동력을 감하시킬 뿐이다. 아무리 재미있는 학문이라도 교과목이 되어 어쩔 수 없이 공부해야만 한다면 그 재미가 오히려 부담과 괴로움으로 변해 버리듯이, 아무리 고상한 사업이라도 의무로 일을 맡고 나면 노예의 일처럼 무미건조한 것으로 변하고 만다. 그리스도인이 위대한 사업가가 될 수 있는 이유는 이미 사업을 이루어 냈기 때문이다. 하나님 앞에서 이미 의롭다고 여김받았기 때문에 사람 앞에서 명예를 떨칠 필요가 없다. 마치 억만장자는 더 이상 돈을 벌지 않아도 항상 재계에서 인정받는 것과 같다.

22일

갈라디아서 3장 26-28절 너희가 다 믿음으로 말미암아 그리스도 예수 안에서 하나님의 아들이 되었으니 누구든지 그리스도와 합하여 세례를 받은 자는 그리스도로 옷 입었느니라 너희는 유대인이나 헬라인이나 종이나 자주자나 남자나 여자 없이 다 그리스도 예수 안에서 하나이니라

나는 세상에 나의 적이 많은 것을 생각지 않고 나를 동정하는 자가 있다는 것을 생각한다. 나는 세상에 내 결점을 파헤치려는 비평가가 있는 것을 생각지 않고 나의 참뜻을 이해하는 사랑하는 벗이 있다는 것을 생각한다. 왜냐하면 적대심은 자신감을 잃게 만들지만 우정은 내 뜻을 마음껏 펼쳐 인생을 사랑하게 해 주기 때문이다. 이것은 자아도취처럼 보이나 그렇지 않다. 오늘날처럼 '사람들이 모두 나의 적'이라는 생각을 품고 사는 시대에는, 나의 심중에 인류에 대한 따뜻한 애정을 품을 필요가 있다.

23일

시편 55편 22절 네 짐을 여호와께 맡겨 버리라 너를 붙드시고 의인의 요동함을 영영히 허락지 아니하시리로다

"당신의 무거운 짐을 주님께 맡기라." 스스로 이 짐을 짊어지려고 해서는 안 된다. 스스로 담당하려고 하기 때문에 당신에게 견디기 힘든 고통이 있는 것이다. 이 짐을 주님께 맡기라. 그분은 쉬이 당신 짐을 담당해 주실 것이다. 그리고 당신의 무거운 짐을 대신 져 주실 뿐만 아니라, 당신 자신도 담당하시어 마음에 평강을 주실 것이다. 그분은 의인 곧 그분에게 의지하는 자, 그분과 의로운 관계를 맺고 있는 자가 흔들리는 것을 결코 허락하지 않으시리라. 분명 결단코 허락하지 않으신다. 세상이 말하는 의인들은 모두 흔들리는 때가 있다. 그러나 하나님의 의인이 흔들리는 적은 없다. 하나님의 의인은 믿음의 사람이고 신뢰의 사람이며, 의를 하나님께 구하는 사람이다. 스스로 의인이라고 외치고 다니는 사람이 아니라, 자신은 죄인이니 불쌍히 여겨 달라며 하나님의 자애에 매달리는 사람이다. 이런 사람은 결코 흔들리는 일이 없다.

24일

디모데후서 3장 12절 무릇 그리스도 예수 안에서 경건하게 살고자 하는 자는 핍박을 받으리라

그리스도인이 누리는 기쁨에는 동반하는 고통이 있습니다. 박해, 기근, 헐벗음, 위험, 무력에 의한 위협, 그 외에도 이루 다 말할 수 없는 고통이 있습니다. 교회에서는 쫓겨나고, 부모형제에게는 악인이라고 모욕당하고, 침 뱉음 같은 멸시를 당하면서도 담당해야 할 의무란 의무는 모두 다 짊어지고 동족에게는 역적이라고 배척당하고, 친구에게는 위선자로 낙인찍혀 적에게 넘겨집니다. 그러나 단 한 마디 억울함도 호소할 수 없고 오직 어린양과 같이 인내하지 않으면 안 됩니다. 그 굴욕과 비통은 결코 보통 사람이 견딜 수 있는 것이 아닙니다. 우리 그리스도인은 그리스도와 함께 영광에 이르는 특권만 받은 게 아니라 그리스도와 함께 십자가에 달리는 고통도 함께 받았습니다.

6월 25일

히브리서 4장 14-16절 그러므로 우리에게 큰 대제사장이 있으니 승천하신 자 곧 하나님 아들 예수시라 우리가 믿는 도리를 굳게 잡을지어다 우리에게 있는 대제사장은 우리 연약함을 체휼하지 아니하는 자가 아니요 모든 일에 우리와 한결같이 시험을 받은 자로되 죄는 없으시니라 그러므로 우리가 긍휼하심을 받고 때를 따라 돕는 은혜를 얻기 위하여 은혜의 보좌 앞에 담대히 나아갈 것이니라

나는 그리스도가 나 대신 이루신 선행으로 구원받는다. 내가 대담하게도 내게 어울리지도 않는 수많은 요구사항을 들고 하나님께 가까이 다가갈 수 있는 것은 온전히 이 때문이다. 아무리 자애가 깊으신 하나님일지라도, 나 자신을 위해서 내게 은혜를 베풀어 달라며 그분에게 가까이 갈 수는 없다. 그러나 그리스도를 위해서 내게 은혜를 베풀어 달라고 말한다면, 나 같은 자도 담대하게 '아바 아버지'라 부르며 하나님의 보좌를 향해 나아갈 수 있다. 나는 나 자신을 위해서는 그 어떤 것도 요구할 자격이 없다. 그러나 그리스도를 위해서라면 아버지께 무슨 일이든 다 요구할 수 있다.

26일

열왕기상 19장 11-12절 여호와께서 가라사대 너는 나가서 여호와의 앞에서 산에 섰으라 하시더니 여호와께서 지나가시는데 여호와의 앞에 크고 강한 바람이 산을 가르고 바위를 부수나 바람 가운데 여호와께서 계시지 아니하며 바람 후에 지진이 있으나 지진 가운데도 여호와께서 계시지 아니하며 또 지진 후에 불이 있으나 불 가운데도 여호와께서 계시지 아니하더니 불 후에 세미한 소리가 있는지라

성령의 충만한 강림은, 그 사람의 전 생애에 걸친 하나님의 거룩한 사업이다. 이 불완전하고 작은 사람, 나는, 거룩하기 그지없는 하나님의 영을 단 한 번에 받을 수는 없다. 처음에 씨앗에서 싹이 나고, 그 싹 안에서 무르익은 곡식을 맺는다 막 4:28. 계명에 계명을 더하고 교훈에 교훈을 더하여, 여기서도 조금, 저기서도 조금 가르치신다 사 28:10. 건전한 성령의 강림은 서서히 임하는 강림이다. 우리는 한 번만에 질풍같이 밀려오는 성령이 아니라 영원히 미풍같이 나부끼는 성령을 바라야 한다. 번갯불같이 임하기보다 아침 이슬같이 적셔 주기를 바라야 한다. 부득이한 경우 말고는 내게 급격한 변화를 초래하지 않게 해 달라고 기도해야 한다.

6월 27일

베드로전서 2장 9-10절 오직 너희는 택하신 족속이요 왕 같은 제사장들이요 거룩한 나라요 그의 소유된 백성이니 이는 너희를 어두운 데서 불러 내어 그의 기이한 빛에 들어가게 하신 자의 아름다운 덕을 선전하게 하려 하심이라 너희가 전에는 백성이 아니더니 이제는 하나님의 백성이요 전에는 긍휼을 얻지 못하였더니 이제는 긍휼을 얻은 자니라

그리스도인이란 물론 그리스도를 믿는 사람이다. 그러나 그 스스로 믿어 신자가 된 것이 아니라, 하나님이 믿게 하셔서 신자가 된 것이다. 그의 믿음은 구원의 결과이지 구원의 원인이 아니다. "너희가 믿는 것은 하나님의 크신 능력의 감동 때문"이라는 말씀은 성경이 힘주어 전파하는 부분이다. 우리는 믿음으로 구원받기는 하나 그 믿음 자체가 하나님이 주신 특별한 선물임을 결코 잊어서는 안 된다.

28일

고린도전서 1장 22-24절 유대인은 표적을 구하고 헬라인은 지혜를 찾으나 우리는 십자가에 못 박힌 그리스도를 전하니 유대인에게는 거리끼는 것이요 이방인에게는 미련한 것이로되 오직 부르심을 입은 자들에게는 유대인이나 헬라인이나 그리스도는 하나님의 능력이요 하나님의 지혜니라

바울은, 하나님은 어리석은 사람을 들어 쓰셔서 지혜로운 사람을 부끄럽게 하신다고 말한다. 종교가는 하나님과 사람 사이에 선 위탁자이므로 자신의 지혜를 이용해 이 지위에 서려고 해서는 안 된다. 위대한 종교가 중에는 영리한 사람이 적고, 오히려 소박하고 과묵한 사람이 많은 이유가 실로 여기에 있다고 나는 믿는다. 어떤 논자와 같이 루터를 선견지명이 있고 박학한 사람이라고 여긴다면 큰 잘못이다. 루터의 사업은 하나님의 사업이었다. 그가 위대했던 점은 오로지 자신이 힘이 없음을 깨달아 온전히 하나님께 의지했다는 사실이다.

6월 29일

마태복음 5장 44-45절 나는 너희에게 이르노니 너희 원수를 사랑하며 너희를 핍박하는 자를 위하여 기도하라 이같이 한즉 하늘에 계신 너희 아버지의 아들이 되리니 이는 하나님이 그 해를 악인과 선인에게 비취게 하시며 비를 의로운 자와 불의한 자에게 내리우심이니라

사랑, 사랑, 우리가 간구해야 하는 것은 사랑이다. 권능은 필요하지 않다. 있으면 도리어 위험하다. 지혜는 필요하지 않다. 있으면 오히려 우리를 혼란스럽게 한다. 필요한 것은 사랑이다. 적을 넘어뜨리기 위한 권능이 아니라, 나를 넘어뜨리려는 적을 사랑하는 사랑이다. 사랑이 우리가 가장 바라야 할 것이다. 우리 그리스도인은 권능으로 자신을 지키려고 하지 않는다. "사랑 안에 두려움이 없고 온전한 사랑이 두려움을 내어쫓나니"요일 4:18. 그러기에 우리는 사랑으로 적을 대하려고 한다. 우리는 권능이 부족하다며 한탄하지 않고, 사랑이 부족하다고 슬퍼한다. 사랑이 흘러 넘치기만 하면 천상천하 두려울 것이 하나도 없다.

30일

로마서 5장 3-5절 다만 이뿐 아니라 우리가 환난 중에도 즐거워하나니 이는 환난은 인내를, 인내는 연단을, 연단은 소망을 이루는 줄 앎이로다 소망이 부끄럽게 아니함은 우리에게 주신 성령으로 말미암아 하나님의 사랑이 우리 마음에 부은 바 됨이니

인내라고 하면, 사람들은 보통 괴로운 일을 참는 것쯤으로 여긴다. 그리스도인의 인내는 그런 것과는 다르다. 그리스도인의 인내란 여유 있게 인내하는 것이다. 곧 하나님 때문에 소망을 가지고 기뻐하며 그 어떤 괴로움도 느끼지 않고 인내하는 것을 말한다. 커다란 배가 파도를 견디듯이, 큰 집이 지진을 견디듯이, 일종의 흥미를 가지고 세상 고통을 견디는 것이다. 여기서 말하는 인내란 '견딘다'는 뜻이지 '참는다'는 뜻이 아니다. 만약 그리스도인의 인내를 그 의미대로 나타낸다면 '기쁘게 인내한다'는 뜻이 적당하다고 생각한다. 믿음이 성숙하였을 때에는, 억지로 참고 견딘다는 뜻의 인내가 그에게 있을 리 없다.

... 하나님은 모든 길을 통해 우리에게 은혜를 베풀고 싶어 하신다. 마음속에는 복음을 가지고 행함으로, 눈에는 아름다운 풍경으로, 귀에는 음악으로, 코에는 향기로 우리에게 은혜를 더하고 싶어 하신다.

7월 1일

고린도후서 4장 14절 주 예수를 다시 살리신 이가 예수와 함께 우리도 다시 살리사 너희와 함께 그 앞에 서게 하실 줄을 아노니

나는 이 세상에서 구원으로 들어가기 원하지 이 세상에서 구원받기를 바라지는 않는다. 즉, 나의 영도 육도 이 세상에서 완전해지기를 바라지는 않는다. 육체는 이미 죄 때문에 죽음에 이르렀다. 의술이 아무리 진보한다 해도 이 '죽음의 몸'이 영구히 살게 되는 일은 없다. 썩어질 육체에 거하고 있다는 사실 자체가 이 세상은 의지할 만한 곳이 아님을 가장 명백하게 증거하고 있다. 나는 죽음으로부터 구원받고 싶어 하는 사람이다. 곧 영은 물론, 몸도 죽지 않는 경지에 들어가고 싶어 하는 사람이다. 물론 이 세상에서는 그러한 경지를 바랄 수 없다. "그리스도는 죽음을 멸하고 복음으로 생명과 썩지 않을 것을 밝히셨다." 그리고 이 "생명과 썩지 않을 것"은, 그분이 다시 나타나실 때에 당연히 우리에게 사실이 되어 드러날 것이다.

7월 2일

마태복음 19장 16-17절 어떤 사람이 주께 와서 가로되 선생님이여 내가 무슨 선한 일을 하여야 영생을 얻으리이까 예수께서 가라사대 어찌하여 선한 일을 내게 묻느냐 선한 이는 오직 한 분이시니라 네가 생명에 들어가려면 계명들을 지키라

'선이 대체 무엇이냐'는 질문에 대해 그리스도는 "선이란 하나님"이라고 대답하셨다. 효(孝)도 선이며, 인(仁)도 선이나, 효도 인도 선의 결과일 뿐, 선 그 자체는 하나님이시다. 하나님을 아는 것은 선한 사람이 되는 일이다. 선을 배우는 일은 하나님께 가까이 가는 일이다. 선을 구하지 않고 하나님을 알 수는 없다. 하나님을 모르고서 선해질 수는 없다. 종교와 도덕, 행함과 믿음은 동일한 것의 양면으로서, 하나를 떠나 다른 하나를 알 수는 없다. 성경은 선한 사람을 "하나님과 동행하는 사람"(창 5:22)이라고 하였다. 하나님을 떠나서 우상을 섬기는 일은 선을 떠나 악을 행하는 일이다. 곧 악을 행하는 것은 정녕 우상 숭배이다. 의를 중시하고 올바름을 구하는 것은, 하나님의 자녀로 이스라엘의 상속인이 되는 것이다.

3월 3일

이사야 40장 6-8절 말하는 자의 소리여 가로되 외치라 대답하되 내가 무엇이라 외치리이까 가로되 모든 육체는 풀이요 그 모든 아름다움은 들의 꽃 같으니 풀은 마르고 꽃은 시듦은 여호와의 기운이 그 위에 붊이라 이 백성은 실로 풀이로다 풀은 마르고 꽃은 시드나 우리 하나님의 말씀은 영영히 서리라 하라

많은 사람들의 비방에도 불구하고 자신의 존엄과 독립을 지켜 나가는 데에 성경만큼 큰 힘을 갖고 있는 것은 없다. 성경은 고독한 사람의 방패이며 약한 사람의 성벽이고 오해받은 사람의 휴식처이다. 성경만 있으면 나는 교황에게도 위대한 성직자에게도 신학박사에게도 목사에게도 선교사에게도 대항할 수 있다. 나는 결단코 성경을 버리는 짓은 하지 않는다. 다른 사람은 그들에게 대항하기 위해서 성경을 버리고 성경을 공격하였다. 나는 나의 약함을 알고 있으므로, 성경이라고 하는 철벽 뒤에 숨어, 나를 무신론자라 늑대라 부르는 것과 맞서 싸울 뿐. 어찌 이 견고한 성을 그들에게 내어 주고 방어도 없이 들판에 서서, 그들의 무정하고 천박하며 옹졸하고 고집스러운 화살에 이 몸을 내어 줄 수 있으리.

7월 4일

마태복음 16장 26절 사람이 만일 온 천하를 얻고도 제 목숨을 잃으면 무엇이 유익하리요 사람이 무엇을 주고 제 목숨을 바꾸겠느냐

'개인'이란 '개개의 영혼'이다. 이것을 영어로 'individual'이라고 하는데, '나눌 수 없는 것'이란 뜻이다. 마치 물리학에서 원자를 'atom'이라고 하는 것과 마찬가지이다. 원자, 곧 아톰은 더 이상 쪼갤 수 없는 것이다. 그렇게 개인도 영적인 실재물實在物로서 이 이상 더는 나눌 수 없는 존재이다. 인류는 인종으로 나눌 수 있다. 인종은 국민으로 나눌 수 있다. 국민은 계급으로 나눌 수 있다. 계급은 가족으로 나눌 수 있다. 그리고 가족은 개인으로 나눌 수 있다. 그러나 개인 이하로 나눌 수는 없다. 개인은 더 이상 나눌 수 없는 존재이다. 개인은 사람 그 자체이다. 하나님의 아들이요 영원히 존재하는 자이며 자유 독립 불멸의 고유성을 가지고 있어, 전 세계를 그 대가로 안겨 준다 해도 살 수 없을 정도로 귀한 자이다.

5일

고린도후서 12장 10절 그러므로 내가 그리스도를 위하여 약한 것들과 능욕과 궁핍과 핍박과 곤란을 기뻐하노니 이는 내가 약할 그때에 곧 강함이니라

나는 항상 내 힘이 부족한 것을 두려워하고, 하나님은 항상 내 힘이 지나치게 넘칠까 봐 염려하신다. 나는 내가 강하지 않기 때문에 약하다고 생각하고, 하나님은 내가 약하지 않기 때문에 강하지도 않다는 것을 알고 계신다. 나는 내 힘을 늘리기를 바라고, 하나님은 내 힘을 약하게 하기를 원하신다. 내 생각은 항상 하나님이 보시는 바와 다르다. 내가 초조할 때에 하나님은 웃으신다. 나는 자신을 모르고 항상 스스로 번민하는 자이다.

제6일

골로새서 1장 24절 내가 이제 너희를 위하여 받는 괴로움을 기뻐하고 그리스도의 남은 고난을 그의 몸 된 교회를 위하여 내 육체에 채우노라

그리스도가 죽으심으로 전 세계를 구원하셨다는 것은, 결코 꾸며 댄 말씀이 아니라 사실 중에서도 가장 큰 사실이다. 그리스도는 실로 그 죽음을 통해 세상 죄를 담당하시고 또 없애셨다. 그리고 그분의 제자인 우리도 우리의 위치에 걸맞게 우리의 죽음을 통해 세상 죄를 지고 그 죄를 없앨 수 있다. 참으로 감사한 일이다. 우리가 살아서는 아무것도 이룰 수 없다 하여도, 믿음을 가지고 주 안에서 죽으면 조금이나마 세상을 영원히 이롭게 할 수 있는 것이다. 인류의 구원이라는 것도 그리스도 한 분의 고통만으로는 성취되지 않는다. 그분의 제자인 우리가 그리스도와 함께 죽음의 고통을 맛보며 성취되는 것이다.

절개

베드로전서 3장 7절 남편 된 자들아 이와 같이 지식을 따라 너희 아내와 동거하고 저는 더 연약한 그릇이요 또 생명의 은혜를 유업으로 함께 받을 자로 알아 귀히 여기라 이는 너희 기도가 막히지 아니하게 하려 함이라

아내를 대접하는 길은, 화려하고 빛나는 보석들을 안겨 주는 게 아니며, 따로 시중드는 사람을 고용하여 고귀한 차림으로 치장하게 하는 게 아니다. 아내를 대접하는 길은, 남편이 자신의 몸을 깨끗하게 하여 아내의 정절에 보답하는 것이다. 금전을 절약하여 집안을 정비하고 아내의 노고를 덜어 주는 것이다. 남편에게 이러한 마음이 있으면 아내는 즐거이 가난을 견딜 수 있다. 그와 함께 의를 실현하기 위해 박해를 견딜 수 있다. 아내를 대접하는 길은 그 고귀한 품성을 위로하는 데에 있지, 그 천박한 허영심에 호소하는 데에 있지 않다.

7월 8일

시편 137편 1-5절 우리가 바벨론의 여러 강변 거기 앉아서 시온을 기억하며 울었도다 그 중의 버드나무에 우리가 우리의 수금을 걸었나니 이는 우리를 사로잡은 자가 거기서 우리에게 노래를 청하며 우리를 황폐케 한 자가 기쁨을 청하고 자기들을 위하여 시온 노래 중 하나를 노래하라 함이로다 우리가 이방에 있어서 어찌 여호와의 노래를 부를꼬 예루살렘아 내가 너를 잊을진대 내 오른손이 그 재주를 잊을지로다

애국의 정情, 이것은 우리의 지극한 성실함이다. 이 지극한 정, 나는 이것을 분석할 수 없다 하여도 내 마음을 붙잡고 내 생명을 결박하니, 나는 이를 위해 살고 이를 위해 죽어도 역시 이에 보답할 수 없음을 느낀다. 내 조국에 대한 나의 정은 부모에 대한 사람의 정과 같다. 나는 자연스럽게 이 땅을 사랑하게 되니, 나를 둘러싼 산천에 생령이 충만하며 침묵 가운데 내게 답하여 나를 권면하는 듯하다. 물질에 생명이 없다고 그 누가 말할 수 있을까. 나의 신체발부는 그 세미한 분자에 이르기까지 내 국토가 변화하여 된 것이 아닌가. 나는 국토의 일부분이며, 내가 이 땅에 붙어 있는 것은 이 땅이 변하여 나 자신이 되었기 때문이다. 나라를 사랑할 수 없는 사람은 자기를 사랑할 수 없는 사람이다. 전토

야고보서 1장 12절 시험을 참는 자는 복이 있도다 이것에 옳다 인정하심을 받은 후에 주께서 자기를 사랑하는 자들에게 약속하신 생명의 면류관을 얻을 것임이니라

영광은 치욕의 뒤에 온다. 남에게 조롱당하고 짓밟히고 면전에서 업신여김을 당하고, 악인이나 위선자라고 손가락질을 받은 뒤에 우리에게 영광이 임하는 것이다. 진정 치욕은 영광의 선구자이며 개척자이다. 봄이 여름보다 먼저인 것처럼, 또한 달이 이지러진 후에 차는 것처럼, 우리에게는 수치를 당하면 영광의 면류관을 받게 되리라는 소망이 있다. 우리는 즐거이 남에게 모욕을 당해야 한다.

가을 10일

미가 7장 18-20절 주와 같은 신이 어디 있으리이까 주께서는 죄악을 사유하시며 그 기업의 남은 자의 허물을 넘기시며 인애를 기뻐하심으로 노를 항상 품지 아니하시나이다 다시 우리를 긍휼히 여기셔서 우리의 죄악을 발로 밟으시고 우리의 모든 죄를 깊은 바다에 던지시리이다 주께서 옛적에 우리 열조에게 맹세하신 대로 야곱에게 성실을 베푸시며 아브라함에게 인애를 더하시리이다

나는 하나님이 부귀를 가지고 우리 국민에게 은혜를 베풀어 주시기를 원하지 않는다. 그들은 이미 남아돌 만큼 부를 지니고 있다. 부는 그들을 심히 타락시켰다. 사랑의 하나님은 죄악에 대한 죄과를 그들에게 더욱더 부과하여 타락 위에 타락을 더하지는 않으시리라. 하나님이여, 진정 당신 뜻이라면 그들 위에 기근을 내리소서. 그들의 차※와 비단실이 썩게 하소서. 만약 부득이하다면 새 화산을 일으켜 용암으로 밭을 메우소서. 이 국민의 영혼을 정결케 하소서. 어떤 방법을 쓰시든지 오직 당신 뜻에 맡기겠사오니, 다만 원컨대 하나님이여, 이 나라에 정신적 대혁명을 일으켜 주소서. 이 나라를 진정한 성인聖人의 나라로 만들어 주소서. 17세기 영국* 같은 나라로 만들어 주소서. 감상

---

* 17세기 초, 독일과 네덜란드, 영국을 중심으로 그리스도교의 개혁운동 경건주의이 일어나는데, 영국의 청교도운동은 특히 저항적이며 개혁을 지향하는 성격이 강했다.

빌립보서 1장 29절 그리스도를 위하여 너희에게 은혜를 주신 것은 다만 그를 믿을 뿐 아니라 또한 그를 위하여 고난도 받게 하심이라

고난이란 받을 때는 전혀 기쁘지 않다. 그러나 그 고난에 대한 인내가 열매를 맺고 나서, 높은 신앙을 우리에게 주면, 우리는 고난을 우리의 형제요 자매라 부르게 된다. 하나님이 만드신 것 중에 정녕 고난보다 더 나은 것은 없으리. 왜냐하면 고난 이외의 다른 것이 우리에게 보여 주는 것은 하나님의 힘과 지혜로 이루어지지만, 고난은 우리를 이끌어 직접 하나님의 마음에 이르게 하기 때문이다.

12일

히브리서 1장 1-3절 옛적에 선지자들로 여러 부분과 여러 모양으로 우리 조상들에게 말씀하신 하나님이 이 모든 날 마지막에 아들로 우리에게 말씀하셨으니 이 아들을 만유의 후사로 세우시고 또 저로 말미암아 모든 세계를 지으셨느니라 이는 하나님의 영광의 광채시요 그 본체의 형상이시라 그의 능력의 말씀으로 만물을 붙드시며 죄를 정결케 하는 일을 하시고 높은 곳에 계신 위엄의 우편에 앉으셨느니라

인간은 아직 한 번도 하나님을 본 적이 없다. 그러나 하나님의 형상은 일찍이 세상에 나타났다. 그분 하나님의 형상을 지닌 분 은 하나님의 영광의 광채셨으며 하나님의 참모습이셨다. 그리고 그분의 직속 제자들 대부분은 그분을 눈으로 보고 공손히 관찰하며 손으로 만졌다. 그분을 본 사람은 참으로 하나님을 본 사람이다. 그분은 역사적인 인물이었다. 그분은 겉모습만 보아서는 육신의 사람과 조금도 다를 바가 없었다. 그분은 미움을 받아 사람에게 버림받고 돋보일 것이 없었다. 만약 우리가 육체에 속한 그분을 보았다면, 우리는 절대 하나님으로 인정하지 않았으리라. 그분은 노동자였고 가난했으며, 극악한 죄인의 몸으로 십자가의 형벌에 처해졌다. 그럼에도 불구하고 그분은 하나님의 아들이셨으며, 하나님으로서 사람의 숭배를 받을 만한 분이었다. 사람은 그분으로 말미암지 않으면 그 누구도 하나님을 볼 수 없다. 강사

베드로후서 1장 10-11절 그러므로 형제들아 더욱 힘써 너희 부르심과 택하심을 굳게 하라 너희가 이것을 행한즉 언제든지 실족지 아니하리라 이같이 하면 우리 주 곧 구주 예수 그리스도의 영원한 나라에 들어감을 넉넉히 너희에게 주시리라

우리는 이 세계가 종국에 어찌 될지 알 수 없다. 그러나 우리는 하나님이 자기를 사랑하는 자에게 성령을 내려 주셔서, 그를 하나님의 아들로 삼으신 것을 알고 있다. 인생에서 가장 중대한 일은 정치가 아니고 군사軍事도 아니다. 인생에서 가장 중요한 일은 종교이다. 곧 이 변해 가는 세상에 있는 동안에 변하지 않는 세상으로 들어갈 준비를 하는 일이다. 이 세계가 멸망해 가고 있는 동안, 우리는 하나님의 아들이 되어 영생을 물려받을 수 있다.

7월 14일

요한복음 3장 18-19절 저를 믿는 자는 심판을 받지 아니하는 것이요 믿지 아니하는 자는 하나님의 독생자의 이름을 믿지 아니하므로 벌써 심판을 받은 것이니라 그 정죄는 이것이니 곧 빛이 세상에 왔으되 사람들이 자기 행위가 악하므로 빛보다 어두움을 더 사랑한 것이니라

만약 하나님의 형벌이란 것이 있다고 한다면, 그것은 사업 실패가 아니고 궁핍한 생활이 아니며, 육체의 질병이 아니고 가정 불화가 아니다. 죽음 그 자체도 아니다. 이것들은 모두 환난과 불행, 천벌이라 할 수 없다. 만약 하나님의 형벌이란 것이 있다고 한다면, 그것은 하나님을 알 수 없는 것이다. 미래와 천국이 보이지 않는 것이다. 성경을 읽어도 그 의미를 알 수 없는 것이다. 감사하는 마음이 없는 것이다. 모든 일을 불신앙의 눈으로 보는 것이다. 이것이 진정한 재난이다. 가장 중한 형벌이다.

7월 15일

창세기 1장 3-5절 하나님이 가라사대 빛이 있으라 하시매 빛이 있었고 그 빛이 하나님의 보시기에 좋았더라 하나님이 빛과 어두움을 나누사 빛을 낮이라 칭하시고 어두움을 밤이라 칭하시니라 저녁이 되며 아침이 되니 이는 첫째 날이니라

어두움으로 시작하여 빛으로 끝나고, 절망으로 시작하여 희망으로 끝난다. 하나님의 행위에는 모두 이러한 순서가 존재한다. 희망을 약속하고 절망으로 끝나게 하거나, 영광의 면류관을 씌우고 난 후에 치욕스런 죽음을 맞게 하거나, 평화와 번영을 선언하고 전란과 빈곤을 초래하거나 하는 일들은 하나님이 결코 하시지 않는 일이다. "기쁨은 아침에 온다" Joy comes in the morning, 시 30:5. 전투의 어두운 밤이 지나고 난 후에 평화로운 낮이 오는 것이다. 젊은 시절을 빈곤과 고통 가운데 보내고 노년을 희락 가운데 보낸다. 저녁에 시작하여 아침에 끝난다. 이것이 선인의 생애이며 하나님의 사업 순서이다. 석양이 서산으로 지고 암흑이 천지를 뒤덮을 때에 우리에게 새로운 시대가 임한다. 밤은 길고 그 전투는 격하리라. 그러나 희락은 아침과 함께 찾아온다. 저녁이 되고 아침이 되어 우주도 우리도 한 걸음 더 나아간 것이다.

7월 16일

갈라디아서 4장 7절 그러므로 네가 이후로는 종이 아니요 아들이니 아들이면 하나님으로 말미암아 유업을 이을 자니라

어떤 이유에서인지는 신학의 문제로 내버려 두고, 하나님의 아들 그리스도가 우리를 위해 십자가 위에서 속죄의 피를 흘렸다는 말을 듣고 이를 믿게 되면, 죄란 것은 처음으로 우리에게 무력한 존재가 되고, 우리는 죄를 미워하고 의를 사랑하며, 그동안 알게 모르게 멀리하던 하나님을 진실로 우리 아버지로 인정할 수 있게 됩니다. 그리하여 우리의 삶이 빛을 내며 즐거워지고, 죽음이 두렵지 않게 되며, 우리의 원수까지 사랑할 수 있게 되는 상당한 변화가 우리 심중에 일어나게 됩니다.

열 7일

데살로니가전서 5장 16-18절 항상 기뻐하라 쉬지 말고 기도하라
범사에 감사하라 이는 그리스도 예수 안에서 너희를 향하신
하나님의 뜻이니라

하나님이 이미 내려 주신 은혜를 감사하라. 그러면 하나님은 더욱더 새로운 은혜를 내려 주시리라. 이전에 받은 은혜에 감사하지 않고 새로운 은혜를 선물로 받을 수는 없다. 불평을 달고 다니는 자들이 평생토록 만족을 느낄 수 없는 까닭은, 그들에게 감사하는 마음이 부족하기 때문이다.

3월 18일

마가복음 15장 29-31절   지나가는 자들은 자기 머리를 흔들며 예수를 모욕하여 가로되 아하 성전을 헐고 사흘에 짓는 자여 네가 너를 구원하여 십자가에서 내려오라 하고 그와 같이 대제사장들도 서기관들과 함께 희롱하며 서로 말하되 저가 남은 구원하였으되 자기는 구원할 수 없도다

그리스도는 사람을 구원하기 위해서는 기적을 행했지만, 정작 자기를 구원하기 위해서는 기적을 행하지 않으셨습니다. 사람을 돕기 위한 신비로운 능력을 갖춘 예수 그리스도는 자기를 구원하는 데에는 전혀 무능하였습니다. 약한 자를 구하기 위해서는 바람도 질타하여 멈추게 하신 그분이, 자기 원수 앞에 서서는 저항하려고 손가락 한 개조차 들지 않으셨습니다. 그리스도의 기적보다도 몇 배나 더욱 기이한 것은 그리스도의 무아無我의 마음입니다. 그러나 이 기이한 마음이 있었기에 비로소 그 기이한 사업을 이룰 수 있었습니다. 톨탑

시편 71편 20절 우리에게 많고 심한 고난을 보이신 주께서 우리를
다시 살리시며 땅 깊은 곳에서 다시 이끌어 올리시리이다

인생에는 비참한 일이 많다. 그러나 이것을 보상하고도 남을 만한 은혜로운 일이 있다. 부활이 그것이다. 부활이 있어, 또한 부활을 소망하고 있어, 이 눈물의 골짜기가 환희의 낙원으로 변하는 것이다. 많은 사람들과 함께 나 역시 이 세상에서 무거운 고난을 많이 만났다. 그러나 나는 소망하고 또 믿는다, 나의 하나님이 그리스도 안에서 나를 다시 살려 주실 것을, 무덤 깊은 곳에서 나를 들어 올리시어 하늘의 맑은 곳에서 살게 해 주실 것을. 그리고 이 큰 소망이 내 안에 있으므로, 나는 이 세상의 모든 고난을 이기고도 남는다. "사망아 너의 이기는 것이 어디 있느냐 사망아 너의 쏘는 것이 어디 있느냐" 고전 15:55. "우리의 잠시 받는 환난의 경한 것이 지극히 크고 영원한 영광의 중한 것을 우리에게 이루게 함이니" 고후 4:17.

20일

요한복음 17장 3절 영생은 곧 유일하신 참하나님과 그의 보내신 자 예수 그리스도를 아는 것이니이다

하나님과 함께 있는 것은 즐거운 일이다. 그곳에 평화가 있고 활발한 움직임이 있으며, 정의가 있고 인애가 있으며, 사상이 있고 감정이 있다. 원만함과 완전함은 하나님께 존재한다. 내게는 그리스도에게 나타나신 하나님이 계시므로, 나는 내 소망을 채우기 위해 자연도 필요하지 않고, 인류 사회도 필요하지 않다. 나는 내 하나님과 함께 있어 절대적으로 만족하는 사람이다. 소감

21일

갈라디아서 6장 14-15절 그러나 내게는 우리 주 예수 그리스도의 십자가 외에 결코 자랑할 것이 없으니 그리스도로 말미암아 세상이 나를 대하여 십자가에 못 박히고 내가 또한 세상을 대하여 그러하니라 할례나 무할례가 아무것도 아니로되 오직 새로 지으심을 받은 자뿐이니라

우리는 진정한 그리스도교를 믿어 진정한 그리스도인이 되지 않으면 안 됩니다. 교회만 다니는 신자나 인본주의적 신자, 혹은 성경만 공부하는 신자로 만족해서는 안 됩니다. 그리스도교를 이야기하는 사람이 아니라, 진실로 하나님의 아들이 되어 실제로 하나님의 능력을 힘입어 그리스도교를 자각하고 또 사용하는 어떤 신비한 힘이 내 마음속에 내려와서, 남도 나도 어찌 할 수 없는 근본적인 큰 변화가 내 온몸에 일어났음을 느끼고, 그래서 세상에 두려워할 자가 전혀 없어 악마도 내 목소리를 듣고 두려워 떨 것 같은 그런 사람이 되지 않으면 안 됩니다. 곧 욥과 같이 하나님을 향해 "나는 당신의 일을 귀로 듣고 있었지만 지금은 눈으로 당신을 바라본다" 욥 42:5 고 단언할 수 있을 정도의 그리스도인이 되지 않으면 안 됩니다.

22일

이사야 2장 4절 그가 열방 사이에 판단하시며 많은 백성을 판결하시리니 무리가 그 칼을 쳐서 보습을 만들고 그 창을 쳐서 낫을 만들 것이며 이 나라와 저 나라가 다시는 칼을 들고 서로 치지 아니하며 다시는 전쟁을 연습지 아니하리라

전쟁을 그치게 하는 데에는 두 가지 방법이 있다. 나아가 싸워 적대하는 마음을 말끔하게 씻어 없애는 방법이 있고, 물러나 자기 자신을 바로잡는 방법이 있다. 하나님은 항상 두 번째 방법을 선택하신다. 그러나 사람은 항상 죄는 남에게 돌리고 자신은 명성을 얻고 죽기를 소망한다. 이것이 전쟁이 존재하는 이유이다. 곧 명예심이나 오만한 마음 같은 것들이 싸움터에서 피를 흘리게 만드는 것이다. 인류가 자신을 성찰하는 일에 민감하고 남을 책망하는 일에 둔할 때에, 전쟁은 온전히 폐지될 것이다.

7월 23일

히브리서 10장 10-14절 이 뜻을 좇아 예수 그리스도의 몸을 단번에 드리심으로 말미암아 우리가 거룩함을 얻었노라 제사장마다 매일 서서 섬기며 자주 같은 제사를 드리되 이 제사는 언제든지 죄를 없게 하지 못하거니와 오직 그리스도는 죄를 위하여 한 영원한 제사를 드리고 하나님 우편에 앉으사 그 후에 자기 원수들로 자기 발등상이 되게 하실 때까지 기다리시나니 저가 한 제물로 거룩하게 된 자들을 영원히 온전케 하셨느니라

그리스도의 피_{죽으실 때 흘리신 피}는 이미 우리 죄를 대속_{우리를 의롭게}하였다. 그런데도 그리스도의 피가 우리를 모든 죄에서 깨끗하게 하는 일은, 우리가 평생토록 해야 할 일이다. 그리스도의 피는 우리를 일시적으로 깨끗하게 하는 게 아니다. 하나님의 어린양은 세상이 처음 시작되었을 때부터 죽임을 당하셨으므로 계 13:8, 그 피는 세상 끝 날까지 인간의 죄를 깨끗하게 하는 것이다. 속죄는 완성된 사업이지만, 그 적용은 미완성 사업에 속한다. 우리는 날마다 그리스도의 피로 우리의 죄를 깨끗하게 하지 않으면 안 된다.

7월 24일

잠언 24장 30-32절 내가 증왕에 게으른 자의 밭과 지혜 없는 자의 포도원을 지나며 본즉 가시덤불이 퍼졌으며 거친 풀이 지면에 덮였고 돌담이 무너졌기로 내가 보고 생각이 깊었고 내가 보고 훈계를 받았었노라

예수는 노동자셨다. 나는 그분을 통해 노동이 귀한 이유를 알았다. 노동은 임금을 얻기 때문에 귀한 것이 아니라, 마음을 살찌우기 때문에 귀한 것이다. 번민과 회의란 심사숙고로는 풀리지 않고 노동을 통해 풀린다. 인생에서 노동의 위치는 늪에 있는 배수로와 같다. 악취 나는 물은 흘러가고 옥토만 남아 땅이 풍작을 이루게 된다. 번민은 생각은 많이 하되 일은 적게 하는 데서 비롯한다. 번민을 버리기 위해서 몸을 분화구에 던질 필요까지는 없다. 일상의 노동에 종사하면 족하다. 그때 실처럼 흐트러진 마음은 정리되고, 찬양의 목소리가 입으로부터 솟아오르게 된다.

25일

시편 65편 9-11절 땅을 권고하사 물을 대어 심히 윤택케 하시며 하나님의 강에 물이 가득하게 하시고 이같이 땅을 예비하신 후에 저희에게 곡식을 주시나이다 주께서 밭고랑에 물을 넉넉히 대사 그 이랑을 평평하게 하시며 또 단비로 부드럽게 하시고 그 싹에 복 주시나이다 주의 은택으로 연사에 관 씌우시니 주의 길에는 기름이 떨어지며

하나님은 실로 충실한 농부이다. 그분은 식물의 사사로운 영역까지 살피신다. 씨앗을 지키고 따뜻하게 하여 윤택하게 하시고, 싹이 트는 모습을 보고 기꺼이 축복하신다. 하나님은 하늘의 새를 지키시는데, 단 한 마리도 그분의 허락 없이 땅에 떨어지는 일이 없다 마 10:29. 그분은 또한 들의 백합을 사랑하시고 아름답게 꾸미되, 솔로몬의 영화가 그 극에 이르렀을 때조차도 볼 수 없었던 치장을 하여 참으로 아름답게 하셨다 마 6:29. 하나님은 시원한 나무 그늘에 계시며 싹이 트는 밭이랑 사이를 걸으신다. 그분은 농부의 마음으로 씨앗이 싹트는 것을 축복하셨다. 아아, 높임 받으시기 합당하신 하나님이여! 하나님은 성전의 성소에 계셔서 백성을 심판하시는 하나님이 아니라, 밭이랑 사이로 내려오셔서 농부와 나란히 밭을 일구시는 하나님이시다.

7월 26일

로마서 8장 19-21절 피조물의 고대하는 바는 하나님의 아들들의 나타나는 것이니 피조물이 허무한 데 굴복하는 것은 자기 뜻이 아니요 오직 굴복케 하시는 이로 말미암음이라 그 바라는 것은 피조물도 썩어짐의 종노릇 한 데서 해방되어 하나님의 자녀들의 영광의 자유에 이르는 것이니라

믿는 자의 부활과 함께 "만물의 부흥"행 3:21 참조이 있다. 곧 인류와 함께 저주받은 땅과 그 안에 있는 만물이 원시의 완전함으로 돌아가는 것을 말한다. 그리스도의 구원은 인류를 구원하는 데에 그치지 않는다. 모든 피조물에까지 미친다. 땅을 오늘날과 같이 유혈이 난무하는 세상, 황폐한 땅으로 만든 것은 인류의 죄이다. 그 죄가 없어져서 신자로 대표되는 인류가 원시의 자유로 돌아가는 때에, 땅도 인류와 함께 영광의 자유를 나눠 갖는다. 이보다 더 나은 영광이 또 어디 있을까. 인간은 부활하고 땅은 개조되어, 두 가지가 함께 죄의 결과인 저주를 피하여 완전한 발달을 이루는 그 일이 바로 예언자들이 예언한 천국의 건설이다.

8월 27일

요한일서 5장 18절 하나님께로서 난 자마다 범죄치 아니하는 줄을 우리가 아노라 하나님께로서 나신 자가 저를 지키시매 악한 자가 저를 만지지도 못하느니라

믿는 자는 하나님께 이어져 그 생명을 모두 하나님께 구하는 것에 반해, 세상은 모두 악한 자 안에서 생활한다. 즉, 그리스도와 사탄 사이에서, 믿는 자는 하나님께 속하고 세상은 악마에게 속한다는 것이다. 정말 그러하다. 세상의 과학과 문학, 철학과 예술이 모두 악마에게 속해 있다. 세상의 방침은 대개가 악이다. 그렇다고 그 가운데 조금도 선이 없는 것은 아니다. 선인이 아주 없는 것도 아니다. 그러나 대체로 세상은 악마의 것이다. 그리스도교는 결코 인류 다수가 믿고 받아들이는 가르침이 아니다. 믿는 자는 항상 소수이다. 그리고 다수는 항상 악마에게 종속되어 있다. 믿는 자가 세상의 다수에게 찬성을 얻었다 하여 기뻐한다면, 그는 자신이 무슨 말을 하고 있는지 모르는 것이다.

주음 28일

아모스 5장 22-24절 너희가 내게 번제나 소제를 드릴지라도 내가 받지 아니할 것이요 너희 살진 희생의 화목제도 내가 돌아보지 아니하리라 네 노래 소리를 내 앞에서 그칠지어다 네 비파 소리도 내가 듣지 아니하리라 오직 공법을 물같이, 정의를 하수같이 흘릴지로다

의식은 단순한 것이 좋다. 의식은 단순한 만큼 장엄하다. 성경은 그리스도의 장례식에 대해 기록하고 있지 않다. 우리도 사도들이 어떻게 묻혔는지 모른다. 하나님의 사람 모세가 죽어 "벳브올 맞은편 모압 땅에 있는 골짜기에 장사되었고 오늘까지 그 묘를 아는 자 없다"신 34:6고 하지 않았는가. 장례식이 그러하다. 결혼식 또한 그러하다. 증인은 하나님과 자연과 몇몇 벗으로 족하다. 대중의 주목을 끌기 위해 장엄하게 꾸밀 필요가 전혀 없다.

29길

디도서 2장 11-13절 모든 사람에게 구원을 주시는 하나님의 은혜가 나타나 우리를 양육하시되 경건치 않은 것과 이 세상 정욕을 다 버리고 근신함과 의로움과 경건함으로 이 세상에 살고 복스러운 소망과 우리의 크신 하나님 구주 예수 그리스도의 영광이 나타나심을 기다리게 하셨으니

성경은 인류의 구원에 관한 하나님의 행동과 그 순서를 기록한 책입니다. 앞에서도 말했듯이, 온 인류는 하나님을 떠나 죄악 속에 침몰해 있기 때문에 하나님은 원시부터 그 구원의 길을 만들어 놓으셨습니다. 원래 이 길이란 세상이 창조될 때부터 시작하여 세상이 끝날 때 끝나는 것이기 때문에 성경의 기사는 인류의 역사와 병행하고 있습니다. 하나님은 인류를 어떻게 구원하시는지, 또한 우리 인류는 하나님이 성경에서 지시하신 방법에 따라 동족을 어떻게 구원해야 하는지에 대해서, 성경은 가장 명료하게 우리에게 가르쳐 주고 있다고 생각합니다.

30일

빌립보서 2장 14-16절 모든 일을 원망과 시비가 없이 하라 이는 너희가 흠이 없고 순전하여 어그러지고 거스르는 세대 가운데서 하나님의 흠 없는 자녀로 세상에서 그들 가운데 빛들로 나타내며 생명의 말씀을 밝혀 나의 달음질도 헛되지 아니하고 수고도 헛되지 아니함으로 그리스도의 날에 나로 자랑할 것이 있게 하려 함이라

위대한 사업은 저술이 아니고, 정치가 아니며 실업實業이 아니다. 물론 육해군의 살벌한 일도 아니다. 위대한 사업은 순결한 생애이며, 다른 사람의 이익을 먼저 생각하고 자신의 이익을 나중에 생각하는 삶이며, 스스로 만족할 줄 알아 달리 바라지 않는 생애이다. 솔로몬은 "노하기를 더디 하는 자는 용사보다 낫고, 자기의 마음을 다스리는 자는 성을 빼앗는 자보다 낫다" 잠 16:32 고 말한다.

31일

욥기 19장 25-27절 내가 알기에는 나의 구속자가 살아 계시니 후일에 그가 땅 위에 서실 것이라 나의 이 가죽, 이것이 썩은 후에 내가 육체 밖에서 하나님을 보리라 내가 친히 그를 보리니 내 눈으로 그를 보기를 외인처럼 하지 않을 것이라 내 마음이 초급하구나

죽음과 이에 동반하는 모든 고통을 면하려는 것이 이 세상 종교의 목적이다. 죽음을 단순히 흉한 일로 인정하고 고통을 모두 하나님의 형벌로 생각하여, 이것에서 벗어나는 것을 기도의 가장 큰 목적으로 생각하는 사람은 모두 이교도이다. 그들은 애통하고 통곡하며 간구하기를, "원컨대 죽음에서 구원하소서"라고 한다. 그러나 그리스도인은, 정말 진정한 그리스도인은 그렇게 기도하지 않는다. 그들은 그들의 주님을 본받아 "아버지여 죽음을 내려 주셔도 좋으나, 단지 바라기는 그 안에서 구원해 주소서. 나를 죽음에서 승리하게 하소서. 죽음을 통과하여 영원한 생명에 이르게 하소서"라고 기도한다. 이는 죽음에만 한정하지 않고 모든 환난에 대해서도 그러하다. 진정한 그리스도인은 환난으로부터 구원받기를 바라지 않고 환난 안에서 구원받기를 원한다. 불을 피하려 하지 않고 불 속에 던져져 그 안에서 정결케 되기를 원한다.

총칼1일

갈라디아서 4장 8-9절 그러나 너희가 그때에는 하나님을 알지 못하여 본질상 하나님이 아닌 자들에게 종노릇 하였더니 이제는 너희가 하나님을 알뿐더러 하나님의 아신 바 되었거늘 어찌하여 다시 약하고 천한 초등 학문으로 돌아가서 다시 저희에게 종노릇 하려 하느냐

제2차 종교개혁은 제1차 루터의 종교개혁과 마찬가지로 행위가 아닌 믿음으로 구원받는다며 교회혁신을 부르짖어 역사를 바꾼 사건이다. 제1차 종교개혁 때는 '행위'의 역할을 이탈리아가 담당했다. 제2차 종교개혁 때는 미국이 담당한다. 제1차 종교개혁의 경우는 개혁의 임무가 독일에게 내려졌고, 제2차 종교개혁 때는 우리 일본에게 맡겨지기를 원한다. 우리는 손에 바울 서신을 쥐고 있지 않은가. 우리는 이것을 가지고 약하고 천한 사업의 초등 학문을 타파해야 한다. 소감

8월 20일

시편 92편 12-15절 의인은 종려나무같이 번성하며 레바논의 백향목같이 발육하리로다 여호와의 집에 심겼음이여 우리 하나님의 궁정에서 흥왕하리로다 늙어도 결실하며 진액이 풍족하고 빛이 청청하여 여호와의 정직하심을 나타내리로다 여호와는 나의 바위시라 그에게는 불의가 없도다

일본어로 번역하기 힘든 영어 가운데 '노블' noble 이란 단어가 있다. 그 의미를 고귀, 고상, 장대壯大라는 문자 하나로 통하게 하기에는 역부족이다. 노블이란 이상을 품고 이를 실행하려는 용기를 말한다. 곧 세인이 하기 어렵다고 믿는 일을 굳이 하려고 하는 기품을 말하는 것이다. 그 시대의 학설에 반대하고 자신의 확신을 고수하여 결국 서방의 암흑 대양을 횡단하여 신대륙을 발견한 콜럼버스는 노블하였다. 시류의 정치론을 배척하고 영국 사회를 견고한 자유의 토대 위에 세운 크롬웰은 노블하였다. 불가능하다고 믿어 왔던 교육정책을 마침내 가능하게 한 페스탈로치*는 노블하였다. 곧 '노블하다'는 말은 평범한 것, 즉 속된 것과는 반대로, 이상을 믿고 대담하게 이를 사실로 만드는 일을 뜻한다.

---

* Johann Heinrich Pestalozzi : 1746-1827, 스위스 교육개혁자

8월 3일

에베소서 1장 13-14절 그 안에서 너희도 진리의 말씀 곧 너희의 구원의 복음을 듣고 그 안에서 또한 믿어 약속의 성령으로 인치심을 받았으니 이는 우리의 기업에 보증이 되사 그 얻으신 것을 구속하시고 그의 영광을 찬미하게 하려 하심이라

"악을 피하라. 그러면 당신은 하나님을 믿을 수 있다"고 말한다면 이단이다. 진정한 그리스도교는 "하나님을 믿어라. 그러면 당신은 선을 이룰 수 있다"고 말한다. "마음을 정결케 하라. 그러면 당신은 하나님의 성령의 은혜를 선물로 받을 수 있을 것이다"고 말한다면 이단이다. 성경은 분명히 우리에게 가르쳐 주고 있다. "하나님의 성령을 받아 너희의 마음이 정결하게 됨을 입으라." 행위가 먼저고 믿음이 나중이면 이단이다. 그리스도교는 믿음이 먼저고 행위가 나중이다. 더구나 인간은 하나님의 은혜를 믿는 믿음이 얕을 때는 자신의 행위에 대한 보상으로 하늘의 은총을 받고자 한다. 하늘이 땅보다 높은 것처럼 하나님의 뜻은 사람의 뜻보다 높다. 하나님이 우리의 불신앙을 노여워하시는 까닭은 우리가 우리 자신의 행위로 하나님의 은혜를 사고 싶어 하기 때문이다. 묵상

8월 4일

히브리서 9장 11-12절 그리스도께서 장래 좋은 일의 대제사장으로 오사 손으로 짓지 아니한 곧 이 창조에 속하지 아니한 더 크고 온전한 장막으로 말미암아 염소와 송아지의 피로 아니하고 오직 자기 피로 영원한 속죄를 이루사 단번에 성소에 들어가셨느니라

하나님의 아들 예수 그리스도만이 완전한 제물이다. 그분만이 진실로 "세상 죄를 지신 하나님의 어린양"요 1:29이다. 그분은 또한 자신을 온전히 성부께 바쳤다. 그리고 사람은 믿음으로써 예수의 희생을 자신의 희생으로 삼고, 하나님께 완전한 희생을 바칠 수 있는 것이다. 예수 그리스도는 우리의 완전한 번제, 완전한 소제, 완전한 화목제, 완전한 속죄제, 완전한 속건제이다. 갈보리 산 위에서 그분이 자기를 온전히 성부께 바치고 난 뒤로는, 그곳에서 소나 양이나 비둘기, 보리나 올리브 기름이나 향유를 가지고 드리는 제사는 더 이상 필요 없게 되었다. 이제는 하나님을 믿는 자에게는 예식이 전혀 필요 없게 된 것이다.

출12 5일

나훔 1장 15절 볼지어다 아름다운 소식을 보하고 화평을 전하는 자의 발이 산 위에 있도다 유다야 네 절기를 지키고 네 서원을 갚을지어다 악인이 진멸되었으니 그가 다시는 네 가운데로 통행하지 아니하리로다

그리스도교에서는 '전도'가 감사의 제사입니다. 우리는 그리스도의 사랑으로 위로와 격려를 입어 전도를 합니다. 우리는 침묵을 지키고 싶어도 끝까지 지키지 못하기 때문입니다. 우리 같은 죄인을 용서해 주시는 하나님의 은혜를 생각하면 앉을 수도 설 수도 없기 때문입니다. 그리스도교의 전도는 의무가 아니라, 특권이고 기쁨입니다. 세인의 어조를 빌려 말하면 '도락'道樂입니다. 바울은 "만일 복음을 전하지 아니하면 내게 화가 있을 것"고전 9:16이라고 말했습니다만, 이것은 이루 다 말할 수 없는 기쁨으로 그리스도교의 복음을 선전하는 일에 종사하는 사람의 목소리입니다. 이런 기쁨이 없으면, 이 억누를 길 없는 감사가 없으면, 그리스도교의 전도는 반드시 실패하고 말 것입니다.

6일

고린도후서 13장 7-8절 우리가 하나님께서 너희로 악을 조금도 행하지 않게 하시기를 구하노니 이는 우리가 옳은 자임을 나타내고자 함이 아니라 오직 우리는 버리운 자 같을지라도 너희로 선을 행하게 하고자 함이라 우리는 진리를 거스려 아무것도 할 수 없고 오직 진리를 위할 뿐이니

싸움에 이겨서 이기는 것이 아니라 진리에 순종하여 이기는 것이다. 싸움에 져서 지는 것이 아니라 진리를 등져서 지고 마는 것이다. 진리를 추구하는 일은 검을 연마하는 일보다 더 중요하다. 진리는 영원히 이기기 위한 무기이지만, 검은 불과 한때 승리를 맛보기 위한 무기에 지나지 않는다. 우리는 최후 승리를 얻기 위해, 검이 아니라 오히려 펜을 가지고 싸우려고 한다. 소감

흙길

고린도전서 15장 47-49절 첫 사람은 땅에서 났으니 흙에 속한 자이거니와 둘째 사람은 하늘에서 나셨느니라 무릇 흙에 속한 자는 저 흙에 속한 자들과 같고 무릇 하늘에 속한 자는 저 하늘에 속한 자들과 같으니 우리가 흙에 속한 자의 형상을 입은 것같이 또한 하늘에 속한 자의 형상을 입으리라

예수에게 의가 있어 그분에게 영광이 임한 것이다. 사람은 다시 태어나지 않으면 부활할 수 없다. 의의 결과로 혹은 그 보상으로 부활하는 것이다. 예수가 부활하신 것은 그분이 의를 완성하셨기 때문이다. 우리는 믿음으로 예수의 완전한 의를 우리의 의로 삼을 수 있기에, 예수에게 임한 부활과 영생의 영광이 우리에게도 임한 것이다. 아아, 위대한 하나님의 사랑!

8월 8일

전도서 12장 1-2절 너는 청년의 때 곧 곤고한 날이 이르기 전, 나는 아무 낙이 없다고 할 해가 가깝기 전에 너의 창조자를 기억하라 해와 빛과 달과 별들이 어둡기 전에, 비 뒤에 구름이 다시 일어나기 전에 그리하라

영혼이란 하나님을 음식으로 삼는 생물입니다. 마치 누에가 뽕잎만 먹으면서 생활하는 것처럼, 영혼은 오직 하나님으로 말미암아 생육할 수 있습니다. 뽕잎이 아니면 누에가 곧 죽는 것처럼 하나님이 아니면 영혼도 곧 굶어 죽게 되고 맙니다. 다윗의 시편에 쓰여 있는 그대로입니다. "사슴이 시냇물을 찾기에 갈급함같이 내 영혼이 주를 찾기에 갈급하니이다" 시 42:1. 영혼이 있어도 하나님이 없다면, 짐승이 있어도 그 갈증을 채워 주는 물이 없는 상황과 같습니다. 만약 과연 그런 상황이라면 자연이란 실로 잔혹하고 무자비하다 하지 않을 수 없습니다. 그러나 여기에 영혼이라고 하는 가장 진화하고 발달한 생명이 있습니다. 또한 이 영혼을 기르기 위한 하나님과 하나님의 사랑이 있습니다.

8월 9일

마태복음 5장 17-18절 내가 율법이나 선지자나 폐하러 온 줄로 생각지 말라 폐하러 온 것이 아니요 완전케 하려 함이로라 진실로 너희에게 이르노니 천지가 없어지기 전에는 율법의 일점 일획이라도 반드시 없어지지 아니하고 다 이루리라

속죄의 목적은 나를 완전한 사람으로 만드는 일에 있다. 내가 그리스도의 속죄의 은혜를 받게 된 것은, 나 혼자 노력해서는 완전하게 될 수 없기 때문이다. 그러므로 속죄는 도덕의 끝이다. 도덕이 끝나는 곳, 거기가 종교가 시작되는 곳이다. 종교는 도덕 위에 서 있다. 도덕의 정수精髓, 이것이 종교이다. 처음에 모세의 율법이 있고 그 후에 그리스도의 은혜가 있다. 아직껏 율법의 엄격한 망으로 자신을 잡아맨 적이 없는 사람은 그리스도라는 방면자放免者의 은혜를 받을 수 없는 사람이다. 구안

12월 10일

야고보서 5장 7-8절 그러므로 형제들아 주의 강림하시기까지 길이 참으라 보라 농부가 땅에서 나는 귀한 열매를 바라고 길이 참아 이른 비와 늦은 비를 기다리나니 너희도 길이 참고 마음을 굳게 하라 주의 강림이 가까우니라

'기다리는 것'은 진실로 선한 일이다. 모든 선한 일은 기다린 뒤에 온다. 봄은 기다려야 온다. 자유는 기다려야 온다. 평화는 기다려야 온다. 천국도 기다려야 온다. 때가 되면 모든 악한 일은 사라지고 그 대신에 모든 선한 일이 찾아온다. 그러므로 선한 일을 하려고 할 때에 군이 우리가 직접 나서서 그 일을 시작할 필요는 없다. 조용히 기다리면 선한 일을 할 수 있다. 살아 계신 하나님이 다스리시는 이 우주에서 바라고 기다림은 쉼이 없다. 정녕 시인 밀턴의 말처럼 "기다리는 자도 또한 일하는 자이다."

8월 11일

마가복음 15장 33-34절 제 육 시가 되매 온 땅에 어두움이 임하여 제 구 시까지 계속하더니 제 구 시에 예수께서 크게 소리 지르시되 엘리 엘리 라마 사박다니 하시니 이를 번역하면 나의 하나님, 나의 하나님 어찌하여 나를 버리셨나이까 하는 뜻이라

죄악 문제에 대한 철학적 설명은 아직 나와 있지 않습니다. 어쩌면 영원히 미해결 문제로 남을지도 모릅니다. 그런데도 그 실제적인 해석은 나와 있습니다. 그것은 죄를 모르시는 하나님의 독생자가 십자가 위에서 당하신 수난입니다. 여기서 인류의 죄는 모두 지워졌습니다. 여기서 속죄의 희생제물은 바쳐졌습니다. 거룩한 분의 "엘리 엘리 라마 사박다니"마 27:46 라고 외치는 소리와 함께 죄를 사함받는 길이 인류를 위해 열렸습니다. "그러므로 이제 그리스도 예수 안에 있는 자에게는 결코 정죄함이 없나니"롬 8:1. 이것이 죄악 문제에 대한 실제적인 해석입니다. 그리고 우리는 이 해석을 얻은 뒤로는 철학적인 설명이 없어도 개의치 않게 되었습니다. 마치 병자가 질병을 고친 뒤에는 약제의 생리적 작용에 대해 따져 묻지 않게 되는 것과 같은 이치입니다.

골로새서 2장 6-7절 그러므로 너희가 그리스도 예수를 주로 받았으니 그 안에서 행하되 그 안에 뿌리를 박으며 세움을 입어 교훈을 받은 대로 믿음에 굳게 서서 감사함을 넘치게 하라

"시몬 베드로가 대답하되 주여 영생의 말씀이 계시매 우리가 뉘게로 가오리이까"요 6:68. 우리가 예수를 떠나 불교로 들어갈 것인가, 유교로 돌아갈 것인가, 스피노자*에게 가서 철학자가 될 것인가, 하이네**에게 가서 시인이 될 것인가, 재산 늘리는 것을 내 생애 유일한 목적으로 삼을 것인가, 정치에서 내 모든 만족을 찾을 것인가. 예수를 믿는 데에 고통과 괴로움이 없을 리 없으나 그분을 두고서는 영생의 말씀이 달리 없다. 우리는 예수를 버리고 떠난 사람 중에, 그분의 은총보다 더 나은 행복을 다른 곳에서 발견한 사람을 본 적이 없다.

---

* Benedict Spinoza : 1632-1677, 유대 출신 네덜란드 철학자
** Heinrich Heine : 1797-1856, 독일 시인

13일

요한계시록 3장 19-21절 무릇 내가 사랑하는 자를 책망하여 징계하노니 그러므로 네가 열심을 내라 회개하라 볼지어다 내가 문 밖에 서서 두드리노니 누구든지 내 음성을 듣고 문을 열면 내가 그에게로 들어가 그로 더불어 먹고 그는 나로 더불어 먹으리라 이기는 그에게는 내가 내 보좌에 함께 앉게 하여 주기를 내가 이기고 아버지 보좌에 함께 앉은 것과 같이 하리라

이 세상은 지극히 불완전한 세상이다. 정말 그러하다. 몸의 쾌락을 얻기에는 지극히 불완전한 세상이다. 그러나 하나님을 알려고 하고, 또한 사랑을 완성하기 위해서는 우리는 이 세상보다도 더 완전한 세상을 생각할 수 없다. 인내를 연마하고 관용을 늘리고 또 지극한 사랑을 맛보는 데에는 지금 이 세상만큼 완전한 세상은 없다. 우리는 이 세상을 유희장으로 보지 않고 연단받는 장소로 본다. 그러기에 불완전한 세상을 보고 놀라지 않고 오로지 이곳에서 우리의 영성을 완성하려고 힘쓸 뿐이다.

14일

에베소서 1장 3-5절 찬송하리로다 하나님 곧 우리 주 예수 그리스도의 아버지께서 그리스도 안에서 하늘에 속한 모든 신령한 복으로 우리에게 복 주시되 곧 창세 전에 그리스도 안에서 우리를 택하사 우리로 사랑 안에서 그 앞에 거룩하고 흠이 없게 하시려고 그 기쁘신 뜻대로 우리를 예정하사 예수 그리스도로 말미암아 자기의 아들들이 되게 하셨으니

인류가 구원받기 위해서는, 아니, 진실로 내가 내 주 예수 그리스도의 구원의 은혜를 받기 위해서는, 해와 달과 별이 하늘에 걸리고 산이 땅 위에 높이 들리며 바다는 그 밑이 깊게 파헤쳐져야 했다. 나의 구원은 쉬운 일이 아니었다. 내 짧은 일생을 가지고 성취되는 것이 아니었다. 나의 구원은 우주가 창조됨으로써 시작된 것이다. 이를 생각하니, 아침 해가 물을 떠나 동천에 점차로 밝게 떠오를 때, 석양이 서산에 기울어 해질 무렵의 구름 가득한 곳을 뒤덮을 때, 별빛이 만방에 비치어 반딧불처럼 온 하늘에 반짝일 때, 나는 내 구원의 하나님을 찬양하고 그분에게 감사의 찬양을 드리지 않을 수 없다.

8월 15일

잠언 25장 21-22절 네 원수가 배고파하거든 식물을 먹이고 목말라하거든 물을 마시우라 그리하는 것은 핀 숯으로 그의 머리에 놓는 것과 일반이요 여호와께서는 네게 상을 주시리라

우리에게도 적이 있다. 그것도 많이 있다. 그러나 그리스도의 교훈에 따라, 적이라고 해서 그들을 미워하지는 않는다. 우리는 친구를 미워할 때가 있다. 친구이기 때문에 그들의 행동에 대해 화를 낼 때가 있다. 우리는 친구를 힐책하는 데에 주저하지 않는다. 친구의 논박이라면 열심히 반박한다. 그러나 적에 대해서는 정반대되는 태도를 보인다. 적이 우리에게 해를 끼쳐도 결코 화내지 않는다. 그 조롱과 모욕에 대해 우리는 단지 호의와 감사를 표할 뿐이다. 우리는 적이 공격해 오면 우리 주 예수 그리스도의 태도를 본받아 되도록 침묵을 지키려고 한다. 적에게 얻어맞았을 때에도, 우리는 그가 우리를 향해 든 손 위에 하나님의 축복이 내리기를 기도한다. 적에 대해서라면 우리에게는 관용과 인내와 용서가 있을 뿐이다. 우리는 친구를 미워하는 일은 있어도 적은 절대적으로 사랑할 뿐이다.

8월 16일

히브리서 11장 17-19절 아브라함은 시험을 받을 때에 믿음으로 이삭을 드렸으니 저는 약속을 받은 자로되 그 독생자를 드렸느니라 저에게 이미 말씀하시기를 네 자손이라 칭할 자는 이삭으로 말미암으리라 하셨으니 저가 하나님이 능히 죽은 자 가운데서 다시 살리실 줄로 생각한지라 비유컨대 죽은 자 가운데서 도로 받은 것이니라

믿음은 서재에 틀어박혀 책 속에 파묻혀 지낸다고 얻어지는 것이 아니다. 목사의 설교를 듣고 얻어지는 것도 아니다. 인생을 살아가면서 크고 작은 현실적인 문제와 만나, 피와 눈물을 쏟으며 그 해석에 매달릴 때 마침내 얻어지는 것이다. '부활의 믿음', 아브라함은 외아들 이삭을 바치고 이 믿음을 얻었다. 신학자에게 가르침을 받아서도 아니고, 철학책을 펴서 읽고 얻은 것도 아니다. 외아들을 바치는 괴로운 체험을 통해 인생 최대의 깊은 뜻인 부활의 믿음에 다다른 것이다. 귀하도다, 환난. 귀하도다, 시련. 귀하도다, 시련을 거쳐 내게 임한 위대한 광명. 실로 사도 야고보가 말한 그대로이다. "내 형제들아 너희가 여러 가지 시험을 만나거든 온전히 기쁘게 여기라" 약 1:2.

8월 17일

빌립보서 2장 6-9절 그는 근본 하나님의 본체시나 하나님과 동등됨을 취할 것으로 여기지 아니하시고 오히려 자기를 비어 종의 형체를 가져 사람들과 같이 되었고 사람의 모양으로 나타나셨으매 자기를 낮추시고 죽기까지 복종하셨으니 곧 십자가에 죽으심이라 이러므로 하나님이 그를 지극히 높여 모든 이름 위에 뛰어난 이름을 주사

죄의 대가가 죽음이고 죽음의 가시가 죄라면, 죄 가운데 태어난 사람이 죽는 일은 당연하며 자연스런 일이다. 이에 반해 죽음의 원인인 죄를 전혀 몰랐던 예수 그리스도가 죽어서 그대로 사라졌다는 것은 부당하고 부자연스런 일이다. 우리는 사람이 죽는다는 소리를 들어도 놀라지 않는다. 그가 죄인임을 알기 때문이다. 그러나 여기 한 번도 죄를 범한 적이 없고, 사도 베드로의 말을 빌리자면, "죄를 범치 아니하시고 그 입에 궤사도 없으시며 욕을 받으시되 대신 욕하지 아니하시고 고난을 받으시되 위협하지 아니하시고 오직 공의로 심판하시는 자에게 부탁하신" 벧전 2:22, 23 바로 그분, 완전한 사람이신 예수가 죽어서 썩어 없어졌다는 소리를 듣는다면, 우리는 심히 괴이히 여기지 않을 수 없다. 이런 분은 세상이 시작된 이래 단 한 분 존재했을 뿐이다. 바로 이분이 죽음에서 다시 살아나셔서 승천하신 것이다.

8월 18일

시편 149편 4-5절 여호와께서는 자기 백성을 기뻐하시며 겸손한 자를 구원으로 아름답게 하심이로다 성도들은 영광 중에 즐거워하며 저희 침상에서 기쁨으로 노래할지어다

하나님은 모든 길을 통해 우리에게 은혜를 베풀고 싶어 하신다. 마음속에는 복음을 가지고 행함으로, 눈에는 아름다운 풍경으로, 귀에는 음악으로, 코에는 향기로 우리에게 은혜를 더하고 싶어 하신다. 우리는 은혜가 지나다니는 그 어떤 길도 가로막아서는 안 된다. 하나님이 안팎으로 우리에게 은혜를 베풀고자 하시니, 우리는 그분의 풍성한 은혜로 목욕해야 한다. 내 책상 위에는 성경이 있고 들꽃이 있으며 조화가 있고 그림이 있고 향수가 있다 물론 이것들은 모두 고가품이 아니다. 나는 이 모든 것을 보고 기뻐한다. 나는 이 모든 것들을 통해 내 하나님을 알 수 있다. 그리고 밤마다 등불을 끄고 어두운 곳에 숨어 계신 그분께 예배드린다. 낮에는 하나님을 뵈옵고, 밤에는 하나님을 느낀다. 내 종교는 이성과 감정 그 어느 하나에 치우친 종교가 아니다.

8월 19일

히브리서 10장 19-23절 그러므로 형제들아 우리가 예수의 피를 힘입어 성소에 들어갈 담력을 얻었나니 그 길은 우리를 위하여 휘장 가운데로 열어 놓으신 새롭고 산 길이요 휘장은 곧 저의 육체니라 또 하나님의 집 다스리는 큰 제사장이 계시매 우리가 마음에 뿌림을 받아 양심의 악을 깨닫고 몸을 맑은 물로 씻었으니 참 마음과 온전한 믿음으로 하나님께 나아가자 또 약속하신 이는 미쁘시니 우리가 믿는 도리의 소망을 움직이지 말고 굳게 잡아

그리스도는 "담대하라 내가 세상을 '이기었노라'"요 16:33, *nenikeka*, have overcome, 완료형고 말씀하신다. 도의학자道義學者나 유니테리언Unitarian*이 무어라고 말하든 복음을 믿는 그리스도인이 평안을 누리고 용기를 얻는 가장 큰 원천은, 실로 그리스도가 이미 얻은 승리에 있다. 내가 할 일은 그리스도가 이미 나를 위해 이루어 놓으셨다. 나의 의는 그분 안에 있어 이미 하늘에 있고, 나는 이미 그분의 피로 속함을 받았다. 내가 얻을 것을 나는 이미 얻었으니 이제 남은 인생을 보은의 싸움으로 즐거이 보내면 된다. 실로 참된 그리스도인이 항상 태연하고 여유가 있으며 나이가 들어 가면서 더욱더 활력이 넘치는 이유가 여기에 있다. 구안

---

* 그리스도교 프로테스탄트의 일파. 삼위일체 교리를 인정하지 않음. 하나님은 유일하나 그리스도의 신성은 부정하여 종교적 위인으로 봄. 1774년 런던에서 성립되어 미국에서 발달. 일본에는 1887년에 전래되어 후에 유니테리언협회 또는 귀일협회歸一協會로 칭함.

20일

고린도후서 11장 2-3절 내가 하나님의 열심으로 너희를 위하여 열심 내노니 내가 너희를 정결한 처녀로 한 남편인 그리스도께 드리려고 중매함이로다 뱀이 그 간계로 이와를 미혹케 한 것같이 너희 마음이 그리스도를 향하는 진실함과 깨끗함에서 떠나 부패할까 두려워하노라

"그리스도가 내 안에 계신다." 내 옆에 계신 것이 아니고, 나와 함께 계신 것이 아니다. 또 내 안에 머무시되 단순히 내 마음의 손님으로 계시는 것이 아니다. 그리스도가 내 안에 계시다는 말은 내 존재 중심에 계신다는 뜻이다. 곧 그분이 내 의지가 되고 내 인격이 되어 그리스도와 나의 판별이 불가능한 경지에까지 이르게 된다는 뜻이다. 이때에 그분과 나의 화합은 친밀한 부부의 화합보다 더욱 낫고, 그분이 나인지 내가 그분인지 판별할 수 없게 된다. 이심동체二心同體에 머무르는 것을 우정이라고 말한다. 그러나 그리스도와 그리스도인의 일치는 두 마음이 하나로 합쳐진 데 머물지 않고, 인격 두 개가 서로 융합하여 하나가 된 것이다. 그러므로 이 둘은 영원히 떨어질 수 없는 것이다 롬 8:3.

8월 21일

미가 7장 7-9절 오직 나는 여호와를 우러러보며 나를 구원하시는 하나님을 바라보나니 나의 하나님이 나를 들으시리로다 나의 대적이여 나로 인하여 기뻐하지 말지어다 나는 엎드러질지라도 일어날 것이요 어두운 데 앉을지라도 여호와께서 나의 빛이 되실 것임이로다 내가 여호와께 범죄하였으니 주께서 나를 위하여 심판하사 신원하시기까지는 그의 노를 당하려니와 주께서 나를 인도하사 광명에 이르게 하시리니 내가 그의 의를 보리로다

하루에 세 번 내 몸을 돌아보는 것은 유교의 도덕이다. 유교가 언제나 옛것만을 고수하여 더 이상 발전하지 못하고 퇴보하고 위축되는 까닭은, 자신을 억제하고 안을 돌아보는 일을 그 주된 교리로 삼기 때문이다. "너희들은 나 '하나님'을 우러러보라. 그러면 구원을 받으리라"는 것은 그리스도교의 도덕이다. 그리스도교가 언제나 혁신을 외치며 진보와 팽창을 거듭하는 까닭은, 신뢰와 소망을 그 중심 교리로 삼고 있기 때문이다. 바울은 말한다. "선한 것이 나 곧 내 안에 없는 것을 나는 알고 있다." 우리 자신을 돌아보면 단지 부끄러운 것들과 실망이 있을 뿐, 새로운 희망과 결단, 전진과 향상은 반성과 회고에서는 생겨나지 않는다.

22일

빌립보서 1장 27-28절 오직 너희는 그리스도 복음에 합당하게 생활하라 이는 내가 너희를 가 보나 떠나 있으나 너희가 일심으로 서서 한 뜻으로 복음의 신앙을 위하여 협력하는 것과 아무 일에든지 대적하는 자를 인하여 두려워하지 아니하는 이 일을 듣고자 함이라 이것이 저희에게는 멸망의 빙거요 너희에게는 구원의 빙거니 이는 하나님께로부터 난 것이니라

만일 오늘날 일본의 그리스도인들이 일치하기만 하면 천하의 누가 당할 수 있겠는가. 그러나 교파 분열의 폐단이 극에 달한 구미 각국의 선교사에게 전도를 받은 우리나라의 그리스도인들이 오늘날 일치되는 것은, 곰과 사자가 일치되기를 바라는 일보다 더 어려운 일이다. 만약 다행히도 하나님의 영이 강하게 우리 안에 역사하시어, 우리가 그리스도를 생각하는 것처럼 우리나라를 생각하게 하시고, 다른 것에 의지하려는 어리석음과 수치와 죄를 깨닫게 해 주신다면, 일치는 후지 산 위에 임하고 비파 호수의 수면 위에 내리어 동양 천지에 심령의 새로운 영적 변화가 펼쳐지는 것을 보게 되리라. 그러나 우리는 그때가 오기까지는 오늘의 분열과 고립에 만족해야 한다. 이것은 혹시 우리가 사람에게 의지하지 않고 하나님께만 의지하는 것을 배우게 하기 위한 하나님의 뜻일지도 모른다.

23일

로마서 6장 21-23절 너희가 그때에 무슨 열매를 얻었느뇨 이제는 너희가 그 일을 부끄러워하나니 이는 그 마지막이 사망임이니라 그러나 이제는 너희가 죄에게서 해방되고 하나님께 종이 되어 거룩함에 이르는 열매를 얻었으니 이 마지막은 영생이라 죄의 삯은 사망이요 하나님의 은사는 그리스도 예수 우리 주 안에 있는 영생이니라

영원한 내세를 확실히 믿게 되면 가치 없는 지금 세상에도 진정한 가치가 생겨나게 됩니다. 제일 먼저, 우리가 세상을 미워하지 않아도 됩니다. 이 세상 고통은 내세에 대한 희망으로 위로하고도 남음이 있습니다. 또한 지금 세상은 내세에 들어가기 위해 준비하는 장소로서 최고의 가치를 갖게 됩니다. 그 자체로는 그 어떤 가치도 없는 이 세상이, 내세에 관련해서는 필요불가결한 존재가 되는 것입니다. 일상생활에서 일어나는 일쯤이야 따로 마음과 생각을 쏟을 가치가 없는 것처럼 생각됩니다만, 이 세상을 통해 내세를 획득하는 길이 열린다는 사실을 알게 된다면 작은 일은 더 이상 작은 일이 아닙니다. 실로 내세에 존재의 뿌리를 두지 않으면 지금 세상은 전혀 무의미합니다. 내세를 손에 쥘 특권을 부여받기 때문에 이 무의미한 지금 세상이 의미심장한 세상이 되는 것입니다.

8월 24일

베드로전서 2장 1-3절 그러므로 모든 악독과 모든 궤휼과 외식과 시기와 모든 비방하는 말을 버리고 갓난아이들같이 순전하고 신령한 젖을 사모하라 이는 이로 말미암아 너희로 구원에 이르도록 자라게 하려 함이라 너희가 주의 인자하심을 맛보았으면 그리하라

하나님은 그 한없는 은혜를 내리셔서 하나님의 아들이며 인류의 왕인 예수 그리스도를 통해 나를 위한 구원의 길을 여셨습니다. 그 때문에 나는 감사하며 날마다 그 은혜에 젖어 있습니다. 그러나 이렇게 말했다고 해서 내가 이미 완전무결한 사람이 되었다는 뜻은 아닙니다. 날 때부터 죄를 지니고 태어난 내가 천사같이 순결무구한 사람이 되는 것은 훨씬 먼 나중 일이라서, 아마도 내 육체가 부패한 뒤의 일이라고 생각합니다. 그러나 이미 내 마음속에 회복이 시작되었다는 것, 그 한 가지는 조금도 의심하지 않습니다. 나는 확실히 예수 그리스도의 치유의 힘을 느낍니다.

8월 25일

베드로전서 2장 22-24절 저는 죄를 범치 아니하시고 그 입에 궤사도 없으시며 욕을 받으시되 대신 욕하지 아니하시고 고난을 받으시되 위협하지 아니하시고 오직 공의로 심판하시는 자에게 부탁하시며 친히 나무에 달려 그 몸으로 우리 죄를 담당하셨으니 이는 우리로 죄에 대하여 죽고 의에 대하여 살게 하려 하심이라 저가 채찍에 맞음으로 너희는 나음을 얻었나니

결국 그리스도의 죽음은 죽음이 아니었다. 삶을 가지고 죽음을 이긴 것이었다. 죽음은 가장 추악한 형태로 그분에게 임했지만, 그분은 가장 선하고 아름다운 길로 맞이하셨다. 그리스도를 통해 죽음은 성화되어, 훌륭하고 아름다운 것이 되었다. 그리스도는 진실로 죽음을 멸하셨다 딤후 1:10. 그리스도는 죽음의 상태에 이르면서 죽음이라는 것을 없애 버리셨다. 죽음은 고통이며 번민이고 회한이며 절망임에도 불구하고, 여기에 고통과 번민을 잊고 회한을 기억하지 않으며 절망을 모르는 죽음의 모범이 나타났다. 곧 사랑의 절대적인 힘이 나타났다. 사랑은 인생의 가장 큰 적인 죽음조차도 이길 수 있는 힘이다. 죽음을 죽음으로 없애는 것은 사랑이다. 그분은 단지 사랑하셨고 그리고 죽음을 이기셨다. 실로 사랑을 빼고서는 달리 죽음을 이길 힘이 없다.

26일

고린도후서 6장 1-2절 우리가 하나님과 함께 일하는 자로서 너희를 권하노니 하나님의 은혜를 헛되이 받지 말라 가라사대 내가 은혜 베풀 때에 너를 듣고 구원의 날에 너를 도왔다 하셨으니 보라 지금은 은혜 받을 만한 때요 보라 지금은 구원의 날이로다

하나님의 교육사업을 가리켜 역사라고 한다. 역사는 에덴동산에서 겪은 인류 시조의 시련으로 시작되었고, 나아가 20세기 오늘날*에 이르렀다. 역사에는 전쟁이 있고, 나라의 흥망이 있으며, 비극은 비극으로 이어져 유혈이 낭자하여, 역사를 읽는 사람들은 참혹하고 슬픈 마음을 억누를 길이 없다. 그러나 이때가 구원의 역사가 일어날 시기이다. 많은 성인군자가 이 시기에 나타났고, 마침내 하나님의 아들 예수 그리스도가 이 세상에 내려오셔서 우리 인류에게 죽어도 죽지 않는 길을 열어 주셨다. 인류의 죄악은 독생자를 내려 주실 만큼 하나님의 마음을 아프게 한 일이다. 그러나 한없는 사랑의 하나님은 악을 이기기에 충분한 선을 간직하고 계시기 때문에, 인류의 구원은 기대하며 기다릴 만하다. 지금은 은혜의 시기이다. 사람의 아들이 하나님의 아들이 되어 가고 있는 때이다.

---

* 우찌무라 간조가 이 글을 쓴 것은 1911년이다.

8월 27일

아모스 7장 14-15절 아모스가 아마샤에게 대답하여 가로되 나는 선지자가 아니며 선지자의 아들도 아니요 나는 목자요 뽕나무를 배양하는 자로서 양 떼를 따를 때에 여호와께서 나를 데려다가 내게 이르시기를 가서 내 백성 이스라엘에게 예언하라 하셨나니

세상에서 위대한 종교가라 불리는 이들 중에는 뜻밖에 신학교 출신자가 적다. 하나님의 사람 디셉인 엘리야는 길르앗이란 시골에 살던 청년이었다. 그는 자신의 천직과 정신을 물려줄 때, 열두 멍에를 멘 소를 길들이던 사밧의 아들 엘리사를 택했다. 다니엘은 관리다. 아모스는 농부다. 또 하나님은 그 아들을 내려 보내셔서 세상을 구원하고자 하실 때, 율법학자 힐렐이나 가말리엘* 문하에서 배우게 하지 않으시고, 반대로 벽촌 나사렛에 두시어, 레바논 산맥의 눈 덮인 흰 정상에서 흐르는 기드론 맑은 시내에서 그분을 가르치셨다. 일개 건어물 가게 지배인이었던 무디**야말로 실로 19세기 오늘날*** 종교계에서 최고의 세력 아닌가. 신학교는 선천적으로 타고난 목회자를 육성은 하지만 만들어내지는 못한다. 신학교에서 제조된 목회자야말로 세상에서 불필요하고 위험한 존재이리라. 목회자 양성은 창조주가 아니고는 할 수 없는 일이다.

---

* 그리스도 시대의 유대교 학파
** Dwight Lyman Moody : 1837-1899, 미국 설교가
*** 우찌무라 간조가 이 글을 쓴 것은 1893년이다.

훈훈 28일

요한복음 1장 9-11절 참빛 곧 세상에 와서 각 사람에게 비취는 빛이 있었나니 그가 세상에 계셨으며 세상은 그로 말미암아 지은 바 되었으되 세상이 그를 알지 못하였고 자기 땅에 오매 자기 백성이 영접지 아니하였으나

예수는 도덕적으로 남달리 뛰어나거나 너무나도 고결하였기 때문에 사람들에게 미움을 받았던 것이 아니다. 그가 아버지 하나님께 충실하기 위해 그 어떤 사람과도 결탁하지 않았기 때문에 모든 사람에게 미움을 받았던 것이다. 곧 그는 무당파無黨派, 무교회, 무국가주의였기 때문에 모든 당파와 모든 교회, 모든 나라 백성에게 미움을 받았던 것이다. 세상에서 고독한 자라고 하면 하나님과 함께하는 자 같은 이가 없다. 더구나 예수는 하나님만을 친구로 삼았다. 세상은 이런 사람을 받아들이지 않는다. 이 세상은 모두 당파이다. 당파에 속하지 않은 사람은 이 세상 사람이 아니다. 당파는 언제나 서로 분쟁한다고 해도, 어느 당파에도 속하지 않은 사람은 모든 당파가 배척하는 대상이 된다. 예수가 전 세계가 멸리하는 대상이 되어 버린 까닭의 반은 이러한 당파가 조장하는 공포요 또 반은 혐오 때문이다.

8월 29일

요한계시록 21장 1-4절 또 내가 새 하늘과 새 땅을 보니 처음 하늘과 처음 땅이 없어졌고 바다도 다시 있지 않더라 또 내가 보매 거룩한 성 새 예루살렘이 하나님께로부터 하늘에서 내려오니 그 예비한 것이 신부가 남편을 위하여 단장한 것 같더라 내가 들으니 보좌에서 큰 음성이 나서 가로되 보라 하나님의 장막이 사람들과 함께 있으매 하나님이 저희와 함께 거하시리니 저희는 하나님의 백성이 되고 하나님은 친히 저희와 함께 계셔서 모든 눈물을 그 눈에서 씻기시매 다시 사망이 없고 애통하는 것이나 곡하는 것이나 아픈 것이 다시 있지 아니하리니 처음 것들이 다 지나갔음이러라

예수는 야이로의 딸을 죽음에서 다시 살리시고, 탄식하고 있던 부모에게 되돌아가게 하셨다 막 5장. 이와 같이 마지막 날에도 예수는 자신을 믿는 모든 부모의 기도에 응답하여 일찍이 잃어버렸던 딸을 부활하게 하고, 다시 그들 손에 되돌려 주어 그들의 마음을 기쁘게 해 줄 것이다. 진실한 모든 그리스도인은 기뻐해야 할 마지막 날에, 야이로가 했던 경험처럼 참을 수 없는 기쁨을 체험하게 될 것이다. "그 아이의 손을 잡고 가라사대 달리다굼 하시니 번역하면 곧 소녀야 내가 네게 말하노니 일어나라 하심이라." 믿는 자는 모두 언젠가 한 번은, 이 기쁨에 찬 목소리를 듣고 능력 있는 이 성업聖業을 직접 목격하게 될 것이다.

30일

마태복음 16장 21~25절 이에 예수께서 제자들에게 이르시되 아무든지 나를 따라오려거든 자기를 부인하고 자기 십자가를 지고 나를 좇을 것이니라 누구든지 제 목숨을 구원코자 하면 잃을 것이요 누구든지 나를 위하여 제 목숨을 잃으면 찾으리라

이 아름다운 천지 만물은 우리가 얻기 위해 창조된 것이 아니라, 버리기 위해 만들어진 것이다. 아니, 사람이 만약 이것을 얻기를 바란다면 먼저 버리지 않으면 안 된다 마 16:25. 진실로 진실로 이 세상은 시련의 장소이다. 우리의 깊은 의지를 통해 세상과 세상에 있는 모든 것을 버리고 떠난 후에야 비로소 우리의 심령도 독립하고 세상도 우리 것이 된다. 죽어서 살고 버려서 얻는다. 그리스도교의 패러독스역설란 바로 이를 두고 하는 말이다.

31일

요한복음 14장 27절 평안을 너희에게 끼치노니 곧 나의 평안을 너희에게 주노라 내가 너희에게 주는 것은 세상이 주는 것 같지 아니하니라 너희는 마음에 근심도 말고 두려워하지도 말라

오오, 오너라. 와서 그리스도의 종이 되어라. 무엇 때문에 세상의 죄악을 비난하며 분에 못 이겨 죽으려고 하는가. 무엇 때문에 무정한 사회를 보고 분개하며 이를 가는가. 지금 당신은 당신 자신에게 분개하고 있다. 당신 자신 속에 평안이 없기 때문에 당신의 불안을 나무와 바위와 세상과 사람을 향해 발산하고 있는 것이다. 와서 주님의 평안을 맛보라. 이는 모든 사념을 뛰어넘는 평안이다. 이 평안을 당신 마음에 영접하자. 나무는 당신을 향해 손뼉 치며 기뻐하고, 사람들은 모두 와서 당신 뜻을 예찬하는 자가 되리라.

크리스마스일

미가 6장 7-8절 여호와께서 천천의 수양이나 만만의 강수 같은 기름을 기뻐하실까 내 허물을 위하여 내 맏아들을, 내 영혼의 죄를 인하여 내 몸의 열매를 드릴까 사람아 주께서 선한 것이 무엇임을 네게 보이셨나니 여호와께서 네게 구하시는 것이 오직 공의를 행하며 인자를 사랑하며 겸손히 네 하나님과 함께 행하는 것이 아니냐

첨탑이 하늘 높이 솟아 있고, 풍금이 음악을 연주하는 그윽한 곳만이 하나님의 교회가 아니다. 효자가 가난한 가계에 보탬이 되려고 추운 밤 물건을 파는 곳, 이곳도 하나님의 교회가 아닌가. 아내가 남편 병을 걱정하여 동천이 아직 밝기도 전에 엎드려 기도하는 곳, 이곳도 하나님의 교회가 아닌가. 세상의 오해를 받아 사방에서 공격해 올 때, 벗이 있어 홀로 서서 그를 변호하는 곳, 이곳도 하나님의 교회가 아닌가. 아아, 하나님의 교회를 흰 벽이나 붉은 기와 안에 있는 것으로 생각한 나의 어리석음이여. 하나님의 교회는 우주같이 넓고 세상에 선인이 많은 것처럼 많다.

2일

잠언 9장 9-10절 지혜 있는 자에게 교훈을 더하라 그가 더욱 지혜로와질 것이요 의로운 사람을 가르치라 그의 학식이 더하리라 여호와를 경외하는 것이 지혜의 근본이요 거룩하신 자를 아는 것이 명철이니라

가을바람이 불어 면학하기 좋은 계절이 찾아왔다. 이제부터 등불이 우리의 좋은 반려(伴侶)가 되리라. 올가을과 겨울에는 누구와 함께 이야기할까. 모틀레이*에게서 다시 한 번 네덜란드 부흥사를 듣고, 팔마의 잔학함과 그랑빌의 간사함에 분개하며, 에그몬트, 오렌지의 충성과 용맹을 칭송하자. 혹은 멀리 6천 년 전의 태고로 거슬러 올라가 세이스**, 힐프레이트***에게 바빌론 문명의 근원을 묻자. 히타이트 인종****의 고적(古蹟)에서 일본 인종의 기원을 찾는 것도 또 하나의 흥미로운 일이리라. 영국 민족의 팽창 역사와 대조적으로 스페인 민족의 쇠퇴사를 연구하는 일도 도덕적인 흥미가 매우 많다. 나에게 한적한 시간과 밝은 빛을 내는 등불과 사전과 지도와 책 몇 권이 있으면, 나는 왕자의 쾌락을 누릴 것이며 달리 필요한 것이 없으리라.

---

* John Lothrop Motley : 1814-1877, 미국 역사가. 《네덜란드 부흥사》 저자로 유명.
** Achibald Henry Sayce : 1846-1933, 영국 동방 고대 역사가
*** Hermann Volrath Hilprecht : 1859-1925, 독일 앗시리아 학자
**** B. C. 2천 년이 시작될 무렵 아나톨리아에 등장해 BC 1340년경 근동의 지배 세력이 된 인도유럽어족

3일

요한일서 4장 19-21절 우리가 사랑함은 그가 먼저 우리를 사랑하셨음이라 누구든지 하나님을 사랑하노라 하고 그 형제를 미워하면 이는 거짓말하는 자니 보는 바 그 형제를 사랑치 아니하는 자가 보지 못하는 바 하나님을 사랑할 수가 없느니라 우리가 이 계명을 주께 받았나니 하나님을 사랑하는 자는 또한 그 형제를 사랑할지니라

가장 선한 일은 그리스도를 믿고 주님 안에서 선을 행하는 것이다. 곧 내가 선을 행하도록 그리스도가 인도하시는 것이다. 그 다음으로 선한 일은 그리스도를 본받아 그분을 흉내 내 선을 행하는 것이다. 그 다음으로 선한 일은 그리스도를 알지 못해도 자연의 목소리를 듣고 선을 행하는 것이다. 또한 무지_{無知}하고 무식하여 선을 행하지 못하고 항상 하나님의 뜻에 반하는 것은 그래도 용서를 받을 수 있다. 그러나 가장 나쁘고 결코 용서받을 수 없는 일은 그리스도를 알고 성경을 연구하며 신학을 설파하고 그리스도의 신격을 논하면서도 형제를 미워하고 계략을 꾀하여 그들이 타락하는 모습을 보고 마음으로 희열을 느끼는 것이다. 하나님이 미워하시는 사람이란 믿음이 두터우면서 두텁다고 말하면서 죄를 범하는 사람이다.

8월 4일

사도행전 3장 6-8절 베드로가 가로되 은과 금은 내게 없거니와 내게 있는 것으로 네게 주노니 곧 나사렛 예수 그리스도의 이름으로 걸으라 하고 오른손을 잡아 일으키니 발과 발목이 곧 힘을 얻고 뛰어 서서 걸으며 그들과 함께 성전으로 들어가면서 걷기도 하고 뛰기도 하며 하나님을 찬미하니

전도는 영적 사업이다. 내게 하나님의 은혜가 충만하니, 나는 하나님께 보은하고픈 마음에 내 동포를 동정하여 내 심중에 넘쳐나는 무한한 위로를 그들에게 나누어 주려고 한다. 내게 만약 나눠 줄 재물이 있다면, 나는 물론 기꺼이 하나님께 바쳐서 세상의 고독한 사람들을 위로하리라. 그러나 지금 내게 금과 은은 없다. 내가 갖고 있는 것은 나사렛 예수의 구원의 힘, 나는 이것을 세상에 나누어 주고 세상의 빈곤과 고통을 치유하지 않으면 안 된다. 따라서 목회자이기를 소망하는 사람에게는 무엇보다 먼저 이런 부유함과 환희와 평화가 너무도 충만하여 도저히 억제할 수 없을 정도가 되어야 한다. 그에게 먼저 이러한 무한한 기쁨이 넘쳐나고서야 그는 세상의 가난한 사람들을 채울 수 있는 것이다.

전도

묵상 5일

시편 34편 17-20절 의인이 외치매 여호와께서 들으시고 저희의 모든 환난에서 건지셨도다 여호와는 마음이 상한 자에게 가까이 하시고 중심에 통회하는 자를 구원하시는도다 의인은 고난이 많으나 여호와께서 그 모든 고난에서 건지시는도다 그 모든 뼈를 보호하심이여 그 중에 하나도 꺾이지 아니하도다

은혜는 곧바로 찾아오는 것이 아니라, 고난을 통하여 오는 것이다. 고난은 은혜를 몸에 부르기 위한 매개체이다. 연료 없이는 불이 붙지 않는 것처럼, 고난 없이는 믿음도 기쁨도 없다. 불보다 먼저인 것은 연기이다. 믿음보다 먼저인 것은 의구심과 번민이다. 이것이 있어야 여기에 하늘로부터 불이 붙어 비로소 하늘에서 내리는 평안과 환희가 우리 마음에 임하게 된다. 고난을 겪지 않고서 깊은 믿음을 얻으려고 하는 것은, 먼저 연기를 보지 않고 불과 따스함을 얻으려고 하는 것이나 다름없다.

영성 6일

로마서 8장 15-17절 너희는 다시 무서워하는 종의 영을 받지 아니하였고 양자의 영을 받았으므로 아바 아버지라 부르짖느니라 성령이 친히 우리 영으로 더불어 우리가 하나님의 자녀인 것을 증거하시나니 자녀이면 또한 후사 곧 하나님의 후사요 그리스도와 함께한 후사니 우리가 그와 함께 영광을 받기 위하여 고난도 함께 받아야 될 것이니라

내가 부활을 믿는 이유는 하나님의 크신 권능을 믿기 때문입니다. 우주와 그 안에 있는 모든 만물을 지으시고, 또한 사람을 지으시고 그 안에 머무는 영혼을 만드신 하나님은, 죽은 자를 손쉽게 소생시키실 수 있다고 믿기 때문입니다. 이것은 일찍이 사도 바울이 헤롯 아그립바 왕을 향해 말한, 바로 그가 부활을 믿는 이유이기도 합니다. 바울은 "당신들은 하나님이 죽은 사람 다시 살리심을 어찌하여 못 믿을 것으로 여기나이까" 행 26:8 라고 말하였습니다. 여기서 바울이 말하고자 하는 바는, 만약 사람이 다시 살렸다고 하면 믿지 않겠으나, 크신 권능의 하나님이 다시 살리셨다면 결코 믿기 어려운 일이 아니라는 것입니다. 최운

돌길

에스겔 3장 9절 네 이마로 화석보다 굳은 금강석같이 하였으니 그들이 비록 패역한 족속이라도 두려워 말며 그 얼굴을 무서워 말라 하시고

철면피는 나쁜 것이지만, 또한 철면피는 좋은 것이다. 부끄러움에 대한 철면피, 의와 정에 대한 철면피는 나쁜 것이다. 그러나 불의에 대한 철면피, 특히 권력으로 생겨난 불의와 압제, 폭력에 대한 철면피는 선한 일이며 상 줄 만한 것이다. 그리고 하나님과 정의를 위해서 힘쓰기를 원하는 자에게는 이런 종류의 철면피가 없어서는 안 된다. 정의는 아름다운 것이다. 그러나 꽃과 같이, 미인과 같이 아름다운 것은 아니다. 산악과 같이 아름다운 것이다. 산악에는 높고 큰 지대가 있고 험악한 곳이 있기 때문에 아름답다. 그러므로 정의를 실현하기 위해 앞장서 이끄는 사람에게도 세상살이의 곤란한 부분, 우울한 부분이 없어서는 안 된다. 예언자는 반석이지 않으면, 강철이지 않으면 안 된다.

8일

로마서 4장 23-25절 저에게 의로 여기셨다 기록된 것은 아브라함만 위한 것이 아니요 의로 여기심을 받을 우리도 위함이니 곧 예수 우리 주를 죽은 자 가운데서 살리신 이를 믿는 자니라 예수는 우리 범죄함을 위하여 내어 줌이 되고 또한 우리를 의롭다 하심을 위하여 살아나셨느니라

성경이 말하는 '죄'란 반역이다. 따라서 성경이 말하는 '의'가 무엇인지 알 수 있다. 죄가 '반역'이라면 의란 '귀순'이다. 모든 죄는 반역에서 나오고 모든 덕은 귀순으로부터 생겨난다. 의로 여김을 받는 것은 단순히 의라고 선고받는 것이 아니다. 그것은 아들이라 일컬음을 받는 일이며 다시 하나님께 아들로 받아들여지는 일이다. 사람이 하나님을 등져서 모든 불의에 빠진 것처럼, 하나님께 돌아가야 모든 덕으로 돌아가는 것이다. 성경이 보여 주는 바에 따르면, 죄도 덕도 하나님을 향하지 않고서는 존재하지 않는다. 하나님을 떠나 죄가 있고 하나님께 돌아가서 덕이 있다. 종교는 처음先이며 도덕은 나중末이다. 인류가 죄를 범하였기 때문에 하나님을 떠난 것이 아니라, 하나님을 떠났기 때문에 죄를 범한 것이다. 이처럼 덕을 세워 하나님께 돌아가는 것이 아니라, 하나님께 돌아가서 덕을 세울 수 있다.

9일

빌립보서 3장 20-21절 오직 우리의 시민권은 하늘에 있는지라 거기로서 구원하는 자 곧 주 예수 그리스도를 기다리노니 그가 만물을 자기에게 복종케 하실 수 있는 자의 역사로 우리의 낮은 몸을 자기 영광의 몸의 형체와 같이 변케 하시리라

조각가가 정을 가지고 대리석을 쪼고 있는 바로 그 순간, 그의 미완성 작품을 비평하고 결점을 들추어내는 사람이 과연 있을까. 미술가의 이상과 기량이란 그 완성된 미술품에서 나타나게 마련이다. 만물의 창조주이고 우리 구주이신 하나님도 마찬가지이다. 우주는 미완성이고 우리 또한 미완성품이다. 우리가 하나님의 아들이라 불린다 해도 지금도 역시 계속해서 반복하여 죄를 짓고 있다. 그래서 세상은 우리가 믿는 자라는 사실을 의심하고 우리 믿음을 조롱하는 것이다. 그러나 우리는 하나님의 아들이라 불리고 또 완전에 도달하는 자격도 부여받았다. 그리고 우리 구주가 영광 가운데 다시 나타나실 그때에 우리는 그분이 완전하신 것처럼 완전해질 수 있다.

10월 1일

시편 19편 1-4절 하늘이 하나님의 영광을 선포하고 궁창이 그 손으로 하신 일을 나타내는도다 날은 날에게 말하고 밤은 밤에게 지식을 전하니 언어가 없고 들리는 소리도 없으나 그 소리가 온 땅에 통하고 그 말씀이 세계 끝까지 이르도다 하나님이 해를 위하여 하늘에 장막을 베푸셨도다

가을은 풍요롭고 성숙한 시기이며 은혜에 감사하는 계절이다. 한여름의 혹독한 더위의 연단과 고뇌를 마치고 만물이 한결같이 평정과 안식에 드는 시기이다. 연못의 물이 부드러워지고 연기와 구름이 그윽하며, 낙엽이 붉어지고 과실이 풍만하여, 그 어느 것 하나 평화와 만족을 나타내지 않는 것이 없다. 맑은 물을 바라보며 온몸으로 느끼는 감사를 하늘에 바칠 때에는, 나무 그늘을 거닐면서 영겁의 소망을 꿈꾸며 생각에 잠길 때에는, 실로 천하가 가을하늘의 고요를 띠고 만물이 조화하여 혼란의 흔적을 남겨 두지 않는다. 우리나라 시인이 마른 버드나무에서 우는 귀뚜라미에게만 마음을 두는 일이 많고, 푸른 하늘과 청량한 공기를 사모하는 사람이 적은 것은 일본 시가의 한 커다란 결점이라 하지 않을 수 없다. 돈론

갈라디아서 5장 22-25절 오직 성령의 열매는 사랑과 희락과 화평과 오래 참음과 자비와 양선과 충성과 온유와 절제니 이같은 것을 금지할 법이 없느니라 그리스도 예수의 사람들은 육체와 함께 그 정과 욕심을 십자가에 못 박았느니라 만일 우리가 성령으로 살면 또한 성령으로 행할지니

그리스도인의 선이란 어떤 것인가 하면, 성령으로 다시 태어난 사람만이 행할 수 있는 선이다. 곧 타고난 선이 아니라, 그리스도의 영인 성령을 통해 행할 수 있는 선이다. 이는 자신의 영혼으로부터 생겨나는 선이지만, 자기 이외의 그 어떤 실재자가 주입시켜 나타나는 선이다. 즉, 선을 행하는 사람이 "내가 선"이라고 자랑할 수 없는 선이다. 자기 자신은 태어날 때부터 나쁜 성격을 가지고 있었음에도 불구하고 행할 수 있는 선이다. 또한 세상이 제재를 가하거나 양심에 가책을 받지 않아도, 내 안에 계신 그리스도의 사랑에 격려받아 행할 수 있는 선이다. 이것은 실로 특별한 선이다. 그 자신이 그리스도를 모르고서는 알 수 없는 선이다.

12일

로마서 3장 20-24절 그러므로 율법의 행위로 그의 앞에 의롭다 하심을 얻을 육체가 없나니 율법으로는 죄를 깨달음이니라 이제는 율법 외에 하나님의 한 의가 나타났으니 율법과 선지자들에게 증거를 받은 것이라 곧 예수 그리스도를 믿음으로 말미암아 모든 믿는 자에게 미치는 하나님의 의니 차별이 없느니라 모든 사람이 죄를 범하였으매 하나님의 영광에 이르지 못하더니 그리스도 예수 안에 있는 구속으로 말미암아 하나님의 은혜로 값없이 의롭다 하심을 얻은 자 되었느니라

역설 같아 보이나 진리 중의 진리는, 사람이 스스로 노력하여 선인이 될 수는 없다는, 바로 그 사실이다. 죄 가운데서 잉태되고 죄 가운데서 자라난 사람이 자신의 노력만으로 죄로부터 벗어나려고 하는 것은, 샘이 물의 근원지에서 높이 솟아올라 일상의 수류를 거스르려는 것처럼, 또 선원이 바람을 의지하지 않고 자기 의지대로만 배를 가게 하려는 것처럼, 우리가 절대 소망해서는 안 되는 일이다. 우리의 구원은 그리스도를 통해 하나님과 이어져야만 이룰 수 있다. 그리고 무슨 이유가 그 속에 있든, 확고한 그리스도교의 복음으로서 부동의 진리는, 그리스도의 생애와 죽음이야말로 영혼을 구원하는 데 반드시 필요하며, 그리스도를 떠나서는 사람은 하나님과 한 몸이 될 수 없는 데다 그가 하나님께 범한 죄 또한 용서받을 수 없다는 것, 바로 이것이다. 구약

13일

고린도후서 4장 5-7절 우리가 우리를 전파하는 것이 아니라 오직 그리스도 예수의 주 되신 것과 또 예수를 위하여 우리가 너희의 종 된 것을 전파함이라 어두운 데서 빛이 비취리라 하시던 그 하나님께서 예수 그리스도의 얼굴에 있는 하나님의 영광을 아는 빛을 우리 마음에 비취셨느니라 우리가 이 보배를 질그릇에 가졌으니 이는 능력의 심히 큰 것이 하나님께 있고 우리에게 있지 아니함을 알게 하려 함이라

전도하는 데에 어려움이 많은 이유는 나눠 줘야 할 영이 모자라기 때문이다. 마치 천만이나 되는 굶주린 사람들을 먹여야 하는데, 곡물이 불과 몇 가마니밖에 없어 물을 넣어 만든 아무 맛도 없고 싱겁기만 한 죽 한 그릇도 공평하게 나누어 줄 수 없는 것과 같다. 세상에 기쁜 일이라고 불리는 것 중에 넘쳐나는 재산을 가난한 사람들에게 베풀어 주는 일보다 더 나은 일은 없다. 하물며 전도가 만약 영을 나누어 주는 일이라면, 이 일보다 기쁜 일이 달리 어디 있겠는가. 전도가 힘들다고 호소하는 사람이라면 이 점에 대해 한번 잘 성찰해 볼 필요가 있다.

14일

갈라디아서 5장 5절 우리가 성령으로 믿음을 좇아 의의 소망을 기다리노니

믿음은 믿고 사랑하는 것이다. 믿고 의지하는 것이다. 믿고 순종하는 것이다. 어린아이가 부모를 대하는 태도이다. 단지 맡기는 것이다. 굳이 자신의 의로움을 내세우지 않는다. 굳이 의식儀式을 완벽하게 갖추려고 하지 않는다. 자신을 먼저 정결하게 하고 난 뒤에 하나님이 주시는 은혜를 받아 누리려고 하지 않는다. 단지 믿는 것이다. 죄의 몸 그대로 무지無知와 어리석음을 숨기려 하지 않고 "아버지가 부르시면 나는 나아간다"고 아뢰며 두려움 없이 그분에게 가까이 다가가는 태도이다. 다른 이는 모르고 있다. 그들은 잘못된 교의와 신학, 심원한 성경 지식과 예로부터 내려오는 신화나 전설, 흠 없는 제도와 의식을 통해 하나님께 다가가고자 할지 모른다. 그러나 우리, 믿음의 사람들은, 승려, 목회, 신조, 의례 등과 어떤 관계도 없는 우리는, '오직 믿음으로'라고 성경을 통해 바울은 역설한 것이다.

15일

시편 146편 3-5절 방백들을 의지하지 말며 도울 힘이 없는 인생도 의지하지 말지니 그 호흡이 끊어지며 흙으로 돌아가서 당일에 그 도모가 소멸하리로다 야곱의 하나님으로 자기 도움을 삼으며 여호와 자기 하나님에게 그 소망을 두는 자는 복이 있도다

하나님의 사람 모세의 무덤을 숨기고 사람들에게 알리지 않으셨으며, 예언자 엘리야를 불수레로 하늘로 맞이하신 왕하 2:11, 12 그 하나님은, 베드로도 바울도 이름 없는 곳에서 이름 없이 죽게 하셨다. 두 사람 모두 그리스도의 충실한 종으로서, 그들이 가장 꺼린 일은 사람들에게 숭배받는 일이었다. 하나님은 모든 것이고 사람은 아무것도 아니다. 신실하신 하나님께 비하면 사람은 무익하기 그지없다. 하나님을 따르고 찾는 사람 눈에는 사람이 크게 보여서는 안 된다.

정월 16일

마태복음 27장 43절 저가 하나님을 신뢰하니 하나님이 저를 기뻐하시면 이제 구원하실지라 제 말이 나는 하나님의 아들이라 하였도다 하며

이 세상 선인(善人)으로서 주로 자기 자신을 잊고 남을 위해 애쓰던 사람이 정작 자신을 위해 꾀하는 데는 매우 형편없으며, 자기 집을 위해 일하는 데에도 매우 무능한 모습을 보게 된다. 그가 선인 중의 선인인 이유가 여기에 있다. 즉, 선인은 남을 위해 자신을 다 써 버리고 자신을 위해서는 아무것도 남기지 않는다. 하물며 예수는 더할 나위 없으리라. 선인 중의 선인이신 예수가 사람을 구원하고 자신을 구원하지 못하신 것은 굳이 이상하게 여길 만한 일이 못 된다. 만약 그분이 남도 구원하고 자신도 구원하실 수 있었다면 그분은 하나님의 아들이 아니다. 사랑의 화신이셨던 그분은 남을 위해 자신의 능력을 다 소진하고 자신을 위해서는 하나도 남기지 않으셨다. 예수가 큰 능력을 소유하셨던 것은 남을 구원할 때뿐이었다. 요2

옛글 따라

고린도후서 1장 21-22절 우리를 너희와 함께 그리스도 안에서 견고케 하시고 우리에게 기름을 부으신 이는 하나님이시니 저가 또한 우리에게 인치시고 보증으로 성령을 우리 마음에 주셨느니라

바울이 말하는 이른바 영체란 신자의 부활체의 근원으로 그 핵심이라고도 말할 수 있다. 신자는 이것을 받을 때 이미 부활체의 본질을 받은 셈이다. 영체가 성장 발달한 것이 바로 부활체이다. 부활체는 죽은 뒤에 기적적으로 위로부터 덮어 씌워지는 것이 아니다. 그 본질은 신자가 믿음을 가지게 되는 그 순간에 이미 부여받았으며, 죽은 뒤에 완성되는 것이다. 이렇게 하여 신자의 부활은, 반은 미래의 희망에 속하고 반은 이미 이루어진 사실이다. 신자는 이미 부활의 본질을 가지고 있는 사람이면서 또 주님과 함께 그 영광 가운데 나타나기를 기다리는 사람이다. 신자는 그 육체에 이미 부활체의 종자와 핵심을 가지고 있다. 지금 그는 이미 부활하고 있는 중이다.

9월 18일

시편 1편 복 있는 사람은 악인의 꾀를 좇지 아니하며 죄인의 길에 서지 아니하며 오만한 자의 자리에 앉지 아니하고 오직 여호와의 율법을 즐거워하여 그 율법을 주야로 묵상하는 자로다 저는 시냇가에 심은 나무가 시절을 좇아 과실을 맺으며 그 잎사귀가 마르지 아니함 같으니 그 행사가 다 형통하리로다 악인은 그렇지 않음이여 오직 바람에 나는 겨와 같도다 그러므로 악인이 심판을 견디지 못하며 죄인이 의인의 회중에 들지 못하리로다 대저 의인의 길은 여호와께서 인정하시나 악인의 길은 망하리로다

이것은 하나님이 창조하신 세계이다. 악인의 뜻대로 될 거라고 생각해서는 안 된다. 하나님께는 하나님의 계획이 있고, 그분은 이를 실행하기까지 멈추지 아니하시리라. 우리가 악인의 성공을 보고 분개하고 원망하는 이유는, 하나님에 대한 우리 믿음이 심히 얕기 때문이다. 소감

19일

로마서 3장 25-26절 이 예수를 하나님이 그의 피로 인하여 믿음으로 말미암는 화목 제물로 세우셨으니 이는 하나님께서 길이 참으시는 중에 전에 지은 죄를 간과하심으로 자기의 의로우심을 나타내려 하심이니 곧 이때에 자기의 의로우심을 나타내사 자기도 의로우시며 또한 예수 믿는 자를 의롭다 하려 하심이니라

진실로 사람은 믿음으로만 의롭다고 여김받는다. 의식도 아니고, 혈육도 아니며, 지위도 아니고, 학식도 아니며, 행위도 아니다. 단지 십자가의 치욕을 받은 나사렛 예수를 믿는 믿음을 통해서이다. 이것은 미신처럼 들리나 진리 중의 진리이다. 사람의 경험 가운데 가장 확실한 경험이다. 내가 이 복음을 믿는 이유는 성경이 이렇게 말하기 때문이 아니라 나의 모든 성품이 여기에 응답하기 때문이다. 나의 경험이 이 사실을 증명하기 때문이다. 역사가 이것을 확인해 주기 때문이다. 자연이 가르쳐 주기 때문이다. 과연 믿음이다! 믿음으로 말미암지 않고서 인간이 구원받을 수 있는 길은 없다.

20일

마가복음 2장 10-12절 그러나 인자가 땅에서 죄를 사하는 권세가 있는 줄을 너희로 알게 하려 하노라 하시고 중풍병자에게 말씀하시되 내가 네게 이르노니 일어나 네 상을 가지고 집으로 가라 하시니 그가 일어나 곧 상을 가지고 모든 사람 앞에서 나가거늘 저희가 다 놀라 영광을 하나님께 돌리며 가로되 우리가 이런 일을 도무지 보지 못하였다 하더라

그리스도는 어떤 분입니까? 그리스도는 사람의 죄를 용서하기 위해 이 세상에 오신 분입니다. 또한 죄를 용서한다는 것은 앞에서도 말씀드렸듯이, 죄에 대한 생각을 우리 마음에서 제거하는 일입니다. 이것은 도저히 인간의 능력으로 할 수 있는 일이 아닙니다. 만약 여기에, 내가 하나님께 지은 죄를 용서해 주겠다는 사람이 있다면, 나는 그 사람의 주제넘은 행동을 조소하겠습니다. 사람의 죄를 용서할 수 있는 분은 단지 하나님뿐입니다. 그리스도가 하나님이신 가장 확실한 증거는 그분이 사람의 죄를 용서할 수 있다는 사실입니다. 그러므로 이 특권을 가지고 계신 그리스도가 기적을 행할 수 있었던 것은 당연하며, 기적을 행할 수 없는 구주는 진정한 구주가 아닙니다.

21일

호세아 11장 9절 누가 지혜가 있어 이런 일을 깨달으며 누가 총명이 있어 이런 일을 알겠느냐 여호와의 도는 정직하니 의인이라야 그 도에 행하리라 그러나 죄인은 그 도에 거쳐 넘어지리라

아무리 멸시할 만한 자라도 세상의 냉철하기 그지없는 철학자 같은 자가 없다. 그는 모든 일을 분별하고 있어 항상 안전한 길을 취하고 위험한 일에 뛰어들지 않는다. '열심'을 비천하게 여기고 '극단'을 비웃는다. 혼자 높은 곳에 앉아 인류가 죄악에 빠지는 것을 동정한다. 낮은 곳에 내려와 직접 도우려고는 하지 않고 단지 차갑게 비평하고 그들의 어리석음을 비웃는다. 그러나 우리 주 하나님은 철학자가 아니시다. 때로는 열심히 돌진하시는 분이다. 그분은 완전한 지혜인 동시에 완전한 사랑이시다. 사랑은 지혜보다 크고 힘이 강해 때로는 주님 안에서도 지혜를 이기기도 한다. 또한 하나님이 가장 귀하고 신성하게 나타나시는 때는 그분의 사랑이 그분의 지혜를 초월하는 때이다. 하나님의 작은 것이 사람인 것처럼, 사람의 큰 것이 하나님이다. 하나님께도 사람과 마찬가지로, 정情은 지혜를 초월하는 세력이다. 이 깊은 뜻을 잘 전달하고 있는 것이 누가복음 15장의 탕자 비유이다.

22일

베드로후서 1장 16-18절 우리 주 예수 그리스도의 능력과 강림하심을 너희에게 알게 한 것이 공교히 만든 이야기를 좇은 것이 아니요 우리는 그의 크신 위엄을 친히 본 자라 지극히 큰 영광 중에서 이러한 소리가 그에게 나기를 이는 내 사랑하는 아들이요 내 기뻐하는 자라 하실 때에 저가 하나님 아버지께 존귀와 영광을 받으셨느니라 이 소리는 우리가 저와 함께 거룩한 산에 있을 때에 하늘로서 나옴을 들은 것이라 또 우리에게 더 확실한 예언이 있어 어두운 데 비취는 등불과 같으니 날이 새어 샛별이 너희 마음에 떠오르기까지 너희가 이것을 주의하는 것이 가하니라

세상 사람들 대부분이 말하는 대로 기적이란 것은 전혀 없다고 한다면 어떻겠습니까? 이것은 종교적인 믿음을 그 근본에서부터 파기하는 일이라고 생각합니다. 종교가 세상에 존재하는 이유, 곧 종교가 필요하다고 우리가 생각하는 이유는, 종교 안에는 초자연적이고 초인간적인 힘이 있기 때문입니다. 만약 우리가 의지할 세력이 자연 외에는 없다고 한다면 우리는 과학만 연구하면 되지 종교를 배울 필요가 그다지 없습니다. 또한 만약 사람 외에는 달리 의지할 만한 존재가 없다고 한다면, 우리가 아무리 인간 세상이 무정하다고 주장한들 아무 소용도 없습니다. 사람의 천성이 자연스레 종교를 요구하는 까닭은, 그에게 초자연적인 세력, 곧 기적이 있다는 것을 믿는 본심이 있기 때문이 아니겠습니까. 묵상

23일

빌립보서 1장 21-24절 이는 내게 사는 것이 그리스도니 죽는 것도 유익함이니라 그러나 만일 육신으로 사는 이것이 내 일의 열매일진대 무엇을 가릴는지 나는 알지 못하노라 내가 그 두 사이에 끼였으니 떠나서 그리스도와 함께 있을 욕망을 가진 이것이 더욱 좋으나 그러나 내가 육신에 거하는 것이 너희를 위하여 더 유익하리라

육신은 일종의 감옥이다. 따라서 그 안에 들어가 있는 것은 일종의 감옥살이다. 영은 죽음을 통해 육의 속박으로부터 벗어날 수 있게 되어 감옥살이에서 풀려나게 된다. 육에 머무는 동안은 인간에게 완전한 자유란 없다. 그 어떤 헌법이 보증을 선다 해도 그에게 완전한 자유를 줄 수는 없다. 속박은 육이 있으므로 속박인 것이다. 육을 떠나기까지는 영에게 완전한 자유는 없다. 그러므로 "생명은 질고이며 죽음은 해탈"이라고 말한다. 죽음은 가장 위대한 해방자이다. 육의 노예는 죽음을 통해 처음으로 자유의 천지에 나오게 된다. 따라서 진정한 자유를 사랑하는 것은 워싱턴과 마치니*, 링컨 등이 자유를 맞이했던 그 마음으로 죽음을 환영하는 것이다.

---

* Giuseppe Mazzini : 1805-1872, 이탈리아 애국자이자 개혁가

24일

시편 33편 3-5절 새 노래로 그를 노래하며 즐거운 소리로 공교히 연주할지어다 여호와의 말씀은 정직하며 그 행사는 다 진실하시도다 저는 정의와 공의를 사랑하심이여 세상에 여호와의 인자하심이 충만하도다

세례를 받고서 수십 년간 어리석은 경험과 실패를 거듭한 뒤에, 선천적으로 타고난 체력과 두뇌를 아무 가치도 없는 일에 소비한 뒤에, 나는 여전히 죄인의 몸으로 아버지의 자비만을 의지하여 아버지 집으로 돌아왔다. 나 자신의 논리를 펴거나 의리를 내세우지 않고, 단지 나의 하나님이 나를 위해 태초부터 예비해 놓으신 하나님의 어린양의 속죄에 의지하지 않을 수 없게 되었다. 아아, 하나님이여, 나는 믿지 않을 수 없기 때문에 믿는 것입니다. 예수 그리스도의 십자가를 통해 용서받을 수 없는 내 죄를 용서받고 싶습니다. 내게는 지금 하나님께 바칠 선행이 하나도 없습니다. 내게는 지금 나를 의롭다고 자랑할 만한 선한 성품이 하나도 없습니다. 내가 드릴 것은 이 피곤에 지친 몸과 영혼입니다. 그리고 이 통회하는 마음입니다.

25일

마가복음 2장 16-17절 바리새인의 서기관들이 예수께서 죄인과 세리들과 함께 잡수시는 것을 보고 그 제자들에게 이르되 어찌하여 세리와 죄인들과 함께 먹는가 예수께서 들으시고 저희에게 이르시되 건강한 자에게는 의원이 쓸 데 없고 병든 자에게라야 쓸 데 있느니라 내가 의인을 부르러 온 것이 아니요 죄인을 부르러 왔노라 하시니라

내 안에 큰 것이 있다. 히말라야 산이 있고 아마존 강이 있으며 태양계가 있고 오리온 성좌가 있다. 내 안에 작은 것이 있다. 패랭이꽃이 있고 들국화가 있으며 매발톱꽃이 있고 용담*이 있다. 나는 웅대한 것과 섬세하고 아름다운 것을 사랑한다. 하나님과 어린아이를 사랑한다. 그리스도와 죄를 회개하는 죄인을 사랑한다. 그 외에 다른 것을 사랑할 수는 없다.

---

* 용담과의 다년초로 산지 풀밭에 절로 나는데, 잎은 마주나고 8-10월에 자줏빛 꽃이 핌.

26일

빌립보서 1장 3-6절 내가 너희를 생각할 때마다 나의 하나님께 감사하며 간구할 때마다 너희 무리를 위하여 기쁨으로 항상 간구함은 첫날부터 이제까지 복음에서 너희가 교제함을 인함이라 너희 속에 착한 일을 시작하신 이가 그리스도 예수의 날까지 이루실 줄을 우리가 확신하노라

신자는 하나님의 종이면서 또한 하나님이 사랑하시는 자녀이다. 때문에 하나님은 그가 성숙하여 천국 시민의 자격을 갖추기까지는 그를 이 세상에서 불러 가지 않으신다. 신자가 이 세상에 있는 이유는 흠도 티도 없는 사람이 되어 주님 전에 서는 준비를 하기 위해서이다. 그 준비를 다 마칠 때까지 그는 이 세상을 떠나고 싶어 하지 않고, 하나님도 그가 세상을 떠나도록 하지 않으신다. 그러나 이미 준비를 다 마쳤고 신랑 되신 어린양을 맞이하기 위한 치장이 끝났으면 그는 언제라도 이 세상을 떠나도 된다. 문제는 장수하거나 단명하거나 하는 게 아니라 준비가 되었는가, 되어 있지 않는가 하는 것이다. 신부는 신랑을 맞이할 준비를 마쳐 한시라도 빨리 신랑 품으로 향하고 싶어 한다.

추수감사절

시편 147편 8-11절 저가 구름으로 하늘을 덮으시며 땅을 위하여 비를 예비하시며 산에 풀이 자라게 하시며 들짐승과 우는 까마귀 새끼에게 먹을 것을 주시는도다 여호와는 말의 힘을 즐거워 아니하시며 사람의 다리도 기뻐 아니하시고 자기를 경외하는 자와 그 인자하심을 바라는 자들을 기뻐하시는도다

죽은 자의 부활만이 큰 권능을 증명하는 것은 아니다. 오곡이 풍성히 무르익는 것도 신비로운 힘의 증표이다. 바나바와 바울은 루가오니아 사람에게 "하나님은 자기를 증거하지 아니하신 것이 아니니 곧 너희에게 하늘로서 비를 내리시며 결실기를 주시는 선한 일을 하사 음식과 기쁨으로 너희 마음에 만족케 하셨느니라" 행 14:17고 말하였다. 바야흐로 황금물결이 벼 익는 논에 나부끼고, 옥구슬이 향긋한 벼 이삭에 드리워진다. 어찌하여 이러한 가을들판에서 복음을 만나 회개하고 아버지께로 돌아가지 않는 것인가.

8월 28일

마태복음 6장 33절 너희는 먼저 그의 나라와 그의 의를 구하라 그리하면 이 모든 것을 너희에게 더하시리라

사람의 영예는 이러하니, 곧 사람은 가장 높으신 분, 즉 하나님을 통해 행하지 않고서는 만족할 수가 없다 빅토르 위고의 말. 나는 최상의 음식과 마실 것을 갖고 있다. 나는 실로 풍족한 사람이 아닌가. 하지만 그 어떤 진미라고 해도 순백한 양심보다 더 나은 것이 있을까. 죄를 용서받은 사람이 누리는 평안, 하나님을 벗으로 삼은 기쁨, 영원한 소망, 성도의 교제⋯⋯. 나는 세상의 부자에게 묻고 싶다. "당신의 비단옷, 당신의 저택, 당신의 진수성찬, 당신의 가정은 만일 가정이란 것을 당신도 갖고 있다면 이 고상하고 무해하며 건전한 기쁨을 당신에게 주는가, 그렇지 못한가?" 의사 역시, 기쁜 마음으로 먹고 마시면 보잘것없는 음식도 몸을 살찌우나, 마음에 고민이 쌓이면 소화가 안 되고 영양가 많은 음식을 먹어도 효과가 적다고 말하리라. 진리는 마음의 양식이며 몸의 양식이다. 나의 자양분은 하늘로부터 오는 것이다. 호연한 정신은 진실로 불사약 不死藥이다. 가난한 자여, 즐거워하라, 천국이 당신 것이다.

29일

마태복음 13장 47-50절 또 천국은 마치 바다에 치고 각종 물고기를 모는 그물과 같으니 그물에 가득하매 물가로 끌어 내고 앉아서 좋은 것은 그릇에 담고 못된 것은 내어 버리느니라 세상 끝에도 이러하리라 천사들이 와서 의인 중에서 악인을 갈라 내어 풀무 불에 던져 넣으리니 거기서 울며 이를 갊이 있으리라

피어나는 꽃은 많으나 열매가 되는 꽃은 적다. 열매는 많이 열리나 무르익는 열매는 적다. 평안할지라, 내 영혼아, 당신의 전도도 또한 이러하다. 듣는 자는 많으나 믿는 자는 적다. 믿는 자는 많으나 구원받는 자는 적다. 자연의 법칙은 또한 하나님의 거룩한 뜻이다. 당신은 "전도에 실패했다"고 외치며 당신 마음을 괴롭게 할 필요가 없다.

야훼 30일

갈라디아서 2장 20절 내가 그리스도와 함께 십자가에 못 박혔나니 그런즉 이제는 내가 산 것이 아니요 오직 내 안에 그리스도께서 사신 것이라 이제 내가 육체 가운데 사는 것은 나를 사랑하사 나를 위하여 자기 몸을 버리신 하나님의 아들을 믿는 믿음 안에서 사는 것이라

그리스도인은 믿음의 체험을 통해 성령이 주 예수 그리스도라는 사실을 알게 된다. 그들에게 그리스도는 고인이 아니다. 즉, 단순히 역사적 인물이 아니다. 지금도 여전히 살아 계시는 분이다. 그분은 요한계시록 기자가 말하는 "이제도 있고 전에도 있었고 장차 올 자"_{계 1:8}이다. 그리스도인이 다른 종교를 믿는 자들과 그 믿음을 달리하는 점이 바로 여기에 있다. 그들은 죽은 옛 영웅을 사모하는 것이 아니며 지금 살아 계시는 주님을 섬기는 사람들이다. 그분은 실로 현존하시는 포도나무요 우리는 그 가지이다. 우리는 그분을 떠나서는 존재할 수가 없다. 그리스도와 신자의 이러한 개인적인 관계가 그리스도교의 특징이다. 이것이 없으면 성경도 신학도 교회도 교리도 아무것도 아니다. 그리고 이것을 통해 모든 것이 존재한다.

⋮ 나는 나 자신을 정결하게 하고자 일생토록 종사하였으나 그렇게 될 수 없었다. 그러나 하나님의 어린양이신 예수 그리스도를 바라볼 때 나는 비로소 내 영혼의 병이 깨끗해진다는 사실을 깨달았다.

잠언 15장 30-32절 눈의 밝은 것은 마음을 기쁘게 하고 좋은 기별은 뼈를 윤택하게 하느니라 생명의 경계를 듣는 귀는 지혜로운 자 가운데 있느니라 훈계받기를 싫어하는 자는 자기의 영혼을 경히 여김이라 견책을 달게 받는 자는 지식을 얻느니라

가을이 왔다. 나는 성경으로 돌아가리라. 지상의 책이 아니라 하늘의 책인 성경으로 돌아가리라. 육의 책이 아니라 영의 책인 성경으로 돌아가리라. 교회의 책이 아니라 인류의 책인 성경으로 돌아가리라. 그것도 자유의 정신을 가지고 성경으로 돌아가리라. 학자의 태도를 가지고 성경으로 돌아가리라. 그리고 하나님과 자유와 영생에 관하여 조금 더 알게 되리라.

2일

갈라디아서 4장 19절 나의 자녀들아 너희 속에 그리스도의 형상이 이루기까지 다시 너희를 위하여 해산하는 수고를 하노니

그리스도교는 그리스도가 가르치신 도덕이 아니다. 그리스도가 세우신 교회도 아니다. 그리스도교의 성경 안에 들어 있는 인생철학도 아니다. 그리스도교는 자선사업이 아니고 사회개혁이 아니며, 전도나 정치, 교육이 아니다. 이것들은 모두 겉으로 드러난 그리스도교의 여러 면이기는 하나, 그리스도교 그 자체는 아니다. 그리스도교는 그리스도이다. 아버지의 오른편에 앉아 우주를 다스리시는 살아 계신 그리스도이다. 그분의 신성, 그분의 능력, 그분의 지혜 그 자체이다. 그리스도는 영적 우주이다. 그분 자신이 그리스도교의 본원이며 또한 그 종극이다. 외면이며 또한 그 내용이다. 제사장이며 또한 그 제물이다. 율법이며 또한 그 실행이다. 그분 안에 완전한 종교가 있다. 그분 자신이 하나님이시며 또한 하나님을 숭배하기 위한 단 하나의 성전이시다.

10월 3일

마태복음 9장 13절 너희는 가서 내가 긍휼을 원하고 제사를 원치 아니하노라 하신 뜻이 무엇인지 배우라 내가 의인을 부르러 온 것이 아니요 죄인을 부르러 왔노라 하시니라

인간은 행위가 아니라 믿음으로 구원받는다. 믿기 어려운 하나님의 절대적인 사랑을 믿음으로써 구원받는 것이다. 하나님이 의인을 구원하신다는 사실은 어느 누구라도 쉽게 믿을 수 있다. 그러나 그분이 스스로 나아가 죄인과 화합하여 그 죄를 없애 주시고 아들로 삼으셨다면, 우리는 그런 사랑은 사람의 생각을 초월하기에 도저히 믿을 수 없다고 하지 않겠는가. 실로 믿기 어려운 일은 물을 포도주로 변하게 하시고 죽은 자를 다시 살리시는 물리적인 기적이 아니다. 죄인의 죄를 없애고 더 이상 죄로 인정하지 않으시며, 그 대신 순전한 마음을 주시는 사랑의 기적, 믿기 어려운 일은 참으로 이런 기적이다. 더구나 하나님의 사랑이란 바로 이런 사랑이다. 우리는 이 사랑을 믿어 구원받는다. 복음은 이 사랑을 전하는 것이다. 신자는 이 사랑을 믿는 사람이다. 나의 평안은 여기에 있다. 나의 안전은 여기에 있다. 나는 세상 사람들이 뻔뻔하다 말할 정도로 하나님의 사랑을 굳게 믿어 하나님의 아들이 되는 자격을 얻고자 하는 것이다.

10월 4일

시편 121편 1-3절 내가 산을 향하여 눈을 들리라 나의 도움이 어디서 올꼬 나의 도움이 천지를 지으신 여호와에게서로다 여호와께서 너로 실족지 않게 하시며 너를 지키시는 자가 졸지 아니하시리로다

나는 때때로 나의 눈을 들어 도움을 청한다. 홀로 마음속으로 물어본다. '나의 도움은 어디서 오는고.' 그렇다. 나의 도움은 정부나 교회에서 오는 것이 아니다. 그렇다고 나의 수양이나 믿음으로부터도 오지 않는다. 나의 도움은 주님으로부터 온다. 우주를 만드신 주님으로부터 온다. 나의 도움은 사람으로부터 오지 않으며, 나 자신으로부터도 오지 않는다. 외부로부터 오지 않고 안으로부터 온다. 그것도 내가 아닌, 안으로부터 온다. 천지를 지으시고 내 영혼에 깃들어 계신 하나님으로부터 온다. 그러므로 나는 사람에게서는 독립해 있다. 하지만 나 자신에게 의지하지 않고 하나님을 의지하는 나는 강하다. 그러나 자랑할 수 없다. 나의 도움을 주님께 바라므로 나는 겸손하고 강건할 수 있는 것이다.

8월 5일

갈라디아서 6장 7-9절 스스로 속이지 말라 하나님은 만홀히 여김을 받지 아니하시나니 사람이 무엇으로 심든지 그대로 거두리라 자기의 육체를 위하여 심는 자는 육체로부터 썩어진 것을 거두고 성령을 위하여 심는 자는 성령으로부터 영생을 거두리라 우리가 선을 행하되 낙심하지 말지니 피곤하지 아니하면 때가 이르매 거두리라

추구해야 하는 것은 성공이 아니라 정의, 곧 선이다. 피해야 할 것은 실패가 아니라 죄악이다. 바르게 살려고 힘쓰는 사람은 실패해도 성공하리라. 공을 세우기에 여념이 없는 사람은 몸을 더러운 늪에 잠기게 할 위험이 아주 많다. 그러므로 만약 계획을 하려면 선을 계획하자. 성공을 계획해서는 안 된다.

6일

출애굽기 14장 31절 이스라엘이 여호와께서 애굽 사람들에게 베푸신 큰 일을 보았으므로 백성이 여호와를 경외하며 여호와와 그 종 모세를 믿었더라

역사가는 말한다. 그 옛날 이집트에는 모든 문물이 갖춰져 있었으나 단 하나 없는 게 있는데, 그것은 개인의 자유였다고. 정말 그러했다. 이집트만이 아니라 바벨론에도 앗시리아에도, 인도나 중국에도, 실로 동양 전체에 모든 문물이 겸비되어 있었으나 개인의 자유만은 없었다. 그리고 자유는 이집트에서 이스라엘 민족을 통해 시작되었다. 처음으로 신정神政 정치가 시작되면서 율법이 정해졌고, 그 율법에 따라 백성들은 자유를 보장받게 되었다. 실로 모세는 세계 최초의 입헌적 정치가이다. 그를 통해 이스라엘의 자손뿐만 아니라 인류는 처음으로 자유의 새 출발점에 오르게 된 셈이다.

다른 길

요한복음 14장 26절 보혜사 곧 아버지께서 내 이름으로 보내실 성령 그가 너희에게 모든 것을 가르치시고 내가 너희에게 말한 모든 것을 생각나게 하시리라

단지 그리스도교를 배웠다고 해서 그 교리로부터 힘을 얻을 수는 없다. 철학적으로 아무리 깊이 연구해도 그리스도교는 불교나 유교 같은 종교와 많이 다르지 않다. 그리스도교를 통해 큰 공을 세우고자 한다면 그 창설자이신 하나님으로부터 그리스도교를 배우지 않으면 안 된다. 곧 그리스도교의 진리와 함께 하나님의 성령을 우러르지 않으면 안 된다. 그리스도교를 살리는 것도 죽이는 것도 온전히 성령의 힘에 달려 있다.

10월 8일

히브리서 4장 12절 하나님의 말씀은 살았고 운동력이 있어 좌우에 날선 어떤 검보다도 예리하여 혼과 영과 및 관절과 골수를 찔러 쪼개기까지 하며 또 마음의 생각과 뜻을 감찰하나니

성경은 도덕책이 아닙니다. 성경은 사람이 도덕의 본원이신 하나님께 이르는 길을 보여 주는 책입니다. 그 사람이 가지고 있는 도덕에 맞춰 하나님의 뜻을 그에게 전하는 것입니다. 성경에 노예를 폐지하라고는 쓰여 있지 않습니다. 그러나 성경은 사람이 하나님의 아들임을 가르침으로 노예 제도의 토대를 부쉈습니다. 성경은 전쟁을 폐지하라고 강요하지 않습니다. 그러나 성경은 사람의 목숨이 귀중한 이유를 가르쳐서 전쟁은 존재해서는 안 된다고 말하고 있습니다. 성경은 도덕의 원리를 가르치지 그 형식을 가르치지 않습니다. 이런 일 자체가 성경이 하나님의 말씀이라는 증거가 아니고 무엇이겠습니까.

10월 9일

사도행전 1장 10-11절 올라가실 때에 제자들이 자세히 하늘을 쳐다보고 있는데 흰옷 입은 두 사람이 저희 곁에 서서 가로되 갈릴리 사람들아 어찌하여 서서 하늘을 쳐다보느냐 너희 가운데서 하늘로 올리우신 이 예수는 하늘로 가심을 본 그대로 오시리라 하였느니라

'다시 오신다'는 말은 '다시 나타나신다'는 뜻이다. 그리스어의 '아포칼룹시스'apokalupsis도, 영어의 '레벌레이션'Revelation도 모두 이런 의미를 나타낸다. 그리스도가 지금은 하늘의 높은 곳에 계시다가, 후일에 하늘의 만군을 이끌고 다시 우리 사이로 내려오시는 것이 아니다. 그리스도는 지금 이미 우리와 함께 계시고, 후일에 그 몸을 나타내신다. 그분은 "내가 세상 끝 날까지 너희와 항상 함께 있으리라"마 28:20고 말씀하셨다. 그리스도의 재림은 이 세상 종말에 일어날 일이다. 그리고 모든 만물은 한결같이 최후에 있을 이 기쁜 사건을 향해 나아가고 있다. 우리가 날마다 그리스도가 다시 나타나시기를 고대하는 이유는, 그리스도의 재림이 시시각각 우리에게 다가오고 있음을 알기 때문이다. 우리는 이미 그리스도의 소유가 되었고, 지금 전 세계에서 벌어지고 있는 모든 일들은 하나같이 우리가 그리스도의 재림을 소망하도록 진행되고 있는 것이다.

10월 10일

고린도후서 2장 15-17절 우리는 구원 얻는 자들에게나 망하는 자들에게나 하나님 앞에서 그리스도의 향기니 이 사람에게는 사망으로 좇아 사망에 이르는 냄새요 저 사람에게는 생명으로 좇아 생명에 이르는 냄새라 누가 이것을 감당하리요 우리는 수다한 사람과 같이 하나님의 말씀을 혼잡하게 하지 아니하고 곧 순전함으로 하나님께 받은 것같이 하나님 앞에서와 그리스도 안에서 말하노라

그리스도교의 전도는 표명表明입니다. "당신의 죄를 회개하라"고 말하는 것이 아니라, "나는 내 하나님의 은혜로 말미암아 이렇게 될 수 있었다. 나는 당신에게 이 일을 알리고 싶다"고 말하는 것입니다. 사실 유력한 전도는 항상 이러한 전도입니다. 바울의 전도가 바로 이런 전도였다는 사실은, 그가 자신이 회개하고 예수님을 영접하기까지 일어났던 일들을 몇 번이고 청중 앞에서 고백한 내용이 성경에 쓰여 있기 때문에 알 수 있습니다. 게다가 그의 서신이 훈계적이지 않고 자기를 드러내는 식이라는 것만 보더라도 바울의 전도가 어떠했는지를 잘 알 수 있습니다. 신학을 연구하여 아무리 그 깊은 뜻을 깨닫는다 해도 신학으로 그리스도교의 목회자를 만들지는 못합니다. 세상에 내보일 만한 영적 체험을 해 보지 않은 사람은, 목회자로 세상에 나와서는 안 된다고 생각합니다. 토탈

11일

시편 46편 1-5절 한 시내가 있어 나뉘어 흘러 하나님의 성 곧 지극히 높으신 자의 장막의 성소를 기쁘게 하도다 하나님이 그 성중에 거하시매 성이 요동치 아니할 것이라 새벽에 하나님이 도우시리로다

하나님은 강풍을 사용하실지라도 강풍 같은 분은 아니다. 찢어 부수는 일은 그분이 기뻐하시는 바가 아니다. 하나님은 지진 같은 분이 아니며, 두려워 떨게 하는 일은 그분이 즐겨하시는 바가 아니다. 주님은 불과 같은 분도 아니며, 다 태워 버리는 일은 그분이 바라는 바가 아니다. 그분은 고요한 것을 사랑하신다. 그분의 보좌는 모든 만물이 고요한 가운데 있다. 그분의 목소리는 거센 파도와 같지 않고 잔잔한 냇물과도 같다. 그분은 큰 소리를 지르는 대신 속삭이신다. 우리는 고요한 가운데 세밀한 목소리를 듣고 그것이 진실로 하나님의 목소리임을 알게 된다.

12일

에베소서 1장 7-9절 우리가 그리스도 안에서 그의 은혜의 풍성함을 따라 그의 피로 말미암아 구속 곧 죄 사함을 받았으니 이는 그가 모든 지혜와 총명으로 우리에게 넘치게 하사 그 뜻의 비밀을 우리에게 알리셨으니 곧 그 기쁘심을 따라 그리스도 안에서 때가 찬 경륜을 위하여 예정하신 것이니

우리 자신의 체험에 비추어 보아도, 다른 사람의 체험으로 보아도, 또 그리스도교 역사를 통틀어 추측해 보아도, 영혼을 구원하는 일은 자연을 초월하는 일이요 사람의 힘을 초월하는 일입니다. 이것은 하나님이 기획하고 하나님이 이루신 사업입니다. 우리 인간은 이 일 앞에 서서 단지 말을 멈추고 놀랄 뿐입니다. 물론 우리는 예정의 교리를 충분히 연구할 수는 없습니다. 그러나 지금껏 말한 대로 나와 다른 사람의 체험을 통해 그것이 결코 근거 없는 교리는 아님을 깨달을 수 있습니다.

13일

요한3서 1장 2절 사랑하는 자여 네 영혼이 잘됨같이 네가 범사에 잘되고 강건하기를 내가 간구하노라

우리는 기적을 믿기 때문에 담대하게 큰일을 맡을 수 있습니다. 우리는 기적을 믿기 때문에, 정의롭고 떳떳한 일이라면 자신의 능력을 재지 않고, 생각에 잠기거나 두려워하지 않고 실행을 통해 스스로 책임질 수 있습니다. 기적의 하나님을 믿기 때문에 우리에게는 불가능한 일이란 없습니다. 우리는 먼저 하나님의 뜻이 무엇인지 찾기만 하면, 그것으로 문제는 다 해결된 것입니다. 그 나중은 능력의 문제입니다. 그리고 우리는 그 능력을 기적의 하나님에게서 찾습니다. 세계의 위인들은 모두 이 일종의 '미신'을 소유한 사람입니다. 그들은 모두 '하나님이 만약 나와 함께하신다면 나는 무엇이라도 이루지 못할 게 없으리라'는 기적의 믿음을 가지고 그들의 큰 임무를 담당한 것입니다.

14일

예레미야 33장 1-3절 예레미야가 아직 시위대 뜰에 갇혔을 때에 여호와의 말씀이 그에게 다시 임하니라 가라사대 일을 행하는 여호와, 그것을 지어 성취하는 여호와, 그 이름을 여호와라 하는 자가 이같이 이르노라 너는 내게 부르짖으라 내가 네게 응답하겠고 네가 알지 못하는 크고 비밀한 일을 네게 보이리라

예언은 역사관이다. 세상은 어떻게 되어 가고 있는지, 하나님은 어떻게 인류를 처분하려고 하시는지, 이런 일에 대해 말하는 것이 예언이다. 성경에는 특별한 역사관이 있다. 실로 이 역사관이 있었기 때문에 성경은 이루어진 것이다. 성경은 역사이다. 더구나 단순히 과거를 말하는 역사가 아니라 과거와 현세, 미래를 통해, 우주와 인류에 대한 한결같은 하나님의 통치 계획의 실현에 관해 말하는 역사이다. 가장 흥미 있는 역사이다. 더구나 보통 역사와는 그 취지를 전혀 달리하는 역사이다. 믿음의 눈으로 보지 않으면 이해할 수 없는 역사이다. 그러기에 그 정답을 알기 위해서는 하나님의 인도하심이 필요하다. 그리고 이처럼 인도하는 임무를 맡은 사람이 예언자이다.

2월 15일

마가복음 14장 23-24절 또 잔을 가지사 사례하시고 저희에게 주시니 다 이를 마시매 가라사대 이것은 많은 사람을 위하여 흘리는 바 나의 피 곧 언약의 피니라

당신은 나에게 물을 것이다. "왜 하나님은 스스로 고난을 당하지 않고서는 사람을 구원하실 수 없는가?" 나는 당신에게 묻는다. "왜 하워드*는 영국의 자기 집에서 편히 거하면서 유럽의 감옥을 개량하지 못했는가? 무엇 때문에 리빙스턴은 고국에서 흑인을 위해 열심히 기도하는 것으로 아프리카를 구원하지 못했는가?" 죄를 대신 사하여 주지 않고 죄에서 구원해 내려고 하는 것은 가난한 사람에게 먹을 것과 옷은 주지 않고 안심하라고만 말하는 것과 같다 약 2:15, 16. 행위가 없는 믿음은 죽은 믿음인 것처럼, 죄를 대신 감당하지 않으면서 죄를 용서한다는 것은 허언이다. 그리스도의 십자가는 하나님이 우리를 사랑하신다는 증거이다.

---

* John Howard : 1726-1790, 영국 자선가이자 형무소 개량운동가

10월 16일

욥기 33장 27-30절 그가 사람 앞에서 노래하여 이르기를 내가 전에 범죄하여 시비를 바꾸었으나 내게 무익하였구나 하나님이 내 영혼을 건지사 구덩이에 내려가지 않게 하셨으니 내 생명이 빛을 보겠구나 하리라 하나님이 사람에게 이 모든 일을 재삼 행하심은 그 영혼을 구덩이에서 끌어 돌이키고 생명의 빛으로 그에게 비취려 하심이니라

신자는 자기가 죽을 때를 확실히 정할 수 없다. 신자는 과연 자신의 천직을 완수했는지 안 했는지, 과연 천국에 들어갈 준비를 완벽하게 마쳤는지 그렇지 않은지 확정할 수 없다. 그러나 그는 하나님은 사랑이시라고 믿는다. 신자는 자신이 죽어야 할 때에 하나님이 자신을 죽게 하실 거라고 믿는다. 곧 은혜의 손 안으로 인도되어 온 신자는, 죽어야 할 때가 아니면 죽지 않으며, 또 죽게 되었을 때는 자신이 죽어야 할 때가 왔다고 믿는다. 하나님께 의지하는 신자는 모든 일을 자신의 하나님께 맡긴다. 하물며 인생에서 가장 중요한 일인 죽음이야 더할 나위 없다. 이제껏 신자의 생애를 인도해 오시면서 단 한 번도 오류를 범하지 않으신 그의 하나님은, 신자의 생애에서 가장 큰 사건인 죽음의 시기를 정하실 때에도 결코 틀리지 않으신다.

10월 17일

골로새서 3장 18-21절 아내들아 남편에게 복종하라 이는 주 안에서 마땅하니라 남편들아 아내를 사랑하며 괴롭게 하지 말라 자녀들아 모든 일에 부모에게 순종하라 이는 주 안에서 기쁘게 하는 것이니라 아비들아 너희 자녀를 격노케 말지니 낙심할까 함이라

완전한 가정을 만드는 일은, 완전한 사람을 만드는 일만큼 힘들다. 내가 먼저 완전해지지 않고서는 내 가정이 완전해질 도리가 없다. 내 몸을 바르게 다스린 뒤에 가정을 다스린다는 수신제가修身齊家라는 말이 있다. 가정은 내가 평안을 얻는 곳이 아니라 평안을 주는 곳이다. 가정은 행복을 저축하는 곳이지 채굴하는 곳이 아니다. 받고 싶어서 이룬 가정은 반드시 파괴된다. 주고 싶어서 이룬 가정만이 행복한 가정이다. 가정, 가정, 얼마나 많은 청춘남녀가 그 환영에 기만당하여 실망의 해안에서 난파하였는가. 시인 베르길리우스*의 작품에 나오는 목자는, '사랑'이라고 믿었는데 알고 보니 암석이었다고 말했다. 세상에 이상적인 가정을 만들지 못하고 실망하는 사람들이 많은 까닭은, 가정을 객관적인 낙원으로 간주하는 사람이 많기 때문이다. 구안

---

* Virgil : B. C. 70-19, 로마 시인. 《아이네이스》의 저자

10월 18일

예레미야 17장 12-13절   영화로우신 보좌여 원시부터 높이 계시며 우리의 성소이시며 이스라엘의 소망이신 여호와여 무릇 주를 버리는 자는 다 수치를 당할 것이라 무릇 여호와를 떠나는 자는 흙에 기록이 되오리니 이는 생수의 근원이신 여호와를 버림이니이다

인간은 선악을 알게 되면서 안다고 스스로 믿게 되어 하나님과 같이 되었다. 즉, 하나님께 의지하지 않고 모든 일을 처리하게 되었다. 그리고 자립과 동시에 인간은 하나님이 주신 자유를 잃었다. 이제 인간은 생명나무에 손을 댈 수 없게 되었다. 그러나 그는 자신이 잃어버린 자유를 너무도 사모한 나머지 때때로 손을 뻗어 이것을 따 먹으려고 했다. 더러는 그의 철학으로, 더러는 그가 발명한 종교로 생명나무의 과실을 얻으려고 했다. 하지만 인간은 그 어떤 수단과 방법으로도 하나님의 은혜인 이 과실을 얻을 수 없다. 그의 열심이 하늘을 태우고 그의 심려가 땅을 찌른다 해도 인간은 자신의 노력으로는 영생할 수 없다. 영생은 하나님의 선물이다. 인간이 이것을 훔치는 일이 없도록 하나님은 회전하는 화염검으로 여기에 이르는 길을 막으셨다 창 3장 참조.

이사야 30장 26절 여호와께서 그 백성의 상처를 싸매시며 그들의 맞은 자리를 고치시는 날에는 달빛은 햇빛 같겠고 햇빛은 칠 배가 되어 일곱 날의 빛과 같으리라

우주는 하나님이 지으신 것이다. 하나님은 지금도 여전히 우주 안에 계시면서 창조 활동을 계속하신다. 우주는 완성된 것이 아니다. 그러므로 하나님의 손을 떠나 저 혼자 힘으로 발달할 수는 없다. 이와 같이 미완성의 우주는 완전히 하나님을 나타내기에는 부족하다. 하나님은 우주 안에서 움직이시지만, 그분에게는 우주가 전부가 아니다. 우주가 크다고 하지만 하나님은 그보다도 크시다. 우주는 항상 하나님으로부터 힘을 주입받아 계속해서 성장하고 발달한다. 하나님은 우주를 통합한 분이 아니라, 우주를 초월하신다. 하나님은 인류의 벗임과 동시에 아버지시다. 따라서 친하게 지낼 만한 분이며 또한 숭배할 만한 분이다. 만유신교萬有神敎, 汎神論의 과오는 하나님을 형제로 보고 버릇없이 군다는 점이다. 그러나 유일신교의 좋은 점은 그분을 아버지로 보고, 또한 친구로 보아, 그분을 완전히 이해할 수 있다는 데에 있다.

야곱 20일

히브리서 12장 8-10절 징계는 다 받는 것이거늘 너희에게 없으면 사생자요 참 아들이 아니니라 또 우리 육체의 아버지가 우리를 징계하여도 공경하였거든 하물며 모든 영의 아버지께 더욱 복종하여 살려 하지 않겠느냐 저희는 잠시 자기의 뜻대로 우리를 징계하였거니와 오직 하나님은 우리의 유익을 위하여 그의 거룩하심에 참예케 하시느니라

인생의 목적은 하나님을 아는 것이다. "영생은 곧 유일하신 참하나님과 그의 보내신 자 예수 그리스도를 아는 것" 요 17:3 이라고 예수는 말씀하셨다. 그리고 만약 이 목적을 달성하기 위해서 고난이 필요하다면, 고난은 결코 징계가 아니고 은혜이다. 욥의 경우, 환난은 이와 같은 축복할 만한 목적을 이루었다. 우리도 환난을 통하지 않고는 이 목적을 이룰 수 없다. 예수 자신이 "고난으로 말미암아 온전케" 히 2:10 되셨다고 하지 않았는가. 우리도 예수의 고난에 동참하지 않고서는 그와 같이 될 수 없는 것이다.

21일

요한복음 16장 13절 그러하나 진리의 성령이 오시면 그가 너희를 모든 진리 가운데로 인도하시리니 그가 자의로 말하지 않고 오직 듣는 것을 말하시며 장래 일을 너희에게 알리시리라

성경은 하나님에 관한 일을 쓴 책이기 때문에, 물론 하나님 이하의 것을 표준으로 삼아 읽을 수는 없습니다. 그러나 하나님에 관하여 쓴 책이므로 하나님 자체는 아닙니다. 그러므로 성경을 정말 제대로 읽어 보고 싶다면, 우리가 직접 하나님의 감화를 받지 않으면 안 됩니다. 하나님은 성경보다도 크신 분입니다. 성경에 써 있지 않은 것도 하나님은 우리 마음에 일러 주실 수 있습니다. 가장 먼저 우리는 하나님으로부터 직접 듣지 않으면 안 됩니다. 우리의 진정한 교사는 이사야나 요한, 바울이 아니라, 하늘의 하나님이십니다. 먼저 기도를 통해 직접 하나님과 만나 하나님의 말씀을 마음에 받지 않으면, 우리는 성경이 곧 하나님의 말씀임을 알지 못합니다.

22일

데살로니가전서 1장 5-7절 이는 우리 복음이 말로만 너희에게 이른 것이 아니라 오직 능력과 성령과 큰 확신으로 된 것이니 우리가 너희 가운데서 너희를 위하여 어떠한 사람이 된 것은 너희 아는 바와 같으니라 또 너희는 많은 환난 가운데서 성령의 기쁨으로 도를 받아 우리와 주를 본받은 자가 되었으니 그러므로 너희가 마게도냐와 아가야 모든 믿는 자의 본이 되었는지라

이 세상에서 살아가는 그리스도인의 마음이 무엇인지 논하자면, 말할 것도 없이 육에 죽고 영에 사는 일이다. 곧 하나님의 성령의 역사로 자기 자신을 버리는 일이다. 그리하면 그 어떤 고통에도 쉬이 견딜 수 있게 된다. 내 마음 중심에 이 기쁨과 만족과 평화가 깃들면, 나는 내 주위 사람들에게까지 어둠을 비추는 등대가 되어, 나는 물론이고 그들까지도 나를 통해 행복해진다. 행복한 가정도, 사회도 이렇게 하여 이루어지는 것이다. 우리 각자가 행복한 등불이 되어 샘의 근원이 되기 전까지는, 아무리 기다려도 행복한 가정과 행복한 사회는 이루어지지 않는다.

23일

잠언 4장 25-27절 네 눈은 바로 보며 네 눈꺼풀은 네 앞을 곧게 살펴 네 발의 행할 첩경을 평탄케 하며 네 모든 길을 든든히 하라 우편으로나 좌편으로나 치우치지 말고 네 발을 악에서 떠나게 하라

나아가라. 어디까지든 나아가라. 앞길을 두려워하지 말고 나아가라. 쓰러져도 물러서서는 안 된다. 내일은 오늘보다도 완전하라. 내년은 올해보다도 한층 더 용맹하고 쾌활하며 겸손하고 홀로 서라. 진화한 우주에 존재하면서 물러서는 자는 죽는다. 안전은 물러나 구하는 게 아니라, 나아가 달성해야 하는 것. 기쁨과 만족은 앞에 있지 뒤에는 없다. 겁쟁이에게 평화는 없다. 나아가라. 어디까지든 나아가라.

2월 24일

호세아 13장 14절 내가 저희를 음부의 권세에서 속량하며 사망에서 구속하리니 사망아 네 재앙이 어디 있느냐 음부야 네 멸망이 어디 있느냐 뉘우침이 내 목전에 숨으리라

일곱 살짜리 딸아이를 잃고 딸의 미래를 우려하는 아버지에게 써 보낸 편지의 일부분이다.

"사람의 내세에 관해서는 여러 가지 어려운 문제가 있습니다. 내세에 관해 만족스럽게 설명할 수 있는 사람은 이 세상에 단 한 사람도 없습니다. 그러나 우리는 알고 있습니다. 하나님은 사랑이시라는 사실을. 그리고 사랑의 하나님은 결코 우리가 사랑하는 사람을 내세에서 나쁘게 다루지 않으신다는 사실을. 그리스도는 만민을 위해 죽으셨다고 성경에 쓰여 있습니다. 때문에 그리스도의 속죄의 공덕을 입지 않는 사람은 이 우주 안에 한 사람도 없습니다. 성경이 가르치는 바는 요컨대, 하나님은 사랑이시라는 사실 바로 그뿐입니다."

25일

시편 15편 1-3절 여호와여 주의 장막에 유할 자 누구오며 주의 성산에 거할 자 누구오니이까 정직하게 행하며 공의를 일삼으며 그 마음에 진실을 말하며 그 혀로 참소치 아니하고 그 벗에게 행악지 아니하며 그 이웃을 훼방치 아니하며

정의는 정의이다. 정의는 사업보다도 크다. 아니, 정의는 큰 사업이고 정의를 지키는 일보다 더 큰 사업은 없다. 인생의 목적은 사업이 아니다. 사업은 정의에 이르는 길이며 정의는 사업의 시녀가 아니다. 교회도 학교도 정치도 경제도 모두 정의를 배워 이를 이루기 위한 도구이다. 사업의 목적은 사업 그 자체를 위해서가 아니라, 사업에 종사하는 사람이 사업을 통해 경험과 연단, 인내와 사랑하는 마음을 얻는 데에 있다. 그리스도교는 사업보다도 정신을 귀히 여긴다. 정신은 죽은 뒤에도 영원히 남지만 사업은 이 세상과 함께 소멸해 버리기 때문이다.

26일

로마서 5장 20-21절 율법이 가입한 것은 범죄를 더하게 하려 함이라 그러나 죄가 더한 곳에 은혜가 더욱 넘쳤나니 이는 죄가 사망 안에서 왕노릇 한 것같이 은혜도 또한 의로 말미암아 왕노릇 하여 우리 주 예수 그리스도로 말미암아 영생에 이르게 하려 함이니라

우리 그리스도인은, 그 어떤 명백한 것을 바라지 않으면서 그저 막연히 이 세상에서 자신의 전투를 계속하는 자가 아니다. 막연한 이유는 잠자고 있는 우리 눈을 깨우거나 가라앉은 우리 마음을 일깨울 수 없다. 우리는 어떤 확실한 목표물을 향하지 않고 믿음의 화살을 쏘는 사람이 아니다. 형태도 없고 실질도 없는 소망은, 소망이면서 소망이 아니다. 우리의 믿음이 식을 때는, 우리의 소망이 몽롱해질 때이다. 형태도 없고 실질도 없는, 종잡을 수 없는 소망은 금방 믿음을 식어 버리게 만든다. 물질적인 것이 될까 봐 두려워 우리의 소망을 이상화해 버리면 믿음은 언제나 차갑게 얼어붙고 만다. 그리스도교가 세상을 순화하는 데에 탁월한 능력을 갖고 있는 이유는, 그리스도교가 주는 미래에 대한 소망이 명료하고 확연하다는 데 있다.

12월 27일

요한일서 5장 20-21절 또 아는 것은 하나님의 아들이 이르러 우리에게 지각을 주사 우리로 참된 자를 알게 하신 것과 또한 우리가 참된 자 곧 그의 아들 예수 그리스도 안에 있는 것이니 그는 참 하나님이시요 영생이시라 자녀들아 너희 자신을 지켜 우상에서 멀리하라

진리는 일이 아니라 사람이다. 철학적 원리가 아니라 종교이다. 교리가 아니라 인격이다. 절대적인 진리는 주 예수 그리스도이다. 그분에게 듣고, 그분에게 배우며, 그분을 믿어 우리에게는 진리와 생명이 있다. 그분에게 진리를 얻으려고 하지 않고 우주에서 이것을 찾으려고 하기 때문에, 세상은 영원히 진리를 발견해 낼 수 없는 것이다 요 14:6.

8월 28일

누가복음 24장 30-32절   저희와 함께 음식 잡수실 때에 떡을 가지사 축사하시고 떼어 저희에게 주시매 저희 눈이 밝아져 그인 줄 알아보더니 예수는 저희에게 보이지 아니하시는지라 저희가 서로 말하되 길에서 우리에게 말씀하시고 우리에게 성경을 풀어 주실 때에 우리 속에서 마음이 뜨겁지 아니하더냐 하고

나는 성경이 하나님의 말씀이라고 믿는다. 세상에 있는 수많은 책들 가운데 성경에 비할 수 있는 책은 단 한 권도 없다고 믿는다. 나는 성경이 아니고서는 인류가 도저히 하나님의 거룩하신 뜻을 깨달을 수 없다고 믿는다. 나는 사람을 구원하는 일이 성경 연구와 밀접한 관계를 갖고 있다고 믿는다. 만약 어떤 사람이 내게 세계에 있는 수억만 권 책 중에서 단 한 권을 선택하라고 한다면, 나는 그리스도교의 성경을 선택할 것이다. 성경은 실로 세계에서 유일한 책이다. 성경은 실로 하나님의 책이다. 만약 인류가 소유하고 있는 것 가운데 가장 귀한 게 책이라면, 성경은 그 중에서도 가장 귀한 책이다.

0월 29일

디모데후서 4장 1-2절 하나님 앞과 산 자와 죽은 자를 심판하실 그리스도 예수 앞에서 그의 나타나실 것과 그의 나라를 두고 엄히 명하노니 너는 말씀을 전파하라 때를 얻든지 못 얻든지 항상 힘쓰라 범사에 오래 참음과 가르침으로 경책하며 경계하며 권하라

구원의 첫 번째 단계는 자신을 구원하는 일입니다. 그 두 번째 단계는 세상을 구원하는 일입니다. 자기를 구원하지 않고 남을 구원하려 한다면 무익한 수고라고 할 수밖에 없습니다. 그러나 언제까지나 자신의 구원만 염려하여 남을 구원하려고 하지 않는 사람은, 결국에는 자신의 구원까지 위험하게 하는 것입니다. 구원은 영원한 사업입니다. 이것은 만민이 구원받기까지 그쳐서는 안 되는 일입니다. 나는 구원받았기 때문에 안심이라면서 만민을 구원하는 일에 마음을 쏟지 않는 사람은, 그 자신을 구원하는 일이 반 정도 진행되다가 멈추어 버리고 그 역시 구원받지 않았을 때와 마찬가지로 멸망으로 치닫고 말 것입니다. 나는 확실히 믿고 있습니다. 하나님은 우리만 구원하기 위해서 우리에게 그 구원을 보여 주신 것이 아닙니다. 하나님은 우리를 통해 세상을 구원하기 위해 우리를 구원해 주신 것입니다.

10월 30일

역대상 16장 26-28절 만방의 모든 신은 헛것이요 여호와께서는 하늘을 지으셨음이로다 존귀와 위엄이 그 앞에 있으며 능력과 즐거움이 그 처소에 있도다 만방의 족속들아 영광과 권능을 여호와께 돌릴지어다 여호와께 돌릴지어다

하나님이 사람에게 믿음을 요구하시는 이유를 우리는 잘 알고 있다. 하나님은 사람이 자신에 대해 참견할까 봐 두려워서 믿음을 요구하시는 것이 아니다. 지극히 성실하신 하나님은, 사람이 성실한 모습으로 하나님께 가까이 가지 않으면 은혜를 베풀지 못하시기 때문이다. 하나님과 사람의 관계는 아버지와 아들의 관계이다. 부자의 관계는, 흔히 말하듯이 조사하고 학습해서 알 수 있는 것이 아니라, 서로간의 신뢰로 이루어지는 관계이다. 곧 아들 편에서는 아버지에 대한 믿음이다. 의심을 품고 남을 대하듯 자신을 대하는 아들에게, 아버지는 가르치려고 해도 가르칠 수가 없고 은혜를 베풀려고 해도 베풀 수가 없다.

31일

데살로니가전서 5장 9-10절 하나님이 우리를 세우심은 노하심에 이르게 하심이 아니요 오직 우리 주 예수 그리스도로 말미암아 구원을 얻게 하신 것이라 예수께서 우리를 위하여 죽으사 우리로 하여금 깨든지 자든지 자기와 함께 살게 하려 하셨느니라

그리스도는 우리의 의로움이며, 성스러움이며, 속죄함이다. 나의 도덕이며 종교이고 구원이다. 그리스도 안에서 하나님께 대하여 내가 행할 것은 모두 이루어진 것이다. 따라서 나는 의롭지 못한 내 모습 이대로 그리스도를 믿어 하나님의 의로운 자로 그분 앞에 설 수가 있다. 나는 더러운 내 모습 이대로 그리스도를 믿어 하나님의 성결한 자로 그분 앞에 설 수가 있다. 나는 아직 완전히 구원받은 자가 아니나, 그리스도를 믿어 이미 하나님께 구원받은 자로 취급받는다. 완전한 구원은 하나님에게서 나오고 믿음으로 말미암아 자신의 것이 된다. 이것은 유대인에게는 거리끼는 일이요, 헬라인에게는 어리석은 일이다. 그러나 소명을 받은 사람에게는 가장 위대한 진리요 최고의 철학이다.

1일

누가복음 9장 26절 누구든지 나와 내 말을 부끄러워하면 인자도 자기와 아버지와 거룩한 천사들의 영광으로 올 때에 그 사람을 부끄러워하리라

바울은 "내가 복음을 부끄러워하지 아니하노니 이 복음은 모든 믿는 자에게 구원을 주시는 하나님의 능력이 됨이라 첫째는 유대인에게요 또한 헬라인에게로다" 롬 1:16 라고 말하였다. 목소리는 높고 생각이 낮은 철학자 앞에서, 많이 약속하고 적게 실행하는 정치가 앞에서, 윤리를 설교하고 한층 더 그 무능함을 자인하는 교육자 앞에서, 부를 쌓고 더욱더 궁핍함을 호소하는 사업가 앞에서, 글을 쓰고 사상이 공허하고 결핍하다 한탄하는 문학가 앞에서, 그리스도를 믿어 그 구원의 실제 힘을 경험한 우리가 부끄러울 게 무엇이 있겠는가. 우리의 수치는 무익하다. 우리는 그들보다 더욱더 행복하고 건전한 사람이다.

2일

요한복음 1장 1-5절 태초에 말씀이 계시니라 이 말씀이 하나님과 함께 계셨으니 이 말씀은 곧 하나님이시니라 그가 태초에 하나님과 함께 계셨고 만물이 그로 말미암아 지은 바 되었으니 지은 것이 하나도 그가 없이는 된 것이 없느니라 그 안에 생명이 있었으니 이 생명은 사람들의 빛이라 빛이 어두움에 비취되 어두움이 깨닫지 못하더라

희생은 우주의 정신이다. 그리고 이 정신을 가장 완전히 나타내신 분이 주 예수 그리스도이다. 하나님이 그리스도로 말미암아 만물을 지으셨다는 것은 바로 이 일을 두고 하는 말씀이다. 즉, 하나님이 그리스도를 규범으로 삼아 우주를 창조하셨다는 뜻이다. 그리스도를 아는 사람은 하나님을 알고, 십자가를 이해하는 사람은 우주를 이해한다. 우리는 그리스도에게 배우고, 그 희생의 생애를 보내면 철학자가 아니라도 우주를 이해할 수 있는 것이다.

3일

골로새서 2장 9-10절 그 안에는 신성의 모든 충만이 육체로 거하시고 너희도 그 안에서 충만하여졌으니 그는 모든 정사와 권세의 머리시라

그리스도교는 믿음이다. 바울의 말에 따르면, 그리스도교는 그리스도인 셈이다. 때문에 그리스도교를 옥스퍼드나 케임브리지에서 배워야 할 필요는 없다. 또한 요크나 캔터베리*의 위대한 대주교 밑에서 그리스도교가 그리스도인 사실을 추궁하여 확인할 필요도 없다. 사도 바울은 "예수는 하나님께로서 나와서 우리에게 지혜와 의로움과 거룩함과 구속함이 되셨다"고전 1:30고 말했다. 믿는 자의 신학은 예수이다. 믿는 자의 윤리는 예수이다. 믿는 자의 성결 세례은 예수이다. 믿는 자의 완성은 예수이다. 예수이다, 실로 예수이다. 교회가 아니고 성직자가 아니며 장로가 아니고, 또한 믿는 자들이 소리 높여 주장하는 신학이나 교의가 아니다. 우리도 예수를 믿으면 오늘 바로 그리스도교의 심오한 진리에 도달할 수 있는 것이다.

---

* 영국의 종교 도시들이며 특히 캔터베리에는 영국 국교회 총본산이 있다.

매일 4일

요엘 2장 12-13절 여호와의 말씀에 너희는 이제라도 금식하며 울며 애통하고 마음을 다하여 내게로 돌아오라 하셨나니 너희는 옷을 찢지 말고 마음을 찢고 너희 하나님 여호와께로 돌아올지어다. 그는 은혜로우시며 자비로우시며 노하기를 더디 하시며 인애가 크시사 뜻을 돌이켜 재앙을 내리지 아니하시나니

그리스도교는 서양의 종교도, 동양의 종교도 아니다. 그리스도교는 이 세상 종교가 아니라 천국의 종교이다. 그리스도교를 이해하기 힘든 이유는, 때로는 그리스 철학을 가지고, 때로는 인도 철학을 가지고 이해하려 하기 때문이다. 그리스도교는 이 세상 철학으로는 도저히 이해할 수 없다. 예수는 "진실로 진실로 네게 이르노니 사람이 거듭나지 아니하면 하나님 나라를 볼 수 없느니라"요 3:3고 말씀하셨다. 새 생명의 은혜를 받아 누리지 않고서는, 동양의 유학자도 서양의 철학자도 그리스도교가 무엇인지 깨달을 수 없다.

11월 5일

에베소서 5장 8-9절 너희가 전에는 어두움이더니 이제는 주 안에서 빛이라 빛의 자녀들처럼 행하라 빛의 열매는 모든 착함과 의로움과 진실함에 있느니라

혁명은 자기 자신으로부터 시작되지 않으면 안 된다. 무수한 유동체流動體 안에 결정체가 용해되어 있다 해도 만약 고체 하나가 그 안에 투입되지 않으면 응고가 시작될 수가 없다. 거기에 명령한다고 해서 수액이 응고할 리도 없다. 질타한다 해도 아무 유익이 없으리라. 나를 먼저 응고의 기초가 되게 하라. 그리하면 나로부터 응고는 시작되리라. 나를 만유의 토대 위에 우뚝 솟게 하라. 그리하면 주위 사람들은 절로 모여들어 나를 기준으로 정렬하게 되리라. 이것이 혁신사업을 성공시키는 큰 비결이다.

6일

갈라디아서 6장 14-15절 그러나 내게는 우리 주 예수 그리스도의 십자가 외에 결코 자랑할 것이 없으니 그리스도로 말미암아 세상이 나를 대하여 십자가에 못 박히고 내가 또한 세상을 대하여 그러하니라 할례나 무할례가 아무것도 아니로되 오직 새로 지으심을 받은 자뿐이니라

그리스도를 위해 애쓰고 싶어서 교회에 소속될 필요는 전혀 없다. 우리는 단지 혼자서도 그리스도를 위해 힘쓸 수 있다. 그리스도는 만민의 죄를 대속하신 주님이시다. 그리고 나 또한 죄 사함을 입은 사람들 중 하나다. 나는 그리스도를 내 마음에 받아들여 그분의 빛을 세상에 비출 수 있다. 나는 바위 위에 홀로 서서 어두운 밤을 비추는 등대가 될 수 있다. 나는 다른 많은 고독한 사람들을 위로할 수 있다. 고독은 결코 세상에 드문 처지가 아니다. 세상에 홀로 있는 게 견딜 수 없어 슬피 우는 사람은 많이 있다. 이런 사람들에게 고독이 가져다주는 행복과 거룩한 하나님을 가르치는 일은 큰 사업이다. 우리는 단지 혼자서 세계 몇백만 명이나 되는 고독한 사람들을 위한 목사가 될 수 있다.

바른 길

잠언 15장 16절 가산이 적어도 여호와를 경외하는 것이 크게 부하고 번뇌하는 것보다 나으니라

실속 없는 명의$_{名義}$는 내다 버리라. 우리 모습 그대로 있게 하라. 공허한 명의는 서로 간에 불신을 초래하고, 확신하고 확정하는 일을 어렵게 만든다. 먼저 독립된 명의를 세운 후에 독립된 실세를 얻으려고 하는 일이나, 먼저 허세를 부리고 그 후에 실권을 얻으려는 일 따위는 혁신적인 건설의 길이 아니다. 실권은 실력을 초월할 수 없으며, 명의는 실세를 나타내야 한다. 한쪽으로부터 힘을 빌려 다른 쪽을 향해 독립을 자랑하는 일, 외국인에게 급료를 받으면서 명의상 그 우두머리나 주인 행세를 하는 일, 이것은 나약한 모습이며 곧 스스로 부패하게 하는 큰 원인이기도 하다. 우리가 가장 약할 때는 공허한 권력을 쥐고 허세를 부릴 때이다. 우리는 겉모양이 파괴되는 것을 두려워해서는 안 된다. 쓰러져야 하는 것은 쓰러지지 않을 리 없다. 견실한 집은 반석 위에서만 지을 수 있는 것이다.

8일

요한일서 1장 1-2절 태초부터 있는 생명의 말씀에 관하여는 우리가 들은 바요 눈으로 본 바요 주목하고 우리 손으로 만진 바라 이 생명이 나타내신 바 된지라 이 영원한 생명을 우리가 보았고 증거하여 너희에게 전하노니 이는 아버지와 함께 계시다가 우리에게 나타내신 바 된 자니라

그리스도교는 이론이 아니라 사실이며 체험이다. 이론만으로 그리스도교를 깨달으려는 것은, 이론만으로 화학을 연구하려는 것과도 같다. 이론만으로는 우리는 도저히 그리스도교가 무엇인지 이해할 수 없다. 헉슬리* 박사는 "철학적 이론을 성전에서 숭배하려고 하는 사람은, 먼저 실험실의 앞문을 통과하지 않고서는 안 된다"고 말했다. 우리도 이렇게 말하고 싶다. "그리스도교의 성전에서 영이신 하나님과 만나기를 원하는 사람은 먼저 심정의 실험실을 통과하지 않을 수 없다." 역사가 네안더**의 "신학의 중심은 심정이다"는 말의 뜻도 확실히 여기에 기초하고 있는 것이리라.

---

* Thomas Henry Huxley : 1825-1895, 영국 생물학자
** Johann August Wilhelm Neander : 1789-1850, 독일 교회 역사가

4월 9일

로마서 13장 14절 오직 주 예수 그리스도로 옷 입고 정욕을 위하여 육신의 일을 도모하지 말라

예수는 우리의 의(義)이다. 우리는 자신이 짠 의의 옷을 입고 왕의 혼인 잔치에 나아가는 것이 아니다. 예수를 나의 의의 옷으로 삼아 입고 왕의 초대에 응하는 것이다 마 22장. 이것이야말로 정결하고 빛나는 세마포이며 "이 세마포는 성도들의 옳은 행실" 계 19:8이다. 이것을 제외하고 달리 왕의 손님으로서 견딜 수 있는 예복은 없다. 선한 사람도 이것을 입고 왕 앞에 나올 수 있고, 악한 사람도 이것을 덮어쓰고 혼인 잔치에 참여할 수 있다 마 22:8-12. 신자는 예수 안에서 하나님께 이르고 하나님은 예수가 있어야 신자를 받아주신다.

믿음의 길

시편 123편 1-2절 하늘에 계신 주여 내가 눈을 들어 주께 향하나이다 종의 눈이 그 상전의 손을, 여종의 눈이 그 주모의 손을 바람같이 우리 눈이 여호와 우리 하나님을 바라며 우리를 긍휼히 여기시기를 기다리나이다

믿음의 길은 얼마나 쉬운가. 단지 맡기기만 하면 족하다. 그리하면 광명이 내게 임하고 능력이 내게 더하여 더러움은 나를 떠나고 성령이 내게 임한다. 믿음은 완전에 이르기 위한 지름길이다. 지식의 좁은 길을 더듬어 가는 일과도 다르고, 수양의 산을 기어오르는 일과도 다르다. 믿음은 독수리같이 날개를 펴고 직접 하나님 품에 도달한다. 학문은 희미한 어둠을 비추기 위한 등불이며, 덕은 어두운 밤에 길을 찾기 위한 지팡이다. 그러나 믿음은 의의 태양이다. 우리는 그것이 비춰 주는 대로 은혜의 대로를 활보하고, 마음속에 하나님을 찬미하며 우리의 여행을 마칠 수 있다.

매듭 11일

히브리서 12장 1-3절 이러므로 우리에게 구름같이 둘러싼 허다한 증인들이 있으니 모든 무거운 것과 얽매이기 쉬운 죄를 벗어 버리고 인내로써 우리 앞에 당한 경주를 경주하며 믿음의 주요 또 온전케 하시는 이인 예수를 바라보자 저는 그 앞에 있는 즐거움을 위하여 십자가를 참으사 부끄러움을 개의치 아니하시더니 하나님 보좌 우편에 앉으셨느니라 너희가 피곤하여 낙심치 않기 위하여 죄인들의 이같이 자기에게 거역한 일을 참으신 자를 생각하라

우리는 '구원받기 위해 무엇을 해야 하는가'라는 질문에, 단지 예수를 우러러볼 뿐이라고 대답할 따름이다. 기도가 들리든 들리지 않든, 재앙이 임하든 임하지 않든, 죄가 깨끗하게 되든 그렇지 못하든, 오로지 예수를 우러러보아야 한다. 그리스도인의 믿음은 유학자의 믿음같이 내성적이어서는 안 된다. 앙망하지 않으면 안 된다. 더러워진 자신을 하루에 세 번이 아니라 백 번 천 번 반성한다고 해서 그것으로 자기가 정결하게 되는 것은 아니다.

12일

고린도전서 13장 1-7절 내가 사람의 방언과 천사의 말을 할지라도 사랑이 없으면 소리 나는 구리와 울리는 꽹과리가 되고 내가 예언하는 능이 있어 모든 비밀과 모든 지식을 알고 또 산을 옮길 만한 모든 믿음이 있을지라도 사랑이 없으면 내가 아무것도 아니요 내가 내게 있는 모든 것으로 구제하고 또 내 몸을 불사르게 내어 줄지라도 사랑이 없으면 내게 아무 유익이 없느니라 사랑은 오래 참고 사랑은 온유하며 투기하는 자가 되지 아니하며 사랑은 자랑하지 아니하며 교만하지 아니하며 무례히 행치 아니하며 자기의 유익을 구치 아니하며 성내지 아니하며 악한 것을 생각지 아니하며 불의를 기뻐하지 아니하며 진리와 함께 기뻐하고 모든 것을 참으며 모든 것을 믿으며 모든 것을 바라며 모든 것을 견디느니라

하나님이 하나님이신 이유는, 사람의 선한 점만 생각하고 나쁜 점을 생각하지 않으시기 때문이다. 악마가 악마인 이유는, 사람의 나쁜 점만 생각하고 사람의 선한 점을 생각할 수 없기 때문이다. 하나님은 사람의 선한 성품을 이끌어 내고 장려하셔서 세상을 구원하시지만, 악마는 사람의 악한 성격을 자극하고 조장하여 결국에 이것으로 망하게 한다. 구원도 좋고 개선도 좋으나 선한 격려와 위로만큼 귀한 것은 없다. 소감

매월 13일

누가복음 12장 32-34절 적은 무리여 무서워 말라 너희 아버지께서 그 나라를 너희에게 주시기를 기뻐하시느니라 너희 소유를 팔아 구제하여 낡아지지 아니하는 주머니를 만들라 곧 하늘에 둔 바 다함이 없는 보물이니 거기는 도적도 가까이하는 일이 없고 좀도 먹는 일이 없느니라 너희 보물 있는 곳에는 너희 마음도 있으리라

지금 세상은 실로 꿈의 세상입니다. 그러나 꿈은 실체의 그림자입니다. 우리는 지금 세상에서 영원한 내세의 투영도를 보고 있는 것입니다. 해수면 위로 파도와 거품이 일지만 그 밑에는 깊은 바다가 있는 것과 같습니다. 얇은 막 한 장이 지금 세상을 내세와 분리시키고 있습니다. 막 저편에 참되고 영원한 내세가 있고, 이쪽에 잠시 가상의 현세가 있습니다. 그리고 하나님은 그리스도를 막 저편에서 이쪽으로 보내셔서 우리의 소망을 모두 저편으로 옮기시고 이곳에 머물지 않도록 우리에게 가르치십니다.

14일

잠언 4장 18절 의인의 길은 돋는 햇볕 같아서 점점 빛나서 원만한 광명에 이르거니와

영국은 그리스도교 국가가 아니지만, 그리스도교는 영국에 있다. 미국은 그리스도교 국가가 아니지만, 그리스도인은 미국인 가운데 있다. 이렇게 일본 또한 영구히 그리스도교 국가가 되지는 않을 테지만, 그러나 많은 그리스도인이 일본인 가운데에서 일어나리라. 하나님은 자신이 선택하신 사람들을 모든 국민 가운데에서 부르시리라. 한 나라의 국민을 모조리 그 아들로 삼는 일은 아니하신다. 국민은 항상 '이 세상 국민'이어야 한다. 그리고 이 세상 국민이 모두 사라진 뒤에 그 가운데서 선택받은 하나님의 아들들은 남으리라. 땅과 그 안에 있는 만물은 모두 다 불타게 될 테지만, 그러나 주를 사랑하는 사람은 점점 그 빛을 더하여 한낮의 정오에 이르게 되리라.

15일

디모데전서 6장 10-12절 돈을 사랑함이 일만 악의 뿌리가 되나니 이것을 사모하는 자들이 미혹을 받아 믿음에서 떠나 많은 근심으로써 자기를 찔렀도다 오직 너 하나님의 사람아 이것들을 피하고 의와 경건과 믿음과 사랑과 인내와 온유를 좇으며 믿음의 선한 싸움을 싸우라 영생을 취하라 이를 위하여 네가 부르심을 입었고 많은 증인 앞에서 선한 증거를 증거하였도다

사람은 태어나면서부터 현세적이다. 그는 내세의 일을 생각하지 않으려고 노력한다. 따라서 그에게 더 이상 현세적이기를 권할 필요는 전혀 없다. 물이 낮은 곳으로 흐르는 것처럼 사람은 땅에 닿아 있다. 그리고 종교는 사람을 땅에서 하늘로 들어 올리기 위해 필요하다. 종교가 확실하게 내세적이지 않다면 세상에서 내세를 나타내는 것은 달리 아무것도 없다. 하지만 말할 필요도 없이 종교의 본질적인 근거지는 내세이다. 정치와 경제의 본질이 세상인 것처럼 종교의 본질은 내세이다. 내세를 명백히 보여 주지 않고, 그리로 들어가는 길을 명확히 가르치지 않는 종교는 종교라고 하기에는 부족하다. 종교는 사람을 세상 밖으로 인도하여 내세를 획득하는 길을 제공하고, 간접적으로 그러나 확실하게 세상을 구원한다.

16일

마태복음 22장 35-40절 그 중에 한 율법사가 예수를 시험하여 묻되 선생님이여 율법 중에 어느 계명이 크니이까 예수께서 가라사대 네 마음을 다하고 목숨을 다하고 뜻을 다하여 주 너의 하나님을 사랑하라 하셨으니 이것이 크고 첫째 되는 계명이요 둘째는 그와 같으니 네 이웃을 네 몸과 같이 사랑하라 하셨으니 이 두 계명이 온 율법과 선지자의 강령이니라

나의 예배는 하나님을 사랑하고 사람을 사랑하는 일이다. 이것이 나의 믿음이며 나의 봉사이다. 이를 제외하고는 내게 종교란 없다. 교회가 무엇이고 의식이 무엇이며 교리가 무엇이고 신학이 무엇인가? 만약 나에게 사랑이 없다면, 나는 신이 존재하지 않는다고 외치는 사도이며 이단의 우두머리이다. 나의 입과 글을 가지고 나의 믿음을 나타내었다고 해서 내가 믿는 자인 것은 아니다. 다만 믿는 자로서 내가 할 수 있는 것은 사랑하는 일뿐이다. 나의 사랑 이상으로 나의 믿음이 있을 수 없고, 나의 사랑 이하로 나의 종교도 있을 수 없다.

8월 17일

고린도후서 5장 14 – 15절 그리스도의 사랑이 우리를 강권하시는도다 우리가 생각건대 한 사람이 모든 사람을 대신하여 죽었은즉 모든 사람이 죽은 것이라 저가 모든 사람을 대신하여 죽으심은 산 자들로 하여금 다시는 저희 자신을 위하여 살지 않고 오직 저희를 대신하여 죽었다가 다시 사신 자를 위하여 살게 하려 함이니라

그리스도인의 선행의 본원은, 바울이 말한 대로, "우리가 아직 죄인 되었을 때에 그리스도께서 우리를 위하여 죽으심으로 하나님께서 우리에게 대한 자기의 사랑을 확증하셨다"롬 5:8는 사실에 있다. 우리는 이제 더 이상 도덕적 의무를 다하기 위해 악을 피하고 선을 행하는 것이 아니라, 그리스도의 사랑에 힘을 얻어 _sunechei, constraineth_ 행하는 것이다. 곧 내 마음이 부족함이 없이 넉넉하면, 나는 세상에 주지 않고서는 가만히 있을 수 없게 되는 것이다. "만일 복음을 전하지 아니하면 내게 화가 있을 것임이로라"고전 9:16. 내가 선한 사업에 종사하지 않으면 실로 화가 있다. 내 마음속에 흘러 넘치는 이 은혜, 내가 만약 이것을 다른 사람에게 나누어 주지 않는다면 나는 기쁨으로 터져 버리리라. 나는 실로 "사랑하므로 병이 난"아 5:8 것이다. 구약

마음 18일

마태복음 18장 21-22절 그때에 베드로가 나아와 가로되 주여 형제가 내게 죄를 범하면 몇 번이나 용서하여 주리이까 일곱 번까지 하오리이까 예수께서 가라사대 네게 이르노니 일곱 번뿐 아니라 일흔 번씩 일곱 번이라도 할지니라

나는 사람의 죄를 용서할 수 없다. 그러나 그리스도 안에서는 쉽게 용서할 수 있다. 일흔 번씩 일곱 번이나 죄를 용서하는 일은, 나는 할 수 없으나, 내가 그리스도 안에 있으면 할 수 있게 되는 것이다. 선을 행하기는 어렵지만, 그리스도 안에서 선을 행하기는 쉽다. "내게 능력 주시는 자 안에서 내가 모든 것을 할 수 있느니라" 빌 4:13. 소망

8월 19일

역대상 16장 8-11절 너희는 여호와께 감사하며 그 이름을 불러 아뢰며 그 행사를 만민 중에 알게 할지어다 그에게 노래하며 그를 찬양하며 그 모든 기사를 말할지어다 그 성호를 자랑하라 무릇 여호와를 구하는 자는 마음이 즐거울지로다 여호와와 그 능력을 구할지어다 그 얼굴을 항상 구할지어다

하나님 안에서 가장 깊은 것은 사랑이다. 사람에게 가장 깊은 것은 믿음이다. 하나님은 사랑을 가지고 사람에게 임하시며, 사람은 믿음을 가지고 하나님께 응한다. 여기에 하나님과 사람의 진정한 화합이 이루어진다. 하나님의 기쁨, 사람의 구원, 천지의 조화, 신과 인간의 합일이란 이런 것이다. 하나님은 영생을 사람에게 전해 주고 싶어 하고, 사람은 믿음으로 이것을 받는다. 주기를 원하는 사랑, 받기를 바라는 믿음……. 종교나 영생이 결코 이해하기 어려운 것이 아니다. 이처럼 하나님의 사랑과 인간의 믿음이 중요할 진대, 율법도 예언도 복음도 신학도 다 하나님의 사랑으로 온전해지는 것이다.

20일

고린도후서 4장 15-17절 모든 것을 너희를 위하여 하는 것은 은혜가 많은 사람의 감사함으로 말미암아 더하여 넘쳐서 하나님께 영광을 돌리게 하려 함이라 그러므로 우리가 낙심하지 아니하노니 겉사람은 후패하나 우리의 속은 날로 새롭도다 우리의 잠시 받는 환난의 경한 것이 지극히 크고 영원한 영광의 중한 것을 우리에게 이루게 함이니

사랑의 하나님 아버지여, 나는 믿습니다. 당신이 우리를 벌하기 위해 환난을 주시는 것이 아님을. '벌'이란 단어는 하나님이 어떤 분인지 알고 있는 사람의 사전에는 있을 만한 말이 아니다. 벌은 율법에 나오는 단어이지 그리스도교라는, 율법을 초월하는 가르침에는 쓸모없고 의미 없는 명사이다. 만약 굳이 이 단어를 남기려고 한다면, '어둡게 보이는 하나님의 은혜'라는 정의를 붙여 남겨야 할 것이다. 하나님이여, 당신에게 사랑받는 자들을 형벌이란 말을 가지고 종종 위협하는 당신의 교역자들이, 다시금 당신의 성경을 찾게 하시고 그들의 오류를 고치게 하소서.

묵상 21일

요한복음 14장 21절 나의 계명을 가지고 지키는 자라야 나를 사랑하는 자니 나를 사랑하는 자는 내 아버지께 사랑을 받을 것이요 나도 그를 사랑하여 그에게 나를 나타내리라

성령을 받고 싶다면 하나님의 계명을 지키지 않으면 안 된다. 성령은 단순히 기도만으로는 얻을 수 없다. 성경을 연구하여 얻을 수도 없다. 결심하고 용기 있게 하나님의 명령을 실천함으로써 받게 되는 것이 성령이다. 성령은 하나님이 그 아들 예수 그리스도의 선행에 보답하기 위하여 내려 주신 가장 크고 은혜로운 보상이다. 우리는 오직 믿음의 행위를 통해서만 성령을 확실히 받을 수 있다. 성경을 연구하여 영적인 욕구를 일으키고, 기도를 통해 성령을 찾아 구하며, 실천으로 말미암아 성령을 얻게 되는 것이다. 실천은 실로 가장 힘있는 기도이다. "노동은 유익하다"고 말하는데, 하나님의 가장 큰 선물인 성령을 얻으려고 할 때는 더욱 그러하다고 생각한다.

22일

이사야 45장 22절 땅 끝의 모든 백성아 나를 앙망하라 그리하면 구원을 얻으리라 나는 하나님이라 다른 이가 없음이니라

세상의 교사들은 가르친다. "먼저 자기를 깨끗하게 하고 그 후에 세상을 깨끗하게 만들라." 그러나 하나님은 말씀하신다. "너희들은 나를 앙망하라. 그리하면 구원을 얻으리라." 나는 나 자신을 정결하게 하고자 일생토록 종사하였으나 그렇게 될 수 없었다. 그러나 하나님의 어린양이신 예수 그리스도를 바라볼 때 나는 비로소 내 영혼의 병이 깨끗해진다는 사실을 깨달았다. 가라, 세상의 교사들이여, 그대들은 나에게 자성하라고 설파하여 반평생이나 나를 고뇌하게 만들지 않았는가. 나는 지금부터 하나님의 말씀만을 들으며, 간절히 소망하는 깊은 뜻에 따라서 걸어가리라.

5월 23일

사도행전 5장 29절 - 32절 베드로와 사도들이 대답하여 가로되 사람보다 하나님을 순종하는 것이 마땅하니라 너희가 나무에 달아 죽인 예수를 우리 조상의 하나님이 살리시고 이스라엘로 회개케 하사 죄 사함을 얻게 하시려고 그를 오른손으로 높이사 임금과 구주를 삼으셨느니라 우리는 이 일에 증인이요 하나님이 자기를 순종하는 사람들에게 주신 성령도 그러하니라 하더라

그리스도교의 전도란, 나의 주장을 세상에 널리 알리고 나의 덕을 가지고 사람을 변화시키며, 그래서 나의 당, 나의 제자를 만드는 일이 아니다. 그리스도교의 전도란 내게 죄가 있음을 세상에 알리고, 내가 받은 은혜를 다른 사람에게 보여 주며, 내 구주를 세상에 소개하고, 그래서 주님을 따르는 무리로 제자를 만드는 일이다. 세상에서 말하는 전도와 그리스도교의 전도 사이에 이러한 차이가 있음을 우리는 마음에 새겨 두지 않으면 안 된다. 이런 의미에서 본다면 진정한 그리스도인은 누구라도 전도에 종사할 수 있다. 전도는 설교도 아니고 목회도 아니다. 전도는 내 마음에 체험한 하나님의 구원을 세상에 발표하는 일이다. 이 체험이 없으면 그 어떤 해박한 신학 교육을 받은 사람이라 해도 그리스도교의 목회자가 아니다. 또한 이 체험이 있으면 누구라도 유력한 목회자일 수 있다.

24일

베드로후서 3장 12-14절 하나님의 날이 임하기를 바라보고 간절히 사모하라 그날에 하늘이 불에 타서 풀어지고 체질이 뜨거운 불에 녹아지려니와 우리는 그의 약속대로 의의 거하는 바 새 하늘과 새 땅을 바라보도다 그러므로 사랑하는 자들아 너희가 이것을 바라보나니 주 앞에서 점도 없고 흠도 없이 평강 가운데서 나타나기를 힘쓰라

마른 잎들이 떨어져 땅을 덮을 즈음, 마침내 우리의 소망은 커진다. 옛 세기는 끝나고 낡은 제도는 폐하며 옛 하늘과 옛 땅은 사라져 새로운 천지가 우리 안에 임하려고 한다. 쏴하고 부는 가을바람은 낙엽을 재촉하는 소리가 아닌가. 소슬한 세태, 이것은 옛 사물이 죽어 없어지는 것을 나타내는 모습이 아닌가. 들판의 색이 슬프고 쓸쓸한 지금은 우리의 의지를 강하게 해야만 할 때이다.

25일

예레미야 20장 8-9절 대저 내가 말할 때마다 외치며 강포와 멸망을 부르짖으오니 여호와의 말씀으로 하여 내가 종일토록 치욕과 모욕거리가 됨이니이다 내가 다시는 여호와를 선포하지 아니하며 그 이름으로 말하지 아니하리라 하면 나의 중심이 불붙는 것 같아서 골수에 사무치니 답답하여 견딜 수 없나이다

예언자는 시인이며, 시인은 예언자이다. 두 사람을 구별하기란 매우 어렵다. 예언자는 하나님의 뜻을 전하는 사람이며 시인은 자연의 마음을 이야기하는 사람이라고 해도, 두 사람을 구별하기는 쉽지 않다. 왜냐하면 하나님의 뜻을 이해하지 못하면 자연의 마음을 알 수 없고, 자연을 이해하지 못하면 하나님의 뜻을 알 수 없기 때문이다. 그러므로 모든 예언자는 자연을 잘 이해하고, 모든 시인은 하나님의 뜻을 잘 알게 된다. 예언자도 시인도 모두 다 직접 하나님으로부터 보냄받은 사람들이다. 사람이 아니라 하나님이 직접 세우신 사람들인 것이다. 두 사람은 계급이 같다. 예의를 최고로 치는 의식주의자와, 문자를 중요시하는 신학자의 정반대에 서는 사람들이며, 살아 계신 하나님께 가장 가까이 서 있는 사람들이다.

26일

요한복음 11장 13-14절 너희가 내 이름으로 무엇을 구하든지 내가 시행하리니 이는 아버지로 하여금 아들을 인하여 영광을 얻으시게 하려 함이라 내 이름으로 무엇이든지 내게 구하면 내가 시행하리라

관상승菅相丞*의 노래라고 전해지는, "마음속으로 진정한 도에 미치게 되면, 기도하지 않고서도 하나님은 지켜 주신다" 등과 같은 말은 종종 기도 반대론을 주장할 때 사용되는데, 여기에 따르면 우리같이 기도하는 데에 많은 시간을 소비하는 사람들은 오히려 무익한 일을 도모하고 있는 사람처럼 생각됩니다. 그러나 기도 반대론은 대부분 그리스도인의 진정한 기도가 어떤 것인지를 분별하지 못하고 일어나는 것입니다. 원래 우리 그리스도인은 하나님의 거룩한 뜻이 이루어지기를 기도합니다. 결코 우리의 사사로운 뜻과 계획이 이루어지기를 기도하는 것이 아닙니다. 그러므로 우리의 기도는 반드시 응답받을 만한 기도입니다. 참된 그리스도인은 자신의 기도를 통해 하나님이 행하실 일을 예언합니다. 그는 결코 이루기 힘든 일을 하나님께 요구하는 것이 아닙니다.

---

* 스가와라 미치자네菅原道眞 : 845-903, 헤안 시대平安해 : 8세기 말-12세기 말 전기의 귀족이자 학자

4월 27일

요한복음 10장 14-15절 나는 선한 목자라 내가 내 양을 알고 양도 나를 아는 것이 아버지께서 나를 아시고 내가 아버지를 아는 것 같으니 나는 양을 위하여 목숨을 버리노라

믿음으로 진리가 점점 더 명료해지는 것을 알 수 있는데, 이것을 신앙이라고 한다. 반면 점점 더 어두움을 더하게 되는 이것은 미신이라고 한다. 진리는 나의 본성과 조화를 이루기 때문에, 진리를 믿으면 내 모든 성품이 기쁨에 겨워 맞장구를 친다. 오류는 나 자신의 화합을 부수기 때문에, 오류를 믿으려면 내 성품 모두를 혹은 어느 정도를 억압할 수밖에 없다. 충분한 만족은 진리를 깨달은 증거이다. 내가 진리를 이해할 때에는 나의 이성도 성정性情도 아멘으로 답하고, 산과 언덕은 소리 내어 그분 앞에서 노래하고, 들에 있는 나무들은 모두 손뼉을 친다 사 55:12. 미신과 신앙의 구별은 이와 같다. 실로 나는 내 목자의 소리를 안다. 그리스도는 심령의 신랑으로, 신부는 굳이 묻지 않아도 본능적으로 그분이 곧 진정한 지아비임을 안다. 진리를 찾을 때에 이런 종류의 본능은 결코 경시해서는 안 된다.

2월 28일

베드로전서 3장 3-5절 너희 단장은 머리를 꾸미고 금을 차고 아름다운 옷을 입는 외모로 하지 말고 오직 마음에 숨은 사람을 온유하고 안정한 심령의 썩지 아니할 것으로 하라 이는 하나님 앞에 값진 것이니라 전에 하나님께 소망을 두었던 거룩한 부녀들도 이와 같이 자기 남편에게 순복함으로 자기를 단장하였나니

나는 아직 내 눈으로 천사를 본 적이 없다. 그러나 내가 사랑한 자*가 병상에 있을 때, 그 대리석과 같은 용모, 방울벌레 소리 같은 목소리, 아침 이슬 같은 눈물 — 그가 만약 천사가 아니었다면 무엇을 가지고 천사를 묘사할까. 나는 사랑하는 사람이 평생 병을 이기지 못한다 해도 내 옆에 있어 주기만 한다면 결코 고통을 느끼지 아니하리라. 그는 언제나 나의 위로가 된다. 나를 깨끗하게 하고, 높이며, 천사가 지키고 있는 듯한 느낌을 받게 한다. 당신이 만약 천사를 섬기려고 한다면, 가서 병으로 누워 있는 정숙한 여인을 보라. 그녀는 이 세상에 살아 있는 동안 이미 성화되어 천사가 된 것이다.

---

* 열여덟 살 때 죽은 간조의 장녀 루쓰코에 대한 이야기

배움 29일

예레미야 3장 22-23절 배역한 자식들아 돌아오라 내가 너희의 배역함을 고치리라 보소서 우리가 주께 왔사오니 주는 우리 하나님 여호와이심이니이다 작은 산들과 큰 산 위의 떠드는 무리에게 바라는 것은 참으로 허사라 이스라엘의 구원은 진실로 우리 하나님 여호와께 있나이다

일본은 아시아의 시험장이다. 마치 그리스가 유럽의 시험장이었던 것처럼. 유럽의 미래를 그리스가 결정한 것처럼 아시아의 미래는 일본이 결정할 것이다. 우리가 채용한 제도와 우리가 믿는 종교, 우리가 개발하고 있는 철학과 예술이 결국 동아시아 전체에 보급되어, 그 후로도 계속 그 규모를 유지하면서 인류의 반 이상의 운명을 지배하게 되는 것은, 솔론*, 휘디아스**, 플라톤*** 등이 남긴 업적이 서양 문명의 기초를 결정한 것과 같을 것이다. 그러므로 알지어다. 우리 일본인의 책임은 불과 4천만 동포의 안전과 행복에만 머무는 것이 아니라, 히말라야 산 동쪽에 사는 5억여 명에 달하는 인류의 장래에 관계되어 있다는 사실을. 이런 중차대한 책임이 있음을 아는 사람이 어찌 경솔하고 경박할 수 있겠는가. 독편

---

* Solon : 그리스 아테네의 철인이자 입법가
** Phidias : 그리스 조각가
*** Platon : B. C. 427-347, 그리스 철학자

30일

> 히브리서 6장 19-20절 우리가 이 소망이 있는 것은 영혼의 닻 같아서 튼튼하고 견고하여 휘장 안에 들어가나니 그리로 앞서 가신 예수께서 멜기세덱의 반차를 좇아 영원히 대제사장이 되어 우리를 위하여 들어가셨느니라

예수가 기적을 행할 수 없었다면, 그분이 가진 구주의 자격은 소멸하고 말았을 것이다. 그분은 생명의 근원이며 영생의 공급자이다. 신자는 그분에게서 부활을 소망하고, 그분에게 영혼을 맡기고 죽음을 맞는다. 그럼에도 불구하고 만약 이 예수가 기적을 행하는 능력을 갖고 있지 않다면, 신자의 희망은 모두 다 헛된 꿈이 되고 말 것이다. 신자는 마지막 날에 그분이 가장 큰 기적을 베풀기를 소망하며 죽음을 맞는다. 신자가 "주 안에서 잠든다"는 말이 바로 이런 뜻이다. 그리고 가장 큰 기적인 부활을 행하는 분이 지상에서 이보다 작은 기적을 행할 수 없을 이유가 없다. 이처럼 작은 기적을 쉽사리 행할 수 있었던 분이기 때문에 신자는 예수를 숭배하고 구주로 삼아, 그분에게 영혼을 의지하고 그분이 한 부활의 약속을 믿으며 그분 안에서 편안히 잠드는 것이다.

1일

히브리서 3장 1-2절 그러므로 함께 하늘의 부르심을 입은 거룩한 형제들아 우리의 믿는 도리의 사도시며 대제사장이신 예수를 깊이 생각하라 저가 자기를 세우신 이에게 충성하시기를 모세가 하나님의 온 집에서 한 것과 같으니

우리가 하나님께 대해 할 수 있는 일이 단 한 가지 있다. 즉, 하나님이 그리스도를 통해 우리에게 친히 내려오신 그 용서의 사실을 믿고 죄의 몸 이대로, 불신앙의 마음 이대로 그분에게 바치는 일이다. 그리고 한번 그분에게 바친 이상, 다시는 자신의 일을 놓고 고뇌하는 일 없이, 오직 하나님의 어린 양이신 예수를 바라보며 우리 일생을 마쳐야 한다. 죄의 세력이 되살아나 내 심령을 엄습해 올 때 우리는 예수를 바라보아야 한다. 불신앙의 악마가 내 주에 대한 열심을 부수려고 내게 다가오는 것을 느꼈다면 나는 예수를 우러러보아야 한다.

2일

잠언 11장 18-21절 악인의 삯은 허무하되 의를 뿌린 자의 상은 확실하니라 의를 굳게 지키는 자는 생명에 이르고 악을 따르는 자는 사망에 이르느니라 마음이 패려한 자는 여호와의 미움을 받아도 행위가 온전한 자는 그의 기뻐하심을 받느니라 악인은 피차 손을 잡을지라도 벌을 면치 못할 것이나 의인의 자손은 구원을 얻으리라

정의는 부서지나 일어서고, 불의는 이기나 망한다. 이것은 역사의 변함없는 원칙으로 과거 6천 년간 인류가 실제로 겪었던 경험이 확실하게 증명하고 있다. 난폭한 자가 누리는 한때의 승리는 그에게 쇠퇴와 소멸과 타락을 한층 초래하고, 의로운 자가 겪은 한때의 실패는 그에게 부흥과 상승과 전진을 한층 재촉한다. 소크라테스는 독주를 마시고 죽어 그의 가르침은 그 당시 문명세계로 확산되었고, 그리스도는 십자가에 달려 오늘날 서양 여러 나라에서 왕 중의 왕으로 많은 숭배와 존경을 받고 있다. 땅에 떨어져 향기를 발하는 것은 백단향이고, 죽어서 빛을 높이 발하는 것은 정의이다. 우리가 어찌 힘써 노력하지 않고 있을 수 있겠는가.

12월 3일

요한복음 5장 17절 예수께서 저희에게 이르시되 내 아버지께서 이제까지 일하시니 나도 일한다 하시매

다른 종교는 일정한 시기가 지나면 틀림없이 사라지는데, 그리스도교만이 해마다 새롭게 되는 이유가 무엇인가. 왜 오래된 성경은 세월과 함께 낡아지지 않는가. 그 안에 완전무결한 철학적 진리가 담겨 있기 때문일까. 그렇다고는 생각하지 않는다. 그리스도교가 사라지지 않는 이유는 하나님이 사라지지 않으시기 때문이다. 살아 계신 하나님이 항상 함께 동행하시고, 그 진리를 가지고 사람의 마음에 역사하시기 때문이다. 그러나 하나님이 계시는 동안은 — 하나님이 계시지 않는 때란 결단코 미래에도 영원토록 없다 — 성경의 진리가 그 활력을 잃는 일은 없다. 우리는 하나님을 믿고 그리스도교의 진리를 추구하며 그 구원의 은혜를 받아 누려야 한다.

12월 4일

골로새서 3장 12-14절 그러므로 너희는 하나님의 택하신 거룩하고 사랑하신 자처럼 긍휼과 자비와 겸손과 온유와 오래 참음을 옷 입고 누가 뉘게 혐의가 있거든 서로 용납하여 피차 용서하되 주께서 너희를 용서하신 것과 같이 너희도 그리하고 이 모든 것 위에 사랑을 더하라 이는 온전하게 매는 띠니라

나의 죄는 용서를 받았다. 어떻게 내가 이웃의 죄를 용서하지 않을 수 있겠는가. 하나님은 나를 사랑하셨고, 하나님의 사랑이 내 마음에 흘러 넘치니 나는 이웃을 사랑하지 않을 수 없다. 사람은 하나님께 용서받기 전까지는 진심으로 다른 사람을 용서하지 못한다. 부가 채워지고 난 뒤에 덕이 채워진다는 말은 아마도 여기서 비롯한 것이리라. 유한한 사람의 영이 무한한 박애를 모두에게 미치게 하려는 일은 바랄 수는 있어도 행할 수는 없는 일이다. 내 잔이 흘러 넘치고 난 후, 나는 이웃에게 나의 기쁨의 온정을 전할 수 있는 것이다. 사랑의 샘의 근원은 하나님이시다. 내가 하나님을 만나고 나서 사랑이 나를 채우고, 그 후에 그 사랑은 나로부터 흘러 나오는 것이다.

5일

마태복음 13장 31-32절 또 비유를 베풀어 가라사대 천국은 마치 사람이 자기 밭에 갖다 심은 겨자씨 한 알 같으니 이는 모든 씨보다 작은 것이로되 자란 후에는 나물보다 커서 나무가 되매 공중의 새들이 와서 그 가지에 깃들이느니라

진리는 겨자씨와 같이 영원까지 생장하는 것이다. '그리스도의 구원'은 진리이다. 루터는 이것을 듣고 일어났으며, 버니언*은 이것을 듣고 처음으로 평안하였다. 그러나 루터를 루터답게 만든 것은, 단순히 그의 스승인 슈타우피츠가 던진 한 마디가 아니다. 그 후에도 그는 3, 4년간 사원 안에서 홀로 사고하고 기도하는 시간을 필요로 하였다. 감정적인 버니언 역시 사죄의 큰 진리를 깨닫고 나서도 베드포드 감옥 안에서 12년간 더욱더 단련하는 시간이 필요했다. 큰 진리를 얻었을 때는 이를 느끼거나 느끼지 못하거나 관계없이, 우리가 하나의 큰 진보를 이루어 낸 때이다. 이에 반해 아무리 감정을 일으켜도 아무리 눈물을 흘려도 우리의 이성을 움직일 수 없는 변화는 머지않아 사라져 흔적조차 없어지게 될 것이다. 구안

* John Bunyan : 1628-1688, 《천로역정》의 저자

12월 6일

요한복음 14장 22-23절 가룟인 아닌 유다가 가로되 주여 어찌하여 자기를 우리에게는 나타내시고 세상에게는 아니하려 하시나이까 예수께서 대답하여 가라사대 사람이 나를 사랑하면 내 말을 지키리니 내 아버지께서 저를 사랑하실 것이요 우리가 저에게 와서 거처를 저와 함께하리라

하나님이 계시다는 사실은 철학적으로 증명할 수 있는 것이 아닙니다. 그분이 계시다는 사실은 실제 체험을 통해 증명됩니다. 우리 의식의 중심에 무엇보다도 명백하고 무엇보다도 확실하게 그분이 나타나시기 때문입니다. 그리스도의 신성도 마찬가지입니다. 이것은 교리가 아닙니다. 이것 역시 체험입니다. 논의를 통한 증명이 아니라, 그분에게서 능력을 공급받아 그분의 신비로운 힘이 우리에게 전해지는 것을 통해 알게 되는 일입니다. 묵상

12월 7일

예레미야 31장 1절 나 여호와가 말하노라 그때에 내가 이스라엘 모든 가족의 하나님이 되고 그들은 내 백성이 되리라

여자의 태에서 나온 생명체 가운데, 나사렛 예수만이 인류의 숭배를 받으실 만한 가치가 있습니다. 그분을 하나님으로 숭배하여도 우리의 양심은 조금도 그 품성이 타락했다고 느끼지 않습니다. 뿐만 아니라 제왕을 숭배하여 자유를 잃고, 부호를 숭배하여 권위를 떨어뜨린 국민도, 예수를 하나님으로 숭배하여 그 잃어버렸던 자유와 독립을 회복한 예는 인류 역사에서 흔하게 찾아볼 수 있습니다. 예수는 실로 영광의 왕이시며, 인류의 숭배를 받으실 만한 분입니다.

10월 8일

누가복음 21장 34-36절 너희는 스스로 조심하라 그렇지 않으면 방탕함과 술 취함과 생활의 염려로 마음이 둔하여지고 뜻밖에 그날이 덫과 같이 너희에게 임하리라 이날은 온 지구상에 거하는 모든 사람에게 임하리라 이러므로 너희는 장차 올 이 모든 일을 능히 피하고 인자 앞에 서도록 항상 기도하며 깨어 있으라 하시니라

초대 교회 신자들은 예수를 구주로 섬겼지, 이 세상의 구주, 곧 사회를 개혁하신 분, 가정을 깨끗하게 하신 분, 사상을 드높이신 분으로 우러렀던 것은 아니다. 특히 장차 다가올 하나님의 진노의 날에 그들을 중보하고 구원할 분으로 섬겼다. 총독 벨릭스는 아내 드루실라와 함께 수일 후에 바울을 초대하여 그리스도를 믿는 도리에 대해 들었다. 그때 바울이 공의와 절제, 장차 오는 심판을 강론하자 벨릭스가 두려워하여 대답하였다. "시방은 가라 내가 틈이 있으면 너를 부르리라" 행 24:25. 지금 이 시대의 설교자나 새로운 신학자, 고도의 비평가나 그 외에 정치적인 권력자, 목회자들에게 없는 것은, 바울이 강론했던 것처럼 총독들을 두렵게 만드는 장차 다가올 심판에 관한 설교이다.

12월 9일

사도행전 2장 23-24절 그가 하나님의 정하신 뜻과 미리 아신 대로 내어 준 바 되었거늘 너희가 법 없는 자들의 손을 빌어 못 박아 죽였으나 하나님께서 사망의 고통을 풀어 살리셨으니 이는 그가 사망에게 매여 있을 수 없었음이라

그러나 보라. 예수의 부활을 알리는 한 여인이 있었다. 도망가 버린 예수의 제자들은 다시 예루살렘으로 돌아왔다. 여기에 이 세상 이론으로는 도저히 이해할 수 없는 신기한 대운동이 시작되었다. 그리고 반백 년이 채 지나지 않아 예수를 죽인 자들은 모두 사라져 버리고, 죽임을 당한 예수의 복음은 온 땅에 알려지게 되었다. 예수의 생애는 실패로 끝났으나, 그분의 종극은 죽음이 아니라 죽음과는 반대인 삶이었다. 예수는 세상에서 버림받으셨으나 예수는 세상을 버리지 않고 서서히 자신 안으로 품고 계신다. 현세에서는 대실패, 후세에서는 대성공. 세상에서 미움을 받으나 세상을 이긴다. 이것이 성경이 우리에게 가르치는 예수의 생애에 대한 귀한 교훈이다.

요한계시록 5장 9-10절 새 노래를 노래하여 가로되 책을 가지시고 그 인봉을 떼기에 합당하시도다 일찍 죽임을 당하사 각 족속과 방언과 백성과 나라 가운데서 사람들을 피로 사서 하나님께 드리시고 저희로 우리 하나님 앞에서 나라와 제사장을 삼으셨으니 저희가 땅에서 왕노릇 하리로다 하더라

그리스도를 믿는 자란 그리스도에게 나타나신 하나님의 생명을, 믿음을 가지고 자신의 것으로 삼은 자입니다. 적어도 그 정신이나 행위가 그리스도의 정신이나 행위와 매우 닮은 자입니다. 그리스도는 천국의 왕이시고, 그 시민은 작은 그리스도입니다. 이를 한마디로 말하면, 천국 시민은 용서받은 죄인입니다. 결코 군자가 아닙니다. 도덕가가 아닙니다. 자선가나 신학자의 부류가 아닙니다. 물론 부자도 귀족도 아닙니다. 자기 죄를 회개하고 하나님 앞에서 자백한 뒤 결국 하나님의 구원의 은혜를 입어 새사람이 된 자입니다. 그리스도교가 전하는 천국 시민이란, 실로 이런 사람을 가리킵니다.

12월 11일

잠언 18장 24절 많은 친구를 얻는 자는 해를 당하게 되거니와 어떤 친구는 형제보다 친밀하니라

나는 고독하다. 그러나 고독하지 않다. 내게도 벗이 있다. 실로 나는 고독하기만 하면, 이렇게 많은 벗을 갖게 된다. 고독이란 무엇인가 하면, 마음을 벗으로 삼는 일이다. 마음을 벗으로 삼는 사람은 온 천하에 마음을 벗 삼는 모든 이들을 벗으로 삼는 사람이다. 세상의 교제가 이루어지는 곳에서 친구를 찾는 것은, 그 모이는 장소에 함께 들어갈 수 있을 만큼의 사람을 친구로 삼는 일에 지나지 않는다. 그러나 마음의 벗을 찾는 사람은 드넓은 우주에서 찾는다. 무슨 일이든 나와 함께 슬픔을 나누는 사람, 나와 이상을 함께하는 사람, 나의 하나님을 섬기는 사람, 나의 구주에게 구원받은 사람, 이 사람들이 모두 나의 벗이다. 미래의 사귐은 마음과 영적으로 서로 통해야만 한다. 바울은 "우리가 이제부터는 아무 사람도 육체대로 알지 아니하노라"고후 5:16고 말하지 않았는가. 얼굴을 맞대고 이야기하지 않으면 친구가 아닌 것처럼 생각한다면, 아직 그리스도 안에서 친구란 무엇인지를 모르기 때문이다.

12월 12일

골로새서 3장 8-10절 이제는 너희가 이 모든 것을 벗어 버리라 곧 분과 악의와 훼방과 너희 입의 부끄러운 말이라 너희가 서로 거짓말을 말라 옛사람과 그 행위를 벗어 버리고 새사람을 입었으니 이는 자기를 창조하신 자의 형상을 좇아 지식에까지 새롭게 하심을 받는 자니라

사람은 태어나면서부터 하나님의 아들이 되는 것이 아니라, 그리스도를 믿음으로 하나님의 아들이 된다 요 1:12. 사람은 처음부터 불멸하는 것이 아니라, 그리스도에게 영원한 생명을 받아 불멸하게 된다. "내가 살았고 너희도 살겠음이라" 요 14:19 고 그리스도는 말씀하셨다. 사람은 무(無)이나, 하나님은 유(有)이다. 사람이 한없이 귀한 이유는 자신이 무라는 사실을 깨달아 하나님 안에서 유가 될 수 있기 때문이다.

12월 13일

누가복음 18장 6-7절 주께서 또 가라사대 불의한 재판관의 말한 것을 들으라 하물며 하나님께서 그 밤낮 부르짖는 택하신 자들의 원한을 풀어 주지 아니하시겠느냐 저희에게 오래 참으시겠느냐

믿음의 일생은 겉보기에는 무사평온한 데 반해, 내면은 다사다난하며 동요로 가득 차 있다. 하나님을 믿고 그분의 계시와 약속의 말씀을 듣는 은혜를 입었으나, 그 약속이 속히 실행되지 않았다 하여 어떤 때는 그분을 의심하고 혹은 완전히 그분과 단절하려고도 한다. 바로 여기에 우리의 인내가 필요하다. 믿을 수 없는 일을 믿고 소망하기 어려운 일을 소망해야 한다. 때로는 기도는 하나 응답을 받지 못해 믿음이 뿌리째 흔들리고, 회의로 인해 소망의 하늘에 구름이 뒤덮인다. 홀로 슬피 울며, 홀로 외치고, 홀로 기도한다. 이렇게 하며 나는 수년 혹은 수십 년을 지내야 한다. 그러나 보라. 때가 오면 하늘이 열리고 나의 눈은 거기서 나의 본향을 보게 되리라. 하나님은 내 아버지가 되시고 나는 그분의 자녀로 불리게 된다. 세상이 밖으로 확장되고 있었던 사이에 나는 안으로 깊게 파헤치고 있었던 셈이다. 나는 결국 생명수를 파냈다. 흘러서 영생에 이르는 샘은 내 안에서 용솟음치게 된 것이다.

12월 14일

시편 141편 1-2절 여호와여 내가 주를 불렀사오니 속히 내게 임하소서 내가 주께 부르짖을 때에 내 음성에 귀를 기울이소서 나의 기도가 주의 앞에 분향함과 같이 되며 나의 손 드는 것이 저녁 제사같이 되게 하소서

응답받지 못한 기도, 그것이 진실로 응답받은 기도이다. 하나님이 사람에게 내려 주신 가장 큰 선물은 하나님 자신이다. 그분을 아는 일이 영생이다. 창조주는 피조물보다 귀하다. 우주와 그 안에 있는 만물을 얻어도, 만약 하나님을 내 것으로 삼을 수 없다면, 우리는 실로 가난한 사람이다. 하나님은 이 최고의 선물을 그 자녀에게 주려고 하신다. 이 은혜로운 선물은 고통과 함께 주어진다. 따라서 믿는 자가 누리는 가장 큰 행복은 응답받지 못한 기도이다. 그리고 이 고통을 잘 이겨 낼 수 있는 사람에게 하나님은 '하나님 자신'이라는 가장 큰 선물을 내려 주시는 것이다.

12월 15일

베드로후서 1장 20-21절 먼저 알 것은 경의 모든 예언은 사사로이 풀 것이 아니니 예언은 언제든지 사람의 뜻으로 낸 것이 아니요 오직 성령의 감동하심을 입은 사람들이 하나님께 받아 말한 것임이니라

성경은 하나님에 대해 쓴 책입니다. 곧 하나님의 본성, 하나님의 의지, 하나님의 권능, 하나님의 자애라고 할 만한 것들을 성경은 가장 명백하고 또 가장 진실하게 우리에게 가르쳐 줍니다. 물론 그 밖에도 이런 기사에 대해 기록한 책이 없는 것은 아닙니다. 그러나 조금도 애매모호한 부분이 없이, 마치 하늘의 해를 바라보듯 명료하게 하나님을 우리에게 전달하는 책은 결코 이밖에는 달리 없습니다. 성경은 그 첫머리에 "나는 이와 같이 전하여 들었다"고 하지 않고, "하나님이 말씀하시기를"이라고 말합니다. 성경은 하나님의 존재를 증거하려고 애쓰지 않고, "태초에 하나님이 계시니"라고 합니다. 성경은 그 문체만 직관적인 것이 아닙니다. 그 전하는 진리 또한 결코 추리나 상상에서 나온 것이 아닙니다. 사람으로서 면전에서 하나님을 본 사람은 없습니다만, 성경의 기자는 모두 그 마음에 직접 하나님을 느낀 사람들입니다. 그러므로 하나님을 알기 원한다면, 이 책에 의지할 수밖에 없습니다.

16일

고린도후서 13장 4-5절 그리스도께서 약하심으로 십자가에 못 박히셨으나 오직 하나님의 능력으로 살으셨으니 우리도 저의 안에서 약하나 너희를 향하여 하나님의 능력으로 저와 함께 살리라 너희가 믿음에 있는가 너희 자신을 시험하고 너희 자신을 확증하라 예수 그리스도께서 너희 안에 계신 줄을 너희가 스스로 알지 못하느냐 그렇지 않으면 너희가 버리운 자니라

속죄란 갈보리 산 위에서 십자가에 매달려 돌아가신 그리스도의 죽음으로 완성된 것이 아니다. 이 사건은 불과 속죄의 단서였을 뿐이다. 그 완성은 오늘날 우리 마음에서 이루어지고 있다. 성부와 성자와 성령으로 우리 마음에 내려오셔서, 거기서 우리를 위해 괴로움을 겪으시고 우리를 대신해(곧 우리가 되어) 회개의 열매를 맺으시고, 마침내 우리가 죄 없는 자로서 하나님께 받아들여질 수 있도록 하셔서, 속죄는 그 열매를 맺는 것이다. 속죄는 2천 년 전 과거에 있었던 일이 아니라, 오늘, 우리 마음속에서 이루어지고 있는 일이다. 속죄는 신학 학설이 아니며 내 눈 앞에서 일어나는 일이다. 내 심중의 체험이다.

구원

이사야 30장 15절 주 여호와 이스라엘의 거룩하신 자가 말씀하시되 너희가 돌이켜 안연히 처하여야 구원을 얻을 것이요 잠잠하고 신뢰하여야 힘을 얻을 것이어늘 너희가 원치 아니하고

평온하게, 침묵을 지키고 의지하면, 내 힘으로 이루려고 애쓰지 않고 하나님이 일하실 때까지 기다리면, 당신은 힘을 얻어 강해질 수 있다. 당신의 적을 이길 수 있고 즉시 구원받을 수 있다. 시기와 질투의 독화살에 몸이 노출되었을 때, 모든 국민이 나를 박해할 때, 양이 늑대의 무리 중에 있는 것 같은 처지에 나 홀로 놓였을 때, 나는 단지 침묵을 지키고 오직 하나님이 구원하시기만을 바라며 그분을 나의 성벽으로, 나를 지키는 자로, 나의 무기로 삼아야 한다. 나는 약하지만 그분은 강하다. 그분과 함께 있으면 나 혼자라도 전 세계보다 강하다. 구원은 주님 안에 있으니, 원컨대 은혜가 하나님의 백성 위에 임하시기를. 아멘.

초 18일

고린도후서 5장 21절 하나님이 죄를 알지도 못하신 자로 우리를 대신하여 죄를 삼으신 것은 우리로 하여금 저의 안에서 하나님의 의가 되게 하려 하심이니라

생명의 아버지이신 하나님은 인류가 전멸하기를 원하지 않으시기 때문에, 한없이 고결한 사람을 세상에 보내셔서 그 부패를 치유하고 그 부정을 씻기신다. 인류 사회가 생존하려면 실로 정기(精氣)를 끊임없이 주입시켜야 한다. 의인 아벨이 형 가인의 독한 손에 쓰러진 이래로 창 4:1-16, 사회의 부패는 항상 의인이 흘린 값진 피로 억제되어 왔다. 그리고 하나님은 온 인류가 입은 깊은 상처를 치유하시고 지구와 여기에 살고 있는 사람들을 그 정해 두신 행복의 자리에까지 올려 주려고 결심하사, 육신의 몸으로 직접 이 혼탁한 세상에 내려오셔서 무궁한 덕의 원천을 이곳에 열어 주셨다. 이 같은 복음은, 사랑의 하나님의 존재와 사람과 하나님의 관계를 잘 알고 있는 자에게는 결코 믿기 어려운 소식이 아니다.

12월 19일

시편 40편 3절 새 노래 곧 우리 하나님께 올릴 찬송을 내 입에 두셨으니 많은 사람이 보고 두려워하여 여호와를 의지하리로다

우리가 말하는 기도는 기원이 아닙니다. 우리는 기도하지 않으면 안 되기 때문에 기도하는 것이 아닙니다. 하나님은 사랑의 아버지이시므로, 우리가 그분에게 요구하지 않아도 우리에게 필요하다면 우리 기도를 기다리지 않으시고 모든 것을 우리에게 내려 주십니다. 원래 기도란 우리의 천진함이 흘러 나온 것입니다. 곧 우리 마음속에 견딜 수 없는 감사의 정이 솟아나 언어가 되어 나타난 것입니다. 또 어떤 때는 다 감싸 안을 수 없는 번민의 정이 흘러 나와 눈물이 된 것입니다. 만약 이것을 기도라고 말하는 것이 걸림돌이 된다면 시와 노래라고 말해도 좋을 것입니다. 즉, 그리스도인의 기도란 하나님 앞에서 읊는 시와 글이라고 해도 결코 틀린 말이 아닙니다.

12월 20일

요한일서 4장 14절 아버지가 아들을 세상의 구주로 보내신 것을
　　우리가 보았고 또 증거하노니

꽃은 사라지고 새는 떠나고 숲은 그 옷을 벗으니 자연은 나체가 되었다. 그저 바라볼 뿐이다. 밤마다 오리온 성좌가 검을 띠고 초연하게 머리 위에서 빛나는 모습을. 하나님의 아들이 세상에 임하실 시기이다. 세상이 극히 냉담해지고 마음에 허식이 사라지며 단지 위력이 우리 머리 위에 검을 휘두를 때, 그리스도는 우리 마음에 임하신다. 지금은 구원의 시기이다. 세상 모든 사람들아, 마음을 잠잠히 하여 그분을 영접하라.

12월 21일

이사야 16장 5절 다윗의 장막에 왕위는 인자함으로 굳게 설 것이요 그 위에 앉을 자는 충실함으로 판결하며 공평을 구하며 의를 신속히 행하리라

나라가 흥하여도 그리스도를 믿고, 나라가 쇠하여도 그리스도를 믿는다. 때를 얻더라도 그리스도를 믿고, 때를 얻지 못하더라도 그리스도를 믿는다. 사업이 번성하여도 그리스도를 믿고, 사업이 쇠하여도 그리스도를 믿는다. 그리스도를 믿을 뿐, 그리스도를 믿을 뿐. 하늘이 없어지고 땅이 사라져도 그리스도를 믿을 뿐.

22일

요한복음 3장 14-15절 모세가 광야에서 뱀을 든 것같이 인자도 들려야 하리니 이는 저를 믿는 자마다 영생을 얻게 하려 하심이니라

만약 그리스도가 세상에 내려오지 않으셨다면 어떠했을까. 만약 세상에 공자가 있고 장자가 있고 석가가 있고 마호메트가 있고 플라톤이 있고 알렉산더가 있고 시저가 있어도, 그리스도가 없었다면 어떠했을까. 아아, 예수가 없는 나는 용사가 되어 전장에서 많은 적들을 죽이게 되었으리라. 장부가 되어 국적을 죽이게 되었으리라. 혹은 자선가가 되어 가난한 사람을 돕기 위해 내 한 몸 내어 주게 되었으리라. 그러나 죄를 용서받은 일에 대한 감사, 하나님의 아들이 될 수 있었던 기쁨, 자기는 죽고 하나님 안에서 살아가는 기쁨, 부활에 대한 소망, 영생의 약속, 아아, 이것들이야말로 예수 때문에 내가 받을 수 있었던 하늘의 선물이다.

12월 23일

미가 5장 2절 베들레헴 에브라다야 너는 유다 족속 중에 작을지라도 이스라엘을 다스릴 자가 네게서 내게로 나올 것이라 그의 근본은 상고에, 태초에니라

하나님은 이 세상에 내려오셨다. 아아, 나도 가서 그분을 섬기리라. 그분은 왕궁에 계시지도 않고, 금관을 쓰시지도 않고, 지금도 남루한 포대기에 싸여 계신다. 가난한 사람의 아기는 모두가 그분이다. 내가 가진 황금과 유향, 몰약을 그들에게 바치리라. 고통스러운 가시관을 쓰고 귀족의 강압에 우는 무고한 백성들 수만 명 모두가 그분이다. 나는 내 구주를 본받아 내 생명을 그들을 위해 버리리라. 내 주 예수는 하늘의 보좌를 버리고 우리 가운데 내려오셨다. 그분의 쓸모없는 제자 중 한 사람인 나도 나의 행복한 가정을 버리고서라도 세상의 불쌍한 사람들을 구하리라. 아아, 나는 무엇으로 하나님이 강림하신 이 기쁜 시절을 축하할까. 노래로 하리, 보석을 갖고 하리. 아니, 새로운 결단을 가지고 하리라. 그분의 마음을 품고 세상의 어려운 일을 헤쳐 나가겠다는 결심을 가지고 축하하리라. 그분을 대신하여 이 죄 많은 세상과 싸우겠다는 결단을 가지고 축하하리라. 나사렛 예수여, 올해 오늘 다시 내 마음에 내려오셔서 나의 이 결단을 견고하게 하소서.

12월 24일

고린도후서 5장 17절 그런즉 누구든지 그리스도 안에 있으면 새로운 피조물이라 이전 것은 지나갔으니 보라 새것이 되었도다

예수가 처녀의 몸에서 태어나신 것은, 하나님이 평범한 출산법을 천하게 여기셨기 때문이 아니다. 인류를 초월한 생명을 이 세상에 가져오시기 위해서 필요한 일이었다. 구속은 그리스도가 강림하신 유일한 목적이 아니었다. 그것은 죄 많은 세상에 나타나신 두 번째 아담에게 절로 맡겨진 직분이었다. 동정녀 탄생은 새사람을 세상에 주시기 위해 필요한 일이었다. 우리는 성경의 기사뿐 아니라 우주의 진화 과정이나 우리 인류의 간절한 요구를 보더라도, 이 놀라운 사실을 신뢰할 수밖에 없는 것이다.

25일

누가복음 2장 10-12절 천사가 이르되 무서워 말라 보라 내가 온 백성에게 미칠 큰 기쁨의 좋은 소식을 너희에게 전하노라 오늘날 다윗의 동네에 너희를 위하여 구주가 나셨으니 곧 그리스도 주시니라 너희가 가서 강보에 싸여 구유에 누인 아기를 보리니 이것이 너희에게 표적이니라 하더니

만약 그리스도가 태어나지 않으셨다면 이 세상은 어떻게 되었을까. 시저나 알렉산더 같은 인물은 이 땅에 끊임없이 태어났을 것이다. 군주 한 사람을 위해 시체를 그 말에 태우고 맹위를 떨치는 충신들도 나왔을 것이다. 그러나 백성을 위해 검을 뽑은 크롬웰이나 워싱턴 같은 무인은 나오지 않았으리라. 루터나 사보나롤라처럼 사회를 위해 일한 용사는 태어나지 않았으리라. 호라티우스*나 베르길우스처럼 궁정에서 아첨하는 시인은 나왔을 것이다. 하지만 단테와 밀턴 같은 민중 시인은 나오지 않았으리라. 그리스도가 태어나지 않은 세계는 귀족과 제왕의 세계이다. 인간을 숭배하고 인간을 하나님으로 숭상하며, 한 사람의 영달을 위해 온 백성이 배를 주리는 세계이다. 그리스도로 말미암아 붓도 검도 두뇌도 팔도, 귀족의 필요를 채우기 위해서가 아니라 민중을 위해 필요하게 되었다.

* Horace : B. C. 65-8, 로마 시인

26일

이사야 35장 1-2절 광야와 메마른 땅이 기뻐하며 사막이 백합화 같이 피어 즐거워하며 무성하게 피어 기쁜 노래로 즐거워하며 레바논의 영광과 갈멜과 사론의 아름다움을 얻을 것이라 그것들이 여호와의 영광 곧 우리 하나님의 아름다움을 보리로다

갓난아기의 울음소리는 즐거움을 가져다주는 목소리이다. 그 울음이 처음으로 울려 퍼지면 집안은 환희로 진동한다. 새 사람이 희망을 가지고 우리에게 왔으므로. 베들레헴의 한밤, 만물의 장자長子가 울음을 터뜨리며 태어났을 때 우주는 환희로 전율했다. "마지막 아담" 그리스도, 고전 15:45 이 영원히 썩어지지 않을 것을 가지고 인류 가운데 임하셨기 때문이다. 이때 하늘은 땅에 응답하여, 사내아이가 사람들 가운데 태어났다고 하였다. 이때 피조물은 목소리를 모아 우리에게 해방의 날이 왔다고 노래하였다. 그러므로 크리스마스는 온 우주가 축하하는 날이다. 하늘과 땅과 그 안에 있는 모든 것이 해방과 자유 그리고 완성을 축하하는 날이다.

2月

호세아 10장 12절 너희가 자기를 위하여 의를 심고 긍휼을 거두라 지금이 곧 여호와를 찾을 때니 너희 묵은 땅을 기경하라 마침내 여호와께서 임하사 의를 비처럼 너희에게 내리시리라

미국의 시인 휘트먼이 말한 '위대한 벗'은 곧 우리의 친구입니다. 그는 내가 홀로 지팡이를 짚고 산보할 때 유일한 상담자가 됩니다. 조락의 숲에 나뭇잎들이 떨어지고 그래서 작은 산들이 황량한 색으로 변할 때, 한겨울의 달이 잎사귀에 걸려 얼음같이 찬 빛을 비출 때, 우리는 작은 강가에 홀로 서서 "내 아버지여"라고 외치고 또 "내 친구여"라고 외칩니다. 그리고 창연한 황혼의 놀 아래 나 홀로 집에 가까이 이르면, 우리 마음은 눈부시게 빛나 마치 창공에 빛나는 별들까지도 우리를 위해 찬미를 불러 주는 듯한 느낌에 빠져듭니다. 세상에 이런 벗을 가진 자가 달리 어디에 있겠습니까.

8월 28일

고린도전서 10장 13절 사람이 감당할 시험밖에는 너희에게 당한 것이 없나니 오직 하나님은 미쁘사 너희가 감당치 못할 시험 당함을 허락지 아니하시고 시험 당할 즈음에 또한 피할 길을 내사 너희로 능히 감당하게 하시느니라

나는 때때로 밤중에 혼자서 조용히 가슴에 두 손을 얹고 질문한다. 내가 만약 지금 죽는다면 나는 평화롭게 죽음을 맞을 것인가. 나는 이 질문에 대하여 지금까지 단 한 번도 만족스런 대답을 얻지 못하였다. 그러나 주님은 나에게 이렇게 말씀하셨다. "왜 죽음에 대하여 염려하는가. 너는 지금 죽는 것이 아니다. 그러므로 죽음을 이기는 힘은 아직 너에게 주어지지 않은 것이다. 또한 내일 일을 걱정하지 마라. 내일 일은 내일 염려하라. 하루의 수고는 그날로 족하다. 너의 힘은 네가 산 날 수만큼 주어질 것이다. 그리하여 네가 죽음에 이를 때에 너는 죽음을 이기는 힘을 가질 것이다." 그러므로 나는 깨닫는다. 죽음에 임하는 준비란 다름 아닌 오늘 주어진 일을 충실히 해내는 것임을. 이제 나는 죽음을 두려워할 필요가 없다. 나는 또한 주님의 은혜로 말미암아 평화롭게 죽음에 임할 수 있다.

12월 29일

미가 5장 3-4절 그러므로 임신한 여인이 해산하기까지 그들을 붙여 두시겠고 그 후에는 그 형제 남은 자가 이스라엘 자손에게로 돌아오리니 그가 여호와의 능력과 그 하나님 여호와의 이름의 위엄을 의지하고 서서 그 떼에게 먹여서 그들로 안연히 거하게 할 것이라 이제 그가 창대하여 땅 끝까지 미치리라

나뭇잎이 떨어지면 가지는 앙상해진다. 그러나 잎이 떨어진 자리에 새싹이 다시 돋지 않는 일은 없다. 나무를 베어 보라. 엄동의 나뭇가지 끝에도 이미 껍질 속은 봄볕의 꽃이 피고 있음을 보게 되리라. 그러므로 시들고 떨어짐은 부흥의 징조이다. 세상이 날마다 부패해 가는 것은 혁신을 위한 준비가 이루어지는 까닭이다. 소강

믿음 30일

요한복음 1장 9-12절 참빛 곧 세상에 와서 각 사람에게 비취는 빛이 있었나니 그가 세상에 계셨으며 세상은 그로 말미암아 지은 바 되었으되 세상이 그를 알지 못하였고 자기 땅에 오매 자기 백성이 영접지 아니하였으나 영접하는 자 곧 그 이름을 믿는 자들에게는 하나님의 자녀가 되는 권세를 주셨으니

누가 천국에 들어갈 수 있습니까. 한 사람이 사도 바울을 찾아와 물었습니다. "선생들아, 내가 어떻게 하여야 구원을 얻으리이까?"행 16:30. 그때 바울은 무어라 대답하였습니까. 바울은 자선가가 되라고 말하지 않았습니다. 바울은 또 청년회의 업무들을 숙지하고 간사가 되어 분주하게 일하라고도 하지 않았습니다. 바울은 이렇게 대답하였습니다. "주 예수를 믿으라. 그리하면 너와 네 집이 구원을 얻으리라"행 16:31. 곧 구원을 얻어 천국에 들어가는 길은 오직 이 한 가지만 있을 뿐입니다. 다른 길은 모두 거짓된 길입니다.

12월 31일

시편 119편 25-27절 내 영혼이 진토에 붙었사오니 주의 말씀대로 나를 소성케 하소서 내가 나의 행위를 고하매 주께서 내게 응답하셨으니 주의 율례를 내게 가르치소서 나로 주의 법도의 길을 깨닫게 하소서 그리하시면 내가 주의 기사를 묵상하리이다

나는 죄 많은 사람이다. 그러므로 나는 성경을 연구할 필요가 있다. "너희 죄가 주홍 같을지라도 눈과 같이 희어질 것이요"사 1:18라는 말씀을 통해 더없이 귀한 하나님의 위로를 누리기 때문이다. 나는 또 무지無智한 사람이므로 성경을 연구할 필요가 있다. "하나님의 미련한 것이 사람보다 지혜 있고"고전 1:25, "하나님께서 세상의 미련한 것들을 택하사 지혜 있는 자들을 부끄럽게 하려 하신다"고전 1:27는 말씀 때문에 내가 지식이 없고 지혜가 없다 하여 나 자신에 대해 실망하지 않는다. 나는 약한 자요, 재물을 소유하지 않은 자이며, 친구를 소유하지 않은 자이고, 세상에서 말하는 권력조차 갖지 않은 자이다. 그러나 나는 "이는 힘으로 되지 아니하며 능으로 되지 아니하고 오직 나의 신으로 된다"슥 4:6는 성경 말씀을 통해, 내 안에서 사라져 가는 소망을 다시 회복하는 사람이다. 묵상

옮긴이 안진희

상명대학교 일어교육과를 졸업하고 한국외국어대학교 대학원에서 일본어를 공부했다. 지금은 일본 도쿄대학 종합문화연구과 비교문학비교문화 박사과정에서 공부하고 있다.

일일일생

Ichinichi Isshou: New Edition

지은이 우찌무라 간조
옮긴이 안진희
펴낸곳 주식회사 홍성사
펴낸이 정애주
국효숙 김의연 박혜란 송민규 오민택 임영주 차길환

2004. 11. 29. 초판 발행   2025. 2. 10. 8쇄 발행

등록번호 제1-499호 1977. 8. 1.
주소 (04084) 서울시 마포구 양화진4길 3
전화 02) 333-5161   팩스 02) 333-5165
홈페이지 hongsungsa.com   이메일 hsbooks@hongsungsa.com
페이스북 facebook.com/hongsungsa
양화진책방 02) 333-5161

Ichinichi Isshou: New Edition by Kanzou Uchimura
Copyright ⓒ 1997 Kyo Bun Kwan Inc., Tokyo.
Korean edition ⓒ 2004 by Hong Sung Sa, Ltd.
with permission of Kyo Bun Kwan Inc.
All rights reserved.

ⓒ 홍성사, 2004

이 책의 한국어판 저작권은 Kyo Bun Kwan Inc.와의 독점 계약으로 (주)홍성사에 있습니다.
저작권법에 의해 한국 내에서 보호를 받는 저작물이므로 무단 전재와 복제를 금합니다.

•잘못된 책은 바꿔 드립니다. •책값은 뒤표지에 있습니다.

ISBN 978-89-365-0219-0 (03230)